外交思想

以维护党中央权威为统领加强党对外交工作的集中统一领导

以实现中华民族伟大复兴为使命推进中国特色大国外交

以维护世界和平、促进共同发展为宗旨推动构建人类命运共同体

以共商共建共享为原则推动"一带一路"建设

以相互尊重、合作共赢为基础走和平发展道路

以公平正义为理念引领全球治理体系改革

以国家核心利益为底线维护国家主权、安全、发展利益

强军思想

实现建军一百年奋斗目标,开创国防和军队现代化新局面

毫不动摇坚持党对人民军队的绝对领导

深化国防和军队改革

推动国防和军队建设高质量发展

巩固提高一体化国家战略体系和能力

坚决履行新时代人民军队使命任务

党的建设

全面从严治党,深入推进新时代党的建设新的伟大工程

坚持和加强党中央集中统一领导

坚持不懈用新时代中国特色社会主义思想凝心铸魂

完善党的自我革命制度规范体系

建设堪当民族复兴重任的高素质干部队伍

增强党组织政治功能和组织功能

坚持以严的基调强化正风肃纪

坚决打赢反腐败斗争攻坚战持久战

中国式现代化

中国特色

中国式现代化是人口规模巨大的现代化,是全体人民共同富裕的现代化,是物质文明和精神文明相协调的现代化,是人与自然和谐共生的现代化,是走和平发展道路的现代化。

本质要求

坚持中国共产党领导,坚持中国特色社会主义,实现高质量发展,发展全过程人民民主,丰富人民精神世界,实现全体人民共同富裕,促进人与自然和谐共生,推动构建人类命运共同体,创造人类文明新形态。

重大原则

坚持和加强党的全面领导。坚持中国特色社会主义道路。坚持以人民为中心的发展思想。坚持深化改革开放。坚持发扬斗争精神。

里程碑意义

走过百年奋斗历程的中国共产党在革命性锻造中更加坚强有力

中国人民的前进动力更加强大、奋斗精神更加昂扬、必胜信念更加坚定

赋予坚持和发展中国特色社会主义以新的时代内涵

改革开放和社会主义现代化建设深入推进,书写了两大奇迹新篇章

中国式现代化为人类实现现代化提供了新的选择

新时代伟大成就积淀了实现伟大复兴不可逆转的底气和力量

为解决人类面临的共同问题提供更多更好的中国智慧、中国方案、中国力量

实践要求

开辟马克思主义中国化时代化新境界

以中国式现代化全面推进中华民族伟大复兴

加快构建新发展格局,着力推动高质量发展

发展全过程人民民主,保障人民当家作主

增进民生福祉,提高人民生活品质

推动绿色发展,促进人与自然和谐共生

促进世界和平与发展,推动构建人类命运共同体

坚定不移全面从严治党,深入推进新时代党的建设新的伟大工程

2 伟大变革

全面建设社会主义现代化国家、全面推进中华民族伟大复兴

伟大变革

领路人和行动指南：确立习近平同志党中央的核心、全党的核心地位，确立习近平新时代中国特色社会主义思想的指导地位

坚强的政治保证：全面加强党的领导，确保党中央权威和集中统一领导，确保党发挥总揽全局、协调各方的领导核心作用

完善的制度保证：坚持和完善中国特色社会主义制度，积极推进国家治理体系和治理能力现代化

坚实的物质基础：实现了小康这个中华民族的千年梦想，打赢了人类历史上规模最大的脱贫攻坚战

主动的精神力量：坚定文化自信，确立和坚持马克思主义在意识形态领域指导地位的根本制度

坚强的战略支撑：确立党在新时代的强军目标，贯彻新时代党的强军思想，贯彻新时代军事战略方针

有力的安全保障：贯彻总体国家安全观，以坚定的意志品质维护国家主权、安全、发展利益，国家安全得到全面加强

有利的外部环境：全面推进中国特色大国外交，推动构建人类命运共同体，坚定维护国际公平正义

全过程人民民主

坚持和完善人民代表大会制度，人民当家作主制度保障更加有力

坚持和完善中国共产党领导的多党合作和政治协商制度

积极发展基层民主，完善基层直接民主制度体系和工作体系

完善大统战工作格局，巩固和发展最广泛的爱国统一战线

法治思想

加强党对全面依法治国的集中统一领导

坚持依宪治国、依宪执政

建设中国特色社会主义法治体系

全面推进科学立法、严格执法、公正司法、全民守法

统筹推进国内法治和涉外法治

建设德才兼备的高素质法治工作队伍

文化自信

坚持中国特色社会主义文化发展道路，建设社会主义文化强国

建设具有强大凝聚力和引领力的社会主义意识形态

坚持以社会主义核心价值观引领文化建设

坚持以人民为中心的创作导向，繁荣发展文化事业和文化产业

坚守中华文化立场，深化文明交流互鉴，增强中华文明传播力影响力

生态文明

坚持党对生态文明建设的全面领导

坚持人与自然和谐共生的基本方略

坚持绿水青山就是金山银山理念

坚持良好生态环境是最普惠的民生福祉

坚持统筹山水林田湖草沙系统治理

提高生态环境治理体系和治理能力现代化水平

坚持共谋全球生态文明建设之路

新时代这10年

伟大思想引领 伟大变革

人民日报 人民论坛杂志社 —— 主编

人民东方出版传媒
People's Oriental Publishing & Media

东方出版社
The Oriental Press

图书在版编目（CIP）数据

新时代这10年：伟大思想引领伟大变革 / 人民日报人民论坛杂志社主编. —北京：东方出版社，2023.1
ISBN 978-7-5207-2580-4

Ⅰ.①新… Ⅱ.①人… Ⅲ.①习近平新时代中国特色社会主义思想—学习参考资料 Ⅳ.① D610.4

中国版本图书馆 CIP 数据核字（2022）第 165529 号

新时代这10年：伟大思想引领伟大变革
（XINSHIDAI ZHE SHINIAN：WEIDA SIXIANG YINLING WEIDA BIANGE）

主　　编：	人民日报人民论坛杂志社
策划编辑：	姚　恋
责任编辑：	黄彩霞　李志刚
出　　版：	東方出版社
发　　行：	人民东方出版传媒有限公司
地　　址：	北京市东城区朝阳门内大街 166 号
邮政编码：	100010
印　　刷：	北京联兴盛业印刷股份有限公司
版　　次：	2023 年 1 月第 1 版
印　　次：	2023 年 1 月北京第 1 次印刷
开　　本：	710 毫米 ×1000 毫米　1/16
印　　张：	24.25
字　　数：	326 千字
书　　号：	ISBN 978-7-5207-2580-4
定　　价：	72.80 元
发行电话：	（010）85924663　85924644　85924641

版权所有，违者必究
如有印装质量问题，请拨打电话：（010）85924725

第一部分
深入学习贯彻新思想

中国共产党掌握历史主动的关键与启示 / **杜黎明**	002
奋进新征程要以历史主动精神实现创新发展 / **齐卫平**	009
重大时代课题探索的理论升华 / **顾海良**	020
新发展阶段的战略问题与科学战略谋划 / **韩庆祥**	029
内涵与外延:理解"新的战略阶段"的两个维度 / **陈锡喜**	040
问题意识及问题导向的具体逻辑 / **王立胜**	049
深刻把握历史自信与"四个自信"的辩证关系 / **周绍东**	062
深刻领悟"两个确立"的决定性意义 / **韩振峰**	069

第二部分

走好中国式现代化新道路

中国式现代化的本质、内涵及世界贡献 / **汪亭友**	080
全面认识中国式现代化新道路之"新" / **刘卓红**	094
中国现代化进程的阶段划分与模式演进 / **何传启**	104
中国现代化实现跨越式发展的几个核心要素 / **欧阳康**	113
改革开放以来中国现代化发展模式的鲜明特点 / **胡敏**	122
中国道路对"西式现代化"逻辑的历史性突破 / **王存刚**	131
中国推进现代化进程中避免了哪些弯路 / **杨玉成**	141
正确认识和把握中国式现代化的社会主义性质 / **黄锟**	150
以制度建设引领和推进中国式现代化 / **马雪松**	159
坚持以中国式现代化推进中华民族伟大复兴 / **王一鸣**	168
中国式现代化文明新形态的世界意义 / **王宇航**	178
大历史观视域下中国式现代化道路的内涵及世界历史意义 / **龚云**	185

第三部分

开创中国之治全新境界

新时代的伟大成就与中华民族伟大复兴的推进 / **陈志刚**	200
全面把握新时代 10 年伟大变革的里程碑意义 / **何虎生**	213
新时代共产党员党性修养方法探讨 / **郭铁城**	224
新时代赓续伟大建党精神的实践重点和基本路径 / **徐明**	236
走好新时代赶考之路的强大精神支撑 / **于化民**	245

统筹推进国家治理现代化与人的全面发展 / **樊鹏**	256
"集中精力办好自己的事情"的战略逻辑 / **唐任伍**	266
党的十八大以来我国腐败治理的新特征与新发展 / **洪向华**	277
反腐败刑事治理 10 年回顾与未来展望 / **冯卫国**	288
新时代基层治理创新经验与难点突破 / **赵秀玲**	300
胸怀天下：中国和平发展道路的价值旨归 / **保建云**	312
构建人类命运共同体的中国方案 / **刘世强**	325

■ 第四部分

谱写全面建设强国崭新篇章

建设社会主义现代化强国的深刻意涵 / **罗哲**	336
奋力谱写全面建设社会主义现代化国家崭新篇章 / **邓纯东**	343
社会主义现代化强国评价指标体系初探 / **李军鹏**	354
党的十八大以来海洋强国建设的重要举措与显著成效 / **杜俊华**	363
新征程上国家战略科技力量的使命和任务 / **黄晨光，陈套**	374

第一部分

深入学习贯彻新思想

中国共产党掌握历史主动的关键与启示

杜黎明[*]

---

[*] 四川大学马克思主义学院教授、博导。四川大学马克思主义学院博士研究生崔增辉对本文亦有贡献。

掌握历史主动，意味着历史主体既要立足现实，又要着眼未来，勾画历史发展蓝图，并团结带领广大群众，把历史发展蓝图变为现实。当前，世界百年未有之大变局加速演进，世界之变、时代之变、历史之变的特征更加明显。习近平总书记指出："一个国家能不能富强，一个民族能不能振兴，最重要的就是看这个国家、这个民族能不能顺应时代潮流，掌握历史前进的主动权。"[①]因此，"继续发扬历史主动精神，乘势而上，砥砺前行，走好全面建设社会主义现代化国家新的赶考之路"成为我们的重要使命和责任。

不同历史主体在社会历史中的存在状态、认知水平、作用功能等存在差异

人民群众是历史的创造者，历史是人的活动在时间线上的展开。不同历史条件下，人民群众创造历史的结果存在显著差异。历史长河中的每一个人都是历史参与者，但只有历史活动的当事者，对历史进程有明显影响的人及其组织，才堪称历史主体。不同历史主体在社会历史中的存在状态、认知水平、作用功能等存在差异；历史主体的结构和规模，创造能力及主观能动性，是决定历史结果的重要原因。积极探究、主动利用历史规律的是自觉历史主体，虽有主体意识但只是被动接受历史规律安排的是自为历史主体；发起和组织历史活动，团结更多力量参与历史活动的是引领型历史主体，在他者的示范影响下参与历史活动的是追随型历史主体。

自觉历史主体主动认识并运用历史规律开展历史活动。历史规律隐藏在历史活动、历史进程之中，历史主体是历史规律的认识者和利用者；认识和利用历史规律，提出充分发挥历史主体主观能动性的现实要求。自觉历史主体以历史为教科书，善于总结历史经验，透过纷繁复杂的历史表象去把握历史规律，不断深化对历史规律的认识，发

---

① 《习近平谈治国理政》(第二卷)，外文出版社 2017 年版，第 210 页。

起和组织历史活动,并建构理论以指导实践。自觉历史主体创设历史蓝图,在历史设想与历史现实的对照反思中把握历史规律,在联通"过去—现在—未来"的思维中把握历史大势,为推动历史进步提供规律遵循。自觉历史主体既以历史活动的声势感染自为历史主体,又示范引导自为历史主体转变成为自觉历史主体,以壮大推动历史发展进步、创造历史奇迹的生力军。

引领型历史主体积极组织发起并团结更多力量开展历史活动。在历史舞台上,不同类型历史主体存在角色、出场方式、活跃程度等方面的差别。引领型历史主体以倡导发起、组织历史活动的方式出场,表现出强烈的责任担当和价值追求;追随型历史主体以后续加入历史活动的方式出场。引领型历史主体以言行示范带动普通群众,影响其他历史主体的行为决策,既通过示范影响历史活动的观望者,将其转变为自己的追随者;又通过示范影响自己的追随者,凝聚和集成历史创造的活力与动力。历史活动是否符合历史规律,是否顺应历史大势,是否体现和反映了最广大普通群众的根本利益,是引领型主体能否实现从具体活动引领者上升为历史发展引领者的关键。轰轰烈烈的历史活动是在昙花一现后归于沉寂,还是延续、衍生,不断壮大声势,取得新的成果,既是检验历史活动是否顺应历史规律的依据,也是历史活动引领者能否实现向历史发展引领者转变的标志。引领历史活动向引领历史发展的转变,是引领者探究和运用历史规律,形成和强化历史自觉的成果,是自觉引领型历史主体的出场方式。

自觉引领型历史主体是历史主体自我修为和历史选择综合作用的结果,其自觉性是引领性的基础和前提。自觉引领型历史主体重视理论学习,强调学以致用,善于对实践经验进行理论总结和理论提炼,不懈推进理论创新;勇立历史潮头,对历史进程、历史活动有着比普通人更为深刻的认识,表现出较其他历史活动参与者更强的创造活力、动力和能力。通过理论说服、实践感召、目标激励,满足追随者合理的利益诉求，并引导其利益诉求理性增长，是自觉引领型历史主体获取并不懈巩固其引领地位的重要方式。自觉引领型历史主体集历史创造者和历史规律认识者于一体，在创造历史的实践中不断深化对历史规律的认识，运用对规律的认识指导创造历史的实践。

中国共产党是团结带领人民群众创造历史奇迹的自觉引领型历史主体。中国共产党的成立之所以是开天辟地的大事变，正是缘于党始终致力于将自己锻造为自觉引领型历史主体，不断激发和汇聚人民群众强大的历史创造动力和活力，深刻改变世界发展格局和人类社会的发展趋势。中国共产党始终坚持自觉性和引领性的辩证统一，高度重视理论创新和党性修养，中国化的马克思主义是党探究和运用历史规律的伟大成就，既确证了自觉引领型历史主体的自觉性，也确证了党以言传道、以行示范、以上率下，团结带领人民群众进行革命、建设、改革开放的历史发展引领性。

掌握历史主动，是历史主体应对风险挑战、把握历史发展机遇的必要条件

历史主动反映的是历史主体基于对历史规律的深刻把握，科学预见历史发展趋势、制定实施战略规划、广泛凝聚历史主体力量，从而实现规划目标的主动状态。

历史主体掌握历史主动，应具备大历史观。大历史观是透过历史表象，把握历史规律的重要工具和方法。树立大历史观，就要将考察对象置于纵深历史长河与广阔空间背景中，在揭示历史事实的时空关联中总结历史、观察现实、思考未来，在宽广的历史视野中把握历史潮流、洞察历史真谛、揭示历史规律。置放具体历史事实的时间跨度越长，考察历史事实的背景和舞台越宽阔，越能排除偶然因素对历史事实的影响，也就越能透过历史现象把握历史本质，透过历史事实把握历史必然。静止孤立地看待历史事件，仅仅解剖社会历史的具体现象和问题，不能弄清历史事实的来龙去脉；仅有对一时一地的精细分析，难以把握历史发展趋向，也就无从把握历史主动。中国共产党始终坚持在人类整体发展和世界总体格局变迁的大背景中总结历史经验，从中华文明五千年的历史渊源中探寻当今战略选择的启示，以百年奋斗的伟大成就印证了坚持大历史观对把握历史主动的重要作用。

历史主体掌握历史主动，应以科学理论为指导。实践是检验真理的唯一标准，理论的科学真理性需要在历史创造中得以验证。选择科学理论，历史主体才能主动适应和应对历史事变；理论演绎出的应然历史与历史主体创造出的实然历史大致吻合，理论的科学真理性才得以验证。近代中国积贫积弱，困于内忧外患，尽管救国理论与思潮纷至沓来，救国实践此起彼伏，但终未能解决实际问题。中国共产党坚持马克思主义基本原理同中国具体实际相结合、同中华优秀传统文化相结合，不仅掌握了历史主动，也验证了马克思主义的科学真理性；中国共产党团结带领中国人民掌握历史主动，为马克思主义的繁荣发展注入了不竭的动力。

历史主体掌握历史主动，当有崇高的价值追求。违背历史规律，与人类社会发展大势相悖的历史活动，在一定条件下虽能名噪一时，但不可能永续传承。霸权主义、强权政治之所以无法逃避最终失败的宿命，就在于其仅代表少部分人的利益，是少数人排挤和压迫绝大多数人。只有顺应和符合共利公利而不是特定利益和私利，顺应人类社会发展大势，符合人类整体发展进步的要求，才能掌握历史主动。中国共产党从成立之日起就将实现共产主义作为最高理想和最终目标；既用理想之光透视风云变幻的时局，识别和判断社会主要矛盾，锁定时代任务和历史使命，锚定中长期奋斗目标；又着眼于化解追求理想的现实制约和障碍，不断总结追求理想、完成时代任务、履行历史使命的实践经验，推动理论创新，用新的理论指导新的实践，牢牢把握住历史发展的主动。

历史主体掌握历史主动，应具备强大的整合能力。历史参与者如不能有效聚合，历史发展就会呈现出一盘散沙的状态，任何内部的碰撞、外部的影响都会改变历史场景，也就无从谈及把握历史主动。历史主体把握历史主动，就是把历史参与者零星分散的历史分力聚合成为顺应历史规律、符合发展大势的历史合力。历史进程中分化出自觉引领型历史主体，中国共产党就是这类历史主体，充分掌握历史主动，团结带领人民群众创造美好生活。

锻造自觉引领型历史主体的重要经验与方向

打造学习型政党，不断增强探究和运用历史规律的能力。中国共产党是高度重视学习的政党，始终坚持理论学习、历史学习与实践总结的有机统一。党的理论学习不断深化对马克思主义的理解，不断深化对党的执政规律、社会主义建设规律和人类社会发展规律的认识，并将其转化为党把握历史主动的能力和党员干部干事创业的能力。党的历史学习坚持大历史观，通史学习拓宽视野，专门史学习深化对历史事实的理解，通与专结合、博大与精深同向发力，不断深化对历史规律的理解，提高运用历史规律的能力。党的理论学习和历史学习指导实践经验总结与提炼，以拓展先进模范、先行先试的示范引领功能，不断为理论创新注入新动力，促进学习成果向实践成果的转化，为开辟新的境界奠定基础。

以人民为中心，坚持人民至上的价值追求。人民群众是历史的创造者。以人民为中心，本质是激发历史发展动力，把握历史发展的主动权。始终致力于推进人民至上的价值追求的现实具体化，防止和避免以人民为中心兴盛于思想、止步于行动，是党锻造自觉引领型历史主体的重要经验。马克思主义基本原理与中华优秀传统文化相结合，马克思主义中国化、时代化、大众化，既强化了人民群众的历史主体意识，也使人民群众深刻理解党以人民为中心的战略安排、政策设计，进而形成坚持人民至上价值追求的实践倒逼机制。回应人民群众关切的政治、经济、文化、社会和生态等诉求，解决人民群众急难愁盼问题，化解建设富强、民主、文明、和谐、美丽的社会主义现代化强国的现实制约，成为党把握历史主动的抓手。

深入推进自我革命，不断激发自觉引领型主体的青春活力。党的建设不断强化党员本领，增强其探究和运用历史规律的能力，提高其防微杜渐的免疫力，形成自觉引领型历史主体永葆青春活力的保健机制；党的自我革命祛疾除疴，强健党的肌体，激发和释放党员干部自我锻造、自我淬炼、自我提升的动力，形成自觉引领型历史主体永葆青春活力的抗衰机制。引领历史发展是神圣而艰巨的使命，没有不竭的青春活力，自觉引领型主体就难以永续肩负引领历史发展、掌握历史主动的使命。持续深入推进自我革命，防微杜渐、祛疾除疴，方能克服路径依赖，永葆引领历史发展的青春活力。

［本文系国家社科基金后期资助项目"新时代的理论张力"（项目编号：21FKSB053）和四川大学马克思主义学院一流本科专业建设教改研究项目"政治经济学类课程群建设"的阶段性成果。原文发表于《人民论坛》2022年第9月下期。］

奋进新征程要以历史主动精神实现创新发展

齐卫平[*]

---

[*] 华东师范大学终身教授、马克思主义学院博导。

2022年7月26日，习近平总书记在省部级主要领导干部"学习习近平总书记重要讲话精神，迎接党的二十大"专题研讨班上发表的重要讲话，传递了党中央科学谋划未来5年乃至更长时期党和国家事业发展的目标任务和大政方针的重大信息。这一重要讲话，既是鼓干劲促奋进的励志，又是强化忧患意识的告诫。把握新的机遇伴随新的挑战，应对新的挑战要做好新的准备。在全面建设社会主义现代化国家的新征程上，以忧患意识保持清醒头脑，以历史主动精神实现创新发展，是夺取中国特色社会主义新胜利的内在要求。

新时代10年伟大变革和重大成就坚定砥砺奋进的历史自信

时代转换总是有可以体认的事实为信息符号，中国特色社会主义进入新时代具有鲜明的新特征。党的十八大以来，以习近平同志为核心的党中央开创治国理政的崭新格局，形成了一系列原创性思想、变革性实践、突破性进展、标志性成果，成为新时代的鲜明标识，全党全国各族人民在实践中深切感受到新时代的极不寻常、极不平凡。

2021年11月，党的十九届六中全会审议通过的《中共中央关于党的百年奋斗重大成就和历史经验的决议》（以下简称《决议》），回顾了党的百年奋斗历程，对党团结带领中国人民创造的伟大成就作出全面总结，是党不负历史、不负人民交出的一份世纪成绩单，也是党以史为鉴、开创未来作出的重大宣言书。《决议》指出："我们坚信，在过去一百年赢得了伟大胜利和荣光的中国共产党和中国人民，必将在新时代新征程上赢得更加伟大的胜利和荣光！"

在中国特色社会主义新时代的奋斗实践中，党团结带领中国人民"解决了许多长期想解决而没有解决的难题，办成了许多过去想办而没有办成的大事"。新时代10年伟大实践取得了令世界刮目相看的成就，中华民族创造了人类社会发展史上的奇迹。这是党团结带领中国人民长期奋斗积累的成果，是以习近平同志为核心的党中央充分焕发全党全国人民奋斗激情、展示中华民族卓越智慧、凝聚起党心民心磅礴力量结出的果实。全体中国人民为新时代伟大实践欢欣鼓舞，为中国特色社会主义崭新局面喝彩点赞。

党的十九大以来的5年，以习近平同志为核心的党中央团结带领全党全军全国各族人民有效应对严峻复杂的国际形势和接踵而至的巨大风险挑战，以奋发有为的精神把新时代中国特色社会主义推向前进，以卓越的政绩迎来新时代中国特色社会主义的高光时刻：实施精准扶贫工程，坚决打赢脱贫攻坚战，完成了消除绝对贫困的艰巨任务，创造了又一个彪炳史册的人间奇迹；开展抗击疫情人民战争、总体战、阻击战，最大限度保护了人民生命安全和身体健康，统筹经济发展和疫情防控取得世界上最好的成果；把握香港大局，维护国家尊严和核心利益，掌握我国发展和安全主动权；深入推进全面从严治党，一体推进不敢腐、不能腐、不想腐体制机制建设，发扬党的优良传统，净化党内政治生态……我们党在"两个一百年"奋斗目标的历史交汇期，全面建成小康社会，推动物质文明、政治文明、精神文明、社会文明、生态文明建设上了一个新台阶，创造了中国式现代化新道路，创造了人类文明新形态。

党的十八大以来，以习近平同志为核心的党中央提出一系列治国理政新理念新思想新战略，统筹推进"五位一体"总体布局、协调推进"四个全面"战略布局，在自强自信、守正创新的不懈努力中创造了新时代中国特色社会主义的伟大成就。面对世界经济复苏乏力、局部冲突和动荡频发、全球性问题加剧的外部环境，面对我国经济发展进入新常态等一系列深刻变化，党中央坚持稳中求进工作总基调，迎难而上，开拓进取，取得了骄人的成绩。经济保持中高速增长，开放型经济体系逐步健全，全面深化改革取得重大突破，民主法治建设迈出重大步伐，思想文化建设取得重大进展，人民生活不断改善，生态文明建设成效显著，国防实力日益增强，港澳台工作取得新进展，全方位外交布局深入展开,全面从严治党成效卓著。党和国家事业取得了历史性成就,发生了历史性变革。

新时代10年,党和人民走过了极不寻常、极不平凡的奋斗之路,伟大变革在党史、新中国史、改革开放史、社会主义发展史、中华民族发展史上具有里程碑意义。新时代10年,党和人民创造了极不寻常、极不平凡的人间奇迹,伟大成就为坚定中国特色社会主义道路自信、理论自信、制度自信、文化自信增添了底气,为坚定历史自信增厚了底蕴。习近平总书记高度评价了新时代党团结带领人民进行艰辛奋斗的伟大实践,这是对砥砺奋进再创新辉煌的巨大激励。

新征程上党统筹应对"两个大局"演进的使命十分艰巨

习近平总书记2022年7月在省部级主要领导干部"学习习近平总书记重要讲话精神,迎接党的二十大"专题研讨班上深刻指出,当前,世界百年未有之大变局加速演进,世界之变、时代之变、历史之变的特征更加明显。我国发展面临新的战略机遇、新的战略任务、新的战略阶段、新的战略要求、新的战略环境,需要应对的风险和挑战、需要解决的矛盾和问题比以往更加错综复杂。这些论述鲜明体现了统筹"两个大局"的战略思维,深刻揭示了为应对和战胜新的风险挑战做好充分准备的重大命题,提出了新征程上要善于、敢于、勇于战胜各种风险挑战的要求,为党的接续奋斗注入了一剂清醒剂。

中华民族伟大复兴战略全局和世界百年未有之大变局,是新时代伟大实践深入推进的主要历史背景,国内外形势发生的深刻变动影响着"两个大局"演进的历史进程。世界怎么变化关系中国的发展,中国怎么发展关乎世界的走向。中国特色社会主义进入新时代,全球发展表现的一个新动向是世界各国对中国的关注度空前提高,中国在国际舞台上的分量空前加重。这对中国来说,既意味着前所未有的机遇,也意味着前所未有的挑战。能不能应对挑战决定着能不能赢得机遇；能不能把握机遇取决于能不能战胜风险。牢牢掌握"两个大局"演进的主动权，需要在把握机遇中保持忧患意识，通过成功应对挑战和战胜风险，把握住、利用好机遇。

新时代中华民族伟大复兴战略全局不断向纵深推进。以习近平同志为核心的党中央率领全党践行初心使命，以伟大中国梦感召全体人民凝聚起共同奋斗的磅礴力量，在实现中华民族伟大复兴的道路上向前迈进。1840年鸦片战争以后，中华民族遭受了前所未有的劫难，从那时起，实现中华民族伟大复兴就成为时刻萦绕在中华儿女心中的"最伟大的梦想"。"中国共产党团结带领中国人民进行的一切奋斗、一切牺牲、一切创造，归结起来就是一个主题：实现中华民族伟大复兴。"① 新时代实践中，全面建成小康社会，实现一个民族都不能少、一个人都不掉队的全面脱贫目标，中国人民对美好生活的向往不断变为现实，党团结带领人民实现中华民族伟大复兴的能力和智慧得到充分彰显。百年奋斗使中华民族迎来了从站起来、富起来到强起来的伟大飞跃。这个伟大飞跃，标志着中华民族伟大复兴进入不可逆转的历史进程，任何人、任何势力都阻挡不了中国人民向着夺取中华民族伟大复兴目标勇往直前的历史步伐。

新时代世界百年未有之大变局深度调整。"世界又站在历史的十字路口。"一方面，我国向国际社会倡导构建人类命运共同体理念，发出弘扬全人类共同价值的时代呼声，得到越来越多人的认同，为各国携手合作共建更加美好的世界贡献了中国智慧。另一方面，世界经济长期低迷，贫富差距、南北差距问题更加突出。以美国为代表的西方国家推行集团政治，大搞零和博弈，频繁制造各种事端，导致世界范围内矛盾激化、对立加深、冲突加剧，一些国家和地区因此而陷入动荡和战争状态。和平与发展时代主题受到冲击，构建以合作共赢为核

---

① 习近平：《在庆祝中国共产党成立100周年大会上的讲话》，人民出版社2021年版，第3页。

心的新型国际关系承受着严峻考验。经济全球化遭遇逆风,全球治理体系面临新的挑战,霸权主义、单边主义、保护主义成为世界不安宁不稳定的重要影响因素。如何推动世界百年未有之大变局沿着理性健康的方向发展?这是全世界共同面对的问题,也是中国共产党在世界变局演进中谋划中国发展需要回答的重大问题。

习近平总书记关于统筹"两个大局"作出一系列重要论述,体现了一个重要思想,就是要从思想上做好充分准备,不断提高应对挑战和战胜风险的能力。习近平总书记指出,10年来,我们遭遇的风险挑战风高浪急,有时甚至是惊涛骇浪,各种风险挑战接踵而至,其复杂性严峻性前所未有。我们坚定信心、迎难而上,一仗接着一仗打。我们取得的一切成就,都是党和人民一道奋斗出来的。① 回顾新时代10年走过的路,我们可以深刻感受到国际上逆风逆流的猛烈冲击,可以深切感受到国内发展中各种不确定因素导致的困难阻碍。党团结带领人民扛住了压力,经受住了考验,摆脱了困境,始终把命运牢牢掌握在自己的手里。

在挫折面前不气馁,在胜利面前不骄傲,是中国共产党一以贯之的品质。1945年,毛泽东同志在迎接抗日战争伟大胜利时指出:"我们宁肯把困难想得更多一些。有些同志不愿意多想困难。但是困难是事实,有多少就得承认多少,不能采取'不承认主义'。我们要承认困难,分析困难,向困难作斗争。"② 经验告诉我们,胜利容易让人头脑发昏,使人忽视危险的存在。新时代伟大实践取得了举世瞩目的成就,党要团结带领人民踔厉奋发、勇毅前行,需要保持清醒头脑,审慎而行,走好前进道路上的每一步。

习近平总书记反复告诫全党要牢记"生于忧患、死于安乐"的古

---

① 《高举中国特色社会主义伟大旗帜 奋力谱写全面建设社会主义现代化国家崭新篇章》,《人民日报》2022年7月28日。
② 《毛泽东著作专题摘编》(下),中央文献出版社2003年版,第2105页。

训,把忧党、忧国、忧民的忧患意识作为一种责任和担当。习近平总书记 2022 年 7 月在省部级主要领导干部"学习习近平总书记重要讲话精神,迎接党的二十大"专题研讨班上强调,全党必须深刻认识到,党面临的执政考验、改革开放考验、市场经济考验、外部环境考验将长期存在,精神懈怠危险、能力不足危险、脱离群众危险、消极腐败危险将长期存在,全面从严治党永远在路上,党的自我革命永远在路上。习近平总书记要求全党弘扬伟大长征精神,他强调:"我们还有许多'雪山'、'草地'需要跨越,还有许多'娄山关'、'腊子口'需要征服,一切贪图安逸、不愿继续艰苦奋斗的想法都是要不得的,一切骄傲自满、不愿继续开拓前进的想法都是要不得的。"[①] 在继续前进的道路上,只有始终以忧患意识保持清醒头脑,才能巩固胜利成果,创造新的辉煌。

牢牢掌握"两个大局"演进的主动权,对未来党和国家事业发展十分关键。新的征程任重道远,党的使命十分艰巨。在坚定不移推进中华民族伟大复兴历史进程中,党将团结带领人民在实现共同富裕上取得实质性进展,使中国式现代化新道路彰显 14 亿多人共同富裕的鲜明特征;党将团结带领人民紧紧抓住解决"不平衡不充分的发展"问题,不断满足"人民日益增长的美好生活需要";党将团结带领人民锚定奋斗目标,确保"中国号"这艘巨轮向着实现中华民族伟大复兴的胜利彼岸航行。在积极推动世界百年未有之大变局演进过程中,中国共产党将秉持全人类共同价值观,不断提高构建人类命运共同体理念的世界认同度,团结世界各国进步的、正义的力量,坚决反对和抵制各种危害世界和平与发展的思想和行为;中国共产党将担当大国责任,不断提升国际影响力,以中国之路、中国之治、中国之理为解决人类重大问题,建设持久和平、普遍安全、共同繁荣、开放包容、清

[①]《习近平谈治国理政》(第二卷),外文出版社 2017 年版,第 49 页。

洁美丽的世界贡献中国智慧、中国方案、中国力量，为人类的发展进步作出更大贡献。应对"两个大局"演进的任务不是轻轻松松、敲锣打鼓就可以完成的，全党全国各族人民既要对肩负的光荣使命充满自信，又要对面临的风险挑战保持清醒。

奋进新征程要始终保持忧患意识、发扬斗争精神

习近平总书记2022年7月在省部级主要领导干部"学习习近平总书记重要讲话精神，迎接党的二十大"专题研讨班上发表重要讲话提出，我们要奋力谱写全面建设社会主义现代化国家崭新篇章。习近平总书记还指出，即将召开的党的二十大，是在进入全面建设社会主义现代化国家新征程的关键时刻召开的一次十分重要的大会，事关党和国家事业继往开来，事关中国特色社会主义前途命运，事关中华民族伟大复兴。2021年，庆祝中国共产党成立100周年大会、党的十九届六中全会对党的百年奋斗重大成就和历史经验作出了全面总结，这是党对历史、对人民交出的一份圆满答卷。2022年，党的二十大科学谋划未来5年乃至更长时期党和国家事业发展的目标任务和大政方针，这是党对人民作出的一份庄严承诺。党向着第二个百年奋斗目标再出发，将使中华民族的憧憬变成现实，将使中国人民的生活更加美好。奋力谱写全面建设社会主义现代化国家崭新篇章，要从多个方面努力，形成新气象，实现新作为，取得新进步，实现新发展。

第一，坚持以马克思主义中国化时代化最新成果为指导，坚持以习近平新时代中国特色社会主义思想为指导，紧密团结在党中央周围，齐心合力创造历史伟业、夺取伟大胜利。习近平新时代中国特色社会主义思想是中国共产党坚持把马克思主义基本原理同中国具体实际相结合、同中华优秀传统文化相结合的产物，在新时代伟大实践中孕育诞生，并将在开创未来的新征程上长期发挥指导作用。这一体现马克思主义中国化新的飞跃的理论成果体系完整、内容丰富、境界博大、思想精深,凝结着回答中国之问、世界之问、人民之问、时代之问的理论精华。要深刻把握习近平新时代中国特色社会主义思想的世界观和方法论,坚持好、运用好贯穿其中的立场观点方法,在新征程砥砺奋进的实践中彰显科学思想武器的强大威力。

第二,坚决维护习近平总书记党中央的核心、全党的核心地位,坚决维护党中央权威和集中统一领导,全面贯彻党的二十大精神,增强对党中央战略决策和战略部署的执行力,把党中央提出的新思路、新战略、新举措落实到位。党中央集中统一领导,全党全军全国各族人民统一意志、统一思想、统一行动,是党和国家事业不断发展壮大的重要保证,是实现中华民族伟大复兴的重要支撑。党的二十大要对全面建成社会主义现代化强国两步走战略安排进行宏观展望,重点部署未来5年的战略任务和重大举措。党和人民期待以新思路、新战略、新举措的有力执行,为全面建设社会主义现代化国家开好局、起好步、打好底。要把捍卫"两个确立"、做到"两个维护"与贯彻党的二十大精神相结合,不打折扣地把新思路、新战略、新举措落实到新时代中国特色社会主义建设的各领域各方面各环节。

第三,始终保持忧党、忧国、忧民的忧患意识,牢记"国之大者",坚持人民至上,不断提高战胜风险挑战的本领和能力,巩固党作为"风雨来袭时中国人民最可靠的主心骨"地位。习近平总书记2020年5月在参加十三届全国人大三次会议内蒙古代表团审议时指出,党团结带领人民进行革命、建设、改革,根本目的就是为了让人民过上好日子,无论面临多大挑战和压力,无论付出多大牺牲和代价,这一点都始终不渝、毫不动摇。为了进一步让人民过上好日子,党不断提高治国理政水平,科学谋划党和国家事业发展的目标任务和大政方针。从理想擘画到目标实现的过程不会一帆风顺,要把蓝图变为现实需要克服各种困难,破解各种难题,清除各种障碍。在开创未来的新征程上,统筹"两个大局",充分发挥好在我们一边的"时"与

"势",要准确研判国际国内大势,洞察世界潮流,科学把握我们面临的战略机遇和风险挑战,把忧患意识转化为前进动力,不断提高战胜风险挑战的本领和能力,在解决更加错综复杂的矛盾和问题、战胜更加严峻严酷的风险和挑战中交出一份出色的答卷。

第四,发扬斗争精神,坚持底线思维,坚定斗争意志,增强斗争本领,以正确的战略策略应变局、育新机、开新局,依靠顽强斗争打开事业发展新天地。"敢于斗争、敢于胜利,是党和人民不可战胜的强大精神力量。党和人民取得的一切成就,不是天上掉下来的,不是别人恩赐的,而是通过不断斗争取得的。"①中国共产党百年奋斗史就是一部伟大斗争史,党在斗争中诞生、在斗争中成长、在斗争中壮大、在斗争中成熟。不怕牺牲、英勇斗争是伟大建党精神的重要内涵。新时代坚持和发展中国特色社会主义是一场伟大社会革命,要求我们必须进行具有许多新的历史特点的伟大斗争。进行伟大斗争是中国共产党人奋斗新征程要保持的精神状态,坚守不信邪、不怕鬼、不当软骨头的风骨、气节、胆魄,坚持以伟大自我革命引领伟大社会革命,是做好准备把党的二十大提出的战略理念、方针、部署和安排贯彻执行好的不可或缺的支撑条件。

伟大时代发出了召唤,伟大事业提出了任务,党和人民在新征程上大有可为。历史潮流滚滚向前,不进则退,退就意味着被时代淘汰出局。党的百年奋斗留下苦难辉煌的历史足迹,党的二十大将领导人民开启辉煌前进的新征程。把奋斗未来的路走好,前提是绝不能在战略上出错。近代中国一度因缺乏忧患意识、丧失主动精神,被世界发展大潮甩在身后,导致国家蒙辱、人民蒙难、文明蒙尘。这样的错误在中国共产党这里绝不可能发生,因为中国共产党是马克思主义的先进政党,是历经淬炼的成熟政党,是深受中国人民拥护和支持的强大

---

① 《中共中央关于党的百年奋斗重大成就和历史经验的决议》,新华网 2021 年 11 月 16 日。

政党。中国共产党顺应历史大势,深察世界动向,把握客观规律,发扬历史主动精神,始终走在时代前列,是引领中国发展进步的中流砥柱。党的二十大即将召开,以习近平同志为核心的党中央作出的战略部署、重大决策,将对推进中华民族伟大复兴历史进程和夺取全面建成社会主义现代化强国伟大胜利产生十分重要的影响。

[**本文系教育部 2020 年度人文社会科学研究专项任务项目"红色基因融入大学生日常思想政治教育工作研究"(项目编号:20JDSZ3089)阶段性成果。原文发表于《人民论坛》2022 年第 8 月下期。**]

重大时代课题探索的理论升华

顾海良[*]

---

[*] 北京大学博雅讲席教授,马克思主义学院教授。

在省部级主要领导干部"学习习近平总书记重要讲话精神,迎接党的二十大"专题研讨班上,习近平总书记深刻阐释了新时代坚持和发展中国特色社会主义的重大理论和实践问题,勇于结合新的实践不断推进理论创新、善于用新的理论指导新的实践,进一步凸显了习近平新时代中国特色社会主义思想的理论影响力和思想感召力。

拥有马克思主义科学理论指导是我们党鲜明的政治品格和强大的政治优势

习近平总书记在省部级主要领导干部"学习习近平总书记重要讲话精神,迎接党的二十大"专题研讨班上指出,拥有马克思主义科学理论指导是我们党鲜明的政治品格和强大的政治优势。这是对马克思主义科学理论指导与党的"政治品格"和"政治优势"关系的新概括,进一步深化了马克思主义科学性和真理性、人民性和实践性、开放性和时代性理论特征的意蕴。

马克思主义科学理论指导之所以能够成为党的"政治品格"和"政治优势",在于党的科学理论能够牢牢把握和准确理解时代发展的重大课题,能够坚守理论和实践上的与时俱进、守正创新,以科学的态度对待科学、以真理的精神追求真理,不断赋予马克思主义以新的时代内涵。

从党的十八大开始,中国特色社会主义进入新时代。10年来,我们遭遇的风险挑战风高浪急,有时甚至是惊涛骇浪,各种风险挑战接踵而至,其复杂性严峻性前所未有,迫切需要我们深入回答一系列新的重大理论和实践问题。习近平新时代中国特色社会主义思想,就是在对新的重大时代课题的深邃思考和科学判断中,并在使这些思考和判断的理论成果作为我们党鲜明的政治品格和强大的政治优势的过程中,实现理论创新和理论创造,实现了马克思主义中国化新的飞跃。

党的十九大报告指出:"十八大以来,国内外形势变化和我国各项事业发展都给我们提出了一个重大时代课题,这就是必须从理论和实践结合上系统回答新时代坚持和发展什么样的中国特色社会主义、怎样坚持和发展中国特色社会主义"[1]。实践没有止境,理论创新也没有止境。以习近平同志为核心的党中央,从统筹把握中华民族伟大复兴战略全局和世界百年未有之大变局的高度,在对社会主要矛盾转化的新特点和新要求的深入分析中,深刻把握错综复杂的国际环境带来的新矛盾新挑战,准确把握新发展阶段新特征新要求,围绕建设社会主义现代化国家和建设长期执政的马克思主义政党等重大时代课题,推进理论创新和理论创造。党的十九届六中全会通过的《决议》指出:"习近平同志对关系新时代党和国家事业发展的一系列重大理论和实践问题进行了深邃思考和科学判断,就新时代坚持和发展什么样的中国特色社会主义、怎样坚持和发展中国特色社会主义,建设什么样的社会主义现代化强国、怎样建设社会主义现代化强国,建设什么样的长期执政的马克思主义政党、怎样建设长期执政的马克思主义政党等重大时代课题,提出一系列原创性的治国理政新理念新思想新战略,是习近平新时代中国特色社会主义思想的主要创立者。"这一系列原创性的治国理政新理念新思想新战略,彰显了习近平新时代中国特色社会主义思想的科学内涵和理论境界,体现了马克思主义立场观点方法的核心要义所在,升华了党的政治品格和政治优势的理论力量和思想智慧。

  中国共产党为什么能,中国特色社会主义为什么好,归根到底是因为马克思主义行。"能""好""行"的内在统一性,就体现在中华民族伟大复兴作为中国共产党百年奋斗的主题能与时代同行,就体现在中国共产党领导的中国式现代化道路能接续推向前进,归根到底,就体现在中国化马克思主义能与时俱进,能在对重大时代课题的把握

---

[1] 习近平:《决胜全面建成小康社会 夺取新时代中国特色社会主义伟大胜利——在中国共产党第十九次全国代表大会上的报告》,人民出版社2017年版,第18页。

和理解中升华党的政治品格和政治优势。

习近平总书记在省部级主要领导干部"学习习近平总书记重要讲话精神,迎接党的二十大"专题研讨班上指出,全党要把握好新时代中国特色社会主义思想的世界观和方法论,坚持好、运用好贯穿其中的立场观点方法,在新时代伟大实践中不断开辟马克思主义中国化时代化新境界。学习和贯彻习近平总书记重要讲话精神,就要把握好习近平新时代中国特色社会主义思想的世界观和方法论,坚持好、运用好贯穿其中的立场观点方法,升华党的政治品格和政治优势,为全面建设社会主义现代化国家而努力奋斗。

赋予坚持和发展中国特色社会主义以新的时代内涵

中国特色社会主义是改革开放以来党的全部理论和实践的主题,是党和人民历尽千辛万苦、付出巨大代价取得的根本成就。习近平总书记在省部级主要领导干部"学习习近平总书记重要讲话精神,迎接党的二十大"专题研讨班上指出,党的十九大以来的 5 年极不寻常、极不平凡。党中央统筹中华民族伟大复兴战略全局和世界百年未有之大变局,团结带领全党全军全国各族人民有效应对严峻复杂的国际形势和接踵而至的巨大风险挑战,以奋发有为的精神把新时代中国特色社会主义推向前进。习近平总书记的重要论述,生动回答了新时代坚持和发展什么样的中国特色社会主义、怎样坚持和发展中国特色社会主义这一时代课题。

一方面,按照党的十九大重要部署,这 5 年间,我们坚持加强党的全面领导和党中央集中统一领导,全力推进全面建成小康社会进程,着力推动高质量发展,蹄疾步稳推进改革,扎实推进全过程人民民主,积极发展社会主义先进文化,突出保障和改善民生,集中力量实施脱贫攻坚战,大力推进生态文明建设,坚决维护国家安全,保持社会大局稳定,大力度推进国防和军队现代化建设,坚决维护台海和平稳定，全方位开展中国特色大国外交。我们隆重庆祝中国共产党成立100周年、中华人民共和国成立70周年，在全党开展党史学习教育。

另一方面，应对严峻复杂的国际形势和接踵而至的巨大风险挑战，特别是面对突如其来的新冠肺炎疫情，我们坚持人民至上、生命至上，开展抗击疫情人民战争、总体战、阻击战，最大限度保护了人民生命安全和身体健康，统筹经济发展和疫情防控取得世界上最好的成果。我们依照宪法和基本法有效实施对特别行政区的全面管治权，制定实施香港特别行政区维护国家安全法，牢牢把握香港大局。面对国际局势急剧变化，我们在斗争中维护国家尊严和核心利益，牢牢掌握了我国发展和安全主动权。

回顾党的十八大以来新时代中国特色社会主义10年发展历程，我们攻克了许多长期没有解决的难题，办成了许多事关长远的大事要事。习近平总书记在省部级主要领导干部"学习习近平总书记重要讲话精神，迎接党的二十大"专题研讨班上强调，新时代10年的伟大变革，在党史、新中国史、改革开放史、社会主义发展史、中华民族发展史上具有里程碑意义。这10年间，我们坚定信心、迎难而上，一仗接着一仗打。我们取得的一切成就，都是党和人民一道奋斗出来的。

历史已经并将继续证明，只有坚持和发展中国特色社会主义才能实现中华民族伟大复兴。习近平总书记在省部级主要领导干部"学习习近平总书记重要讲话精神，迎接党的二十大"专题研讨班上指出，当前，世界百年未有之大变局加速演进，世界之变、时代之变、历史之变的特征更加明显。我国发展面临新的战略机遇、新的战略任务、新的战略阶段、新的战略要求、新的战略环境，需要应对的风险和挑战、需要解决的矛盾和问题比以往更加错综复杂。全党必须增强忧患意识，坚持底线思维，坚定斗争意志，增强斗争本领，以正确的战略策略应变局、育新机、开新局，依靠顽强斗争打开事业发展新天地，最根本的是要把我们自己的事情做好。高举习近平新时代中国特色社会主义思想伟大旗帜，始终不渝走中国特色社会主义道路，就一定能够不断实现人民对美好生活的向往，奋力谱写全面建设社会主义现代化国家崭新篇章。

对中国式现代化道路作出新的探索、新的展望

党的十九大对全面建成社会主义现代化强国作出了战略部署，总的战略安排是分两步走：从2020年到2035年基本实现社会主义现代化；从2035年到本世纪中叶把我国建成富强民主文明和谐美丽的社会主义现代化强国。建设什么样的社会主义现代化强国、怎样建设社会主义现代化强国这一重大时代课题，就是对新发展阶段推进和拓展中国式现代化的战略全景谋划和阶段跃升部署。

党的二十大将科学谋划未来5年乃至更长时期党和国家事业发展的目标任务和大政方针，事关党和国家事业继往开来，事关中国特色社会主义前途命运，事关中华民族伟大复兴。习近平总书记在省部级主要领导干部"学习习近平总书记重要讲话精神，迎接党的二十大"专题研讨班上指出，党的二十大要对全面建成社会主义现代化强国两步走战略安排进行宏观展望，重点部署未来5年的战略任务和重大举措。未来5年是全面建设社会主义现代化国家开局起步的关键时期，要紧紧抓住解决不平衡不充分的发展问题，着力在补短板、强弱项、固底板、扬优势上下功夫，为实现第二个百年奋斗目标贡献力量。

全面建设社会主义现代化强国之路，也是中国式现代化道路不断推进的过程。党的十八大以来，以习近平同志为核心的党中央坚持和发展中国特色社会主义，在决胜全面建成小康社会中砥砺奋进，实现了第一个百年奋斗目标，在接续推进实现第二个百年奋斗目标中，进一步推进和拓展中国式现代化道路，谱写中华民族伟大复兴的历史新篇章。

中国式现代化道路，赋予社会主义现代化以更加鲜亮的中国特色，赋予社会主义现代化强国以更加显著的中国底蕴。我们建设的现代化必须是具有中国特色、符合中国实际的。习近平总书记在省部级主要领导干部学习贯彻党的十九届五中全会精神专题研讨班上指出，我国现代化是人口规模巨大的现代化，是全体人民共同富裕的现代化，是物质文明和精神文明相协调的现代化，是人与自然和谐共生的现代化，是走和平发展道路的现代化。实践表明，中国式现代化既切合中国实际，体现了社会主义建设规律，也体现了人类社会发展规律。

独特的文化传统，独特的历史命运，独特的基本国情，注定了我们必然要走适合自己特点的发展道路。党的十九届六中全会通过的《决议》把"以中国式现代化推进中华民族伟大复兴"列入"十个明确"，作为习近平新时代中国特色社会主义思想的重要内容加以明确，指明中国式现代化道路的本质要求和基本路向，提出人类文明新形态的新理念和新目标，坚定了全面建设社会主义现代化强国的道路和方向。

百年砥砺奋进，我们推进的现代化，是中国共产党领导的社会主义现代化。在波澜壮阔的伟大实践中，党团结带领人民坚持和发展中国特色社会主义，推动物质文明、政治文明、精神文明、社会文明、生态文明协调发展，成功走出了中国式现代化道路，创造了人类文明新形态。习近平总书记在省部级主要领导干部"学习习近平总书记重要讲话精神，迎接党的二十大"专题研讨班上强调，必须坚持以中国式现代化推进中华民族伟大复兴，既不走封闭僵化的老路，也不走改旗易帜的邪路，坚持把国家和民族发展放在自己力量的基点上、把中国发展进步的命运牢牢掌握在自己手中。这充分体现了以习近平同志为核心的党中央深刻把握历史发展规律、始终掌握新时代新征程党和国家事业发展的历史主动和使命担当。

中国式现代化道路拓展了发展中国家走向现代化的途径，给世界上那些既希望加快发展又希望保持自身独立性的国家和民族提供了全新选择。中国式现代化道路的形成和拓展，彰显了中国特色社会主义的强大生命力和巨大优越性，在习近平新时代中国特色社会主义思想的科学指引下，我们党团结带领人民深入推进中国式现代化，为人类对现代化道路的探索作出了新贡献，彰显了中国化马克思主义理论力量和思想智慧。

对建设长期执政的马克思主义政党作出战略思考和部署

习近平总书记在省部级主要领导干部"学习习近平总书记重要讲话精神，迎接党的二十大"专题研讨班上指出，即将召开的党的二十大，是在进入全面建设社会主义现代化国家新征程的关键时刻召开的一次十分重要的大会。明确宣示党在新征程上举什么旗、走什么路、以什么样的精神状态、朝着什么样的目标继续前进，对团结和激励全国各族人民为夺取中国特色社会主义新胜利而奋斗具有十分重大的意义。习近平总书记的重要论述深刻回答了建设什么样的长期执政的马克思主义政党、怎样建设长期执政的马克思主义政党的时代课题。

中国共产党领导是中国特色社会主义最本质的特征，是中国特色社会主义制度的最大优势，是党和国家的根本所在、命脉所在，是全国各族人民的利益所系、命运所系。习近平总书记在省部级主要领导干部"学习习近平总书记重要讲话精神，迎接党的二十大"专题研讨班上强调，全面建设社会主义现代化国家，实现新时代新征程各项目标任务，关键在党。我们党是世界上最大的马克思主义执政党，要巩固长期执政地位、始终赢得人民衷心拥护，必须永葆"赶考"的清醒和坚定。党面临的执政考验、改革开放考验、市场经济考验、外部环境考验将长期存在，精神懈怠危险、能力不足危险、脱离群众危险、消极腐败危险将长期存在，全面从严治党永远在路上，党的自我革命永远在路上。

中国共产党要成为长期执政的马克思主义政党，在理论上要以马克思主义为我们立党立国的根本指导思想，为我们党的灵魂和旗帜；在实践上要坚持以人民为中心的发展思想，坚韧不拔地推进中国式现代化道路。前进道路上，全党要坚持全心全意为人民服务的根本宗旨，树牢群众观点，贯彻群众路线，尊重人民首创精神，坚持一切为了人民、一切依靠人民，从群众中来、到群众中去，始终保持同人民群众的血肉联系，始终接受人民批评和监督，始终同人民同呼吸、共命运、心连心。

习近平总书记在省部级主要领导干部"学习习近平总书记重要讲话精神，迎接党的二十大"专题研讨班上指出，我们深入推进全面从严治党，持之以恒正风肃纪，一体推进不敢腐、不能腐、不想腐，党同人民群众的血肉联系更加紧密，党内良好政治生态不断形成和发展，为党和国家各项事业发展提供了坚强政治保证。实践一再告诫我们，管党治党一刻也不能放松，必须常抓不懈、紧抓不放，决不能有松劲歇脚、疲劳厌战的情绪，必须持之以恒推进全面从严治党，深入推进新时代党的建设新的伟大工程，以党的自我革命引领社会革命。

勇于自我革命是中国共产党区别于其他政党的显著标志。实践充分证明，只要我们不断清除一切损害党的先进性和纯洁性的因素，不断清除一切侵蚀党的健康肌体的病毒，就一定能够确保党不变质、不变色、不变味，确保党在新时代坚持和发展中国特色社会主义的历史进程中始终成为坚强领导核心。中国共产党是领导我们事业的核心力量，在新的伟大征程上，要永葆党的马克思主义政党本色，始终成为中国人民最可靠、最坚强的主心骨，引领中国特色社会主义事业航船劈波斩浪、一往无前。

（原文发表于《人民论坛》2022年第8月上期。）

新发展阶段的战略问题与科学战略谋划

韩庆祥[*]

---

[*] 中共中央党校（国家行政学院）一级教授、中共中央党校专家工作室领衔专家。

2022年7月26日至27日，习近平总书记在省部级主要领导干部"学习习近平总书记重要讲话精神，迎接党的二十大"专题研讨班上发表重要讲话，深刻阐释了新时代坚持和发展中国特色社会主义的重大理论和实践问题，深刻阐明了关系党和国家事业发展的一系列重大理论和实践问题。其中一个极具鲜明亮点的重大问题，就是关于我国新发展阶段的战略问题。我国发展面临新的战略机遇、新的战略任务、新的战略阶段、新的战略要求、新的战略环境，需要应对的风险和挑战、需要解决的矛盾和问题比以往更加错综复杂。这意味着，在未来，新时代坚持和发展中国特色社会主义的重大战略问题将被置于较为突出的地位。

战略问题是一个政党、一个国家的根本性问题，中国特色社会主义进入新时代，战略问题的重要性不断彰显

所谓战略思维，就是跳出眼前，从长远看眼前，具有长远视野；跳出局部，从全局看局部，具有宽广视野；跳出部分，从系统看部分，具有整体视野；跳出历史偶然，从历史发展的必然大势看历史偶然，具有趋势视野；跳出表象，从规律看表象，具有纵深视野。

20世纪90年代，时任福州市委书记的习近平同志主持编制《福州市20年经济社会发展战略设想》，科学谋划福州经济社会发展的战略目标、布局、步骤、重点和措施，简称"3820"战略工程。这是对福州从经济提前实现小康水平，到达至国内先进城市发展水平，再达至亚洲中等发达国家或地区平均发展水平的战略谋划。"3820"战略设想，是习近平同志基于世界格局变动、中国扩大开放、福建福州实际，为谋求福州跨越式发展，作出的具有科学性的战略谋划，符合世界发展、中国发展、福建发展逻辑。

习近平同志从福建到浙江工作以后，作为省委主要领导，在充分精准调查研究的基础上，亲自主持谋划了浙江"八八战略"。对浙江省全局发展、长远发展作出的这种战略谋划，既体现了习近平同志一贯注重战略谋划的从政特质和风格，也为浙江省永续发展擘画了美好蓝图。

2007年，习近平同志到中央工作，在担任中共中央党校校长期间，在中共中央党校共发表19次重要讲话。其中对领导干部特别强调的，一是要坚持马克思主义世界观和方法论，二是要注重战略思维和战略谋划。

习近平同志担任我们党的总书记以后，更加注重战略思维和战略谋划。2012年11月15日，刚刚履新中共中央总书记的习近平同志发表重要讲话，首要注重并强调的是实现中华民族伟大复兴中国梦，之后将其确定为"战略全局"。这实际上反映了中国特色社会主义进入新时代，即我国发展进入新的历史方位后中国特色社会主义的历史发展逻辑：重点突破—全面发展—以系统为基础的战略谋划。

在改革开放和社会主义现代化建设之初，由于人民日益增长的物质文化需要同落后的社会生产之间的矛盾使然，我国经济社会发展在实践上相对注重重点突破，以经济建设为中心，强调解放和发展社会生产力。到了2007年左右，当时我国经济社会发展的历史必然性使全面协调可持续的发展要求不断凸显。胡锦涛同志提出的科学发展观，就是在重点突破的基础上，把全面发展问题提上日程。

党的十八大以来，中国特色社会主义进入新时代，在注重全面发展基础上，习近平总书记坚持系统观念，把我国经济社会发展置于实现中华民族伟大复兴战略全局和世界百年未有之大变局中进行系统性的战略谋划，进一步强调统筹推进"五位一体"总体布局、协调推进"四个全面"战略布局，且注重对全面深化改革、全面建设社会主义现代化国家、系统构建新发展格局作出战略谋划，推动党和国家各个领域、各项事业取得历史性成就、发生历史性变革。习近平总书记指出："党的十八届三中全会也是划时代的，开启了全面深化改革、系统整体设计推进改革的新时代，开创了我国改革开放的全新局面。"① 之所以说它是划时代的，就在于它具有转折性与全局性、根本性、长远性，需从战略上进行系统整体设计。这就把从整体上进行"系统性战略谋划"推到历史前台。

基于中国特色社会主义建设的历史发展逻辑，习近平总书记反复强调战略思维。2020年10月，习近平总书记在中共中央党校（国家行政学院）中青年干部培训班上强调，领导干部想问题、作决策，一定要对国之大者心中有数，多打大算盘、算大账，少打小算盘、算小账，善于把地区和部门的工作融入党和国家事业大棋局，做到既为一域争光、更为全局添彩。② 这实质上是要求领导干部要善于观大势、顾大局、谋长远，要具有战略眼光，站得高、看得远、想得深。不谋全局者，不足谋一域。所谓战略眼光，就是要着眼长远、谋划长远。2022年1月，在省部级主要领导干部学习贯彻党的十九届六中全会精神专题研讨班上，习近平总书记指出，战略问题是一个政党、一个国家的根本性问题。战略上判断得准确，战略上谋划得科学，战略上赢得主动，党和人民事业就大有希望。③ 在《习近平谈治国理政》第三卷和第四卷中，习近平总书记强调最多的思想和工作方法就是以系统观念为基础的战略思维。对战略问题的重视和强调，反映了新时代中国特色社会主义发展的现实逻辑，具有历史必然性。

新的战略阶段所提出的战略问题、任务、要求，需要运用战略思维作出战略应对

基于战略思维看新的战略阶段。新时代是我们党继续夺取中国特色社会主义伟大胜利的时代，是全面建设社会主义现代化国家的时

---

① 《习近平谈治国理政》（第三卷），外文出版社2020年版，第178页。
② 参见《年轻干部要提高解决实际问题能力想干事能干事干成事》，《人民日报》2020年10月11日。
③ 参见《继续把党史总结学习教育宣传引向深入 更好把握和运用党的百年奋斗历史经验》，《人民日报》2022年1月12日。

代，是创造人民美好生活、不断实现全体人民共同富裕的时代，是实现中华民族伟大复兴的时代，是不断为人类作出更大贡献的时代，也是开启新发展阶段、贯彻新发展理念、构建新发展格局、推动高质量发展的阶段。这样的新时代和新阶段具有战略性意义，属于新的战略阶段。习近平新时代中国特色社会主义思想也是在"两个大局"的时代背景下产生的。实现中华民族伟大复兴是战略全局，世界百年未有之大变局也具有战略意蕴。因此，具有战略意蕴的新发展阶段需要运用战略思维来应对。

基于战略思维看新的战略机遇。这里所讲的战略机遇，就是在历史发展长河中能够赢得历史优势、掌握历史主动，且有助于站在历史正确一边的重要机会和境遇。中国特色社会主义进入新时代，我国发展会面临哪些新的战略机遇？

其一，我国拥有14亿多人口，这是一个规模巨大的内需市场。创造和推动历史发展的人类活动具有两个最根本的原点——需求和供给。需求是拉动经济社会发展的内驱力，对推动我国经济社会发展具有巨大作用。这是世界上大多数国家所无法比拟的。

其二，中国共产党把自己锻造成了一个走在时代前列的强大政党，它具有把全国各族人民组织起来、统筹整合各种资源，集中力量办大事的制度优势以及其他众多优势，这是引领中国经济社会发展的强大领导力。中国共产党具有号召力和感召力、向心力和凝聚力、动员力和组织力、谋划力和引领力，进而能使全社会形成合力，具有咬定目标、迎难而上、越挫越勇、越险越进、勇于奋斗、久久为功的特质，因而它能坚持全国一盘棋、调动各方积极因素，为实现宏伟的美好蓝图而不懈奋斗。

其三，新时代的中国能为当今世界开辟正确的发展方向，这是一种能为世界展现光明前景的引领力。当今世界向何处去？这确实是一个使世界人民感到迷茫的时代性问题。中国特色社会主义道路、理论、制度、文化的不断发展，能为解决人类问题贡献中国智慧、中国方案、中国理论、中国力量。

其四，中国人民具有勤劳和奉献的优秀传统和品质，这是一种创造财富的内驱力和社会发展的平衡力，即"民力"。不仅绝大部分中国人民都是靠勤劳致富的，而且面对各种矛盾和困难，绝大多数中国人民都能做到吃苦耐劳、默默奉献，这会大大降低社会运行和社会治理成本，减少经济社会发展中的代价，进而有助于激活经济社会发展动力，也有助于促进经济社会发展平衡与和谐稳定。这是世界上许多国家所不具有的优势。

其五，党领导人民成功走出中国式现代化道路，创造了人类文明新形态，这使我们能够站在历史正确一边，赢得历史主动，这是一种"行稳致远力"。中国特色社会主义道路有领航、有目标、有方略、有动能，致力于解决主要矛盾和根本问题，是坚持中国共产党领导的道路；是坚持与时俱进、开拓创新的道路；是以人民为中心、不断解放和发展社会生产力、实现全体人民共同富裕、推进人的全面发展的道路；是以国家制度优势和治理效能解难题、办大事的道路，是物质文明和精神文明协调发展、人与自然和谐共生的道路；是坚持和平发展、合作共赢的道路。这样的道路底厚、基实、路宽、力足、行稳，具有开放、包容、创新、确定、能动、引领等本质特征，不仅使马克思主义以崭新形象呈现于世界，而且具有破解世界社会主义发展历程中的重大难题、人类重大问题和世界困境的底气、智慧和能力。

其六，当今世界，新一轮综合国力竞争正在全方位开展。新时代的中国社会生产力水平大大提高，综合国力显著增强，人民生活水平不断提升，我国在工业体系、内需市场、生产能力、配套能力、经济潜力、经济韧性、市场潜力，基本经济制度，政党自我革命能力，稳中向好态势等方面都具有优势。这既有利于激发各类市场主体活力、解放和发展社会生产力，又有利于促进效率和公平有机统一、不断实现共同富裕，还有利于进一步增强国家抵御风险挑战能力，这是一种"国力竞争力"。上述社会内驱力、党的领导力、世界引领力、民力、行稳致远力、国力竞争力等，能够为动荡变革期不稳定、不确定的世界提供更多确定性，这是最大的新的战略机遇。

基于战略思维看新的战略任务。战略任务源自新的社会主要矛盾。从人民日益增长的美好生活需要和不平衡不充分的发展之间的社会主要矛盾可以看出，我们党在新时代面临的新的战略任务，主要就是解决人民生活"好不好"、国家或民族"强不强"、中国共产党自身"硬不硬"等根本性问题；从世界人民日益增长的和平发展、合作共赢诉求和霸权主义、单边主义之间的矛盾也可以看出，我们党在世界百年未有之大变局中所面临的新的战略任务，就是世界"和平不和平"的问题。这四个根本性问题关乎创新发展 21 世纪马克思主义的根本性问题，这些根本性问题本质上都属于我们党在新时代和大变局中所面临的新的战略任务。解决这些问题需要运用辩证思维并从系统上进行战略思考和谋划。习近平总书记指出，面对快速变化的世界和中国，如果墨守成规、思想僵化，没有理论创新的勇气，不能科学回答中国之问、世界之问、人民之问、时代之问，不仅党和国家事业无法继续前进，马克思主义也会失去生命力、说服力。[①]"中国之问"从根本上就是解决国家或民族"强不强"的问题；"世界之问"从根本上就是解决世界"太平不太平"的问题；"人民之问"从根本上就是解决人民生活"好不好"的问题；"时代之问"从根本上就是解决党如何把自身建得更加坚强有力从而走在时代前列，团结带领全国各族人民夺取中国特色社会主义伟大胜利的问题。解决上述问题从根本上影响到 21 世纪马克思主义的生命力，且这些根本问题都具有战

---

① 参见《继续把党史总结学习教育宣传引向深入 更好把握和运用党的百年奋斗历史经验》，《人民日报》2022 年 1 月 12 日。

略意义，属于战略任务，需要运用辩证思维从系统上进行战略思考和谋划。

基于战略思维看新的战略要求。依据新的战略阶段、战略机遇、战略任务，新的战略要求总体上可以概括为：为中国人民谋幸福，为中华民族谋复兴，为世界谋大同。

基于战略思维看新的战略环境。世界越是动荡变革，越是不稳定不确定，越是遭遇重大风险挑战，就越会发现战略机遇，危机、变局中孕育着战略环境。"在危机中育新机，在变局中开新局"的战略环境主要体现在：一是危机中较容易育新机。当陷于不确定而感到迷茫时，能在不确定中寻找到确定，就是一种战略新机。二是变局中较容易开新局。变就是调整、重构，用长远、全局、大势眼光看调整、重构，从而孕育战略新局。三是动荡变革孕育着战略机遇。战略机遇往往会在动荡变革中出现，因为动荡变革会为掌握历史主动、站在历史正确一边的人提供战略机遇。四是时代课题反映和体现时代的本质特征。新的时代课题自然反映和体现着环境的本质特征，习近平新时代中国特色社会主义思想聚焦新时代坚持和发展中国特色社会主义、建设社会主义现代化强国、建设长期执政的马克思主义政党，由此提出了一系列原创性的治国理政新理念新思想新战略。这三大时代课题都属于战略性课题，需要从系统上战略上去破解。

党的十八大以来，以习近平同志为核心的党中央在治国理政中展现出高超的战略应对能力

第一，善用战略思维。党的十八大以来，习近平总书记运用战略思维，对实现中华民族伟大复兴战略全局、应对世界百年未有之大变局，以及在新发展阶段构建新发展格局、全面建设社会主义现代化等方面进行战略谋划。在讲到战略思维、创新思维、辩证思维、法治思维、底线思维时，习近平总书记把战略思维置于首位，强调大历史观，体现了习近平总书记治国理政在战略上具有认识自觉、理论自觉和实践自觉。习近平总书记提出的贯彻新发展理念、统筹推进"五位一体"总体布局、协调推进"四个全面"战略布局、新"两步走"战略安排、坚持总体国家安全观、全面深化改革、推进国家治理体系和治理能力现代化、构建人类命运共同体等，无不蕴含着战略辩证思维。习近平总书记注重构建以国内大循环为主体、国内国际双循环相互促进的新发展格局，打赢脱贫攻坚战，全面建成小康社会，打好关键核心技术攻坚战，实施区域协调发展战略，注重军队组织构架和力量体系重塑等，都是战略辩证法的具体体现。

第二，对国内外发展全局、长远和大势作出正确的战略判断。习近平总书记统筹实现中华民族伟大复兴战略全局和世界百年未有之大变局，对关系党和国家事业发展一系列具有系统性、战略性和根本性的重大课题进行深邃的战略思考和判断，提出一系列治国理政新战略。如在对中国特色社会主义进入新时代即我国发展新的历史方位、在我国新发展阶段、在世界百年未有之大变局、在新的世界动荡变革期等历史发展阶段问题上（定位）；在确立全面建设社会主义现代化国家、实现中华民族伟大复兴的战略目标或任务上，以及在推动高质量发展上（定标）；在贯彻新发展理念、确立统筹推进"五位一体"总体布局和协调推进"四个全面"战略布局、在确定新"两步走"的战略安排上（定法），以及在对社会主要矛盾、国内外形势上等，都能作出正确的战略判断。

第三，对影响党和国家发展命运的根本性问题作出科学的战略谋划。对于人民生活"好不好"、国家或民族"强不强"、世界"和平不和平"、中国共产党"硬不硬"、21世纪马克思主义如何具有"生机活力"等根本性问题，习近平总书记都作出了科学的战略谋划。习近平总书记从民主、法治、公平、正义、安全、生态与不断实现全体人民共同富裕，实现人的全面发展等方面，对解决人民生活"好不好"问题作出了科学的战略谋划;从解决发展不平衡不充分问题,从把握新发展阶段、贯彻新发展理念、构建新发展格局、推动高质量发展,从全面建成社会主义现代化强国的新"两步走"战略安排上,对解决国家或民族"强不强"的问题作出了科学的战略谋划;从完善全球治理,践行真正的多边主义,从弘扬全人类共同价值,推动构建人类命运共同体,从推动"一带一路"建设高质量发展上,对解决世界"和平不和平"问题作出了科学的战略谋划;从坚持党的全面领导和坚持全面从严治党的统一,从伟大自我革命和伟大社会革命的统一,从"打铁"和"自身硬"的统一,从大党如何成为强党问题上,对解决中国共产党"硬不硬"的问题作出了科学的战略谋划;从不断推进马克思主义中国化时代化进而推进理论创新,从中国道路、中国理论的世界意义,从正确看待当代中国马克思主义和 21 世纪马克思主义的关系,从中国式现代化道路和人类文明新形态,从解释 21 世纪世界并掌握理论话语权上,对如何创新发展 21 世纪马克思主义并使其具有生机活力问题,也作出了科学的战略谋划。

第四,在治国理政一些重大问题上赢得了战略主动。在坚持党中央权威和集中统一领导上,在积极发展全过程人民民主上,在统筹疫情防控和经济社会发展上,在新发展阶段构建新发展格局、推进供给侧结构性改革、坚定不移走高质量发展之路上,在抵御西方意识形态渗透上,在坚持敢于斗争上,在统筹国内国际"两个大局"上,在坚持走中国特色强军之路上,在坚持"一国两制"和推进祖国统一上,在推动构建人类命运共同体等重大问题上,我们都能掌握历史主动并赢得战略主动。

第五,时刻保持战略清醒和战略定力,注重战略应对。习近平总书记强调,全党要牢记中国共产党是什么、要干什么这个根本问题,打铁必须自身硬,要以伟大自我革命引领伟大社会革命;强调要胸怀"国之大者",任何人任何势力都不能阻挡中国人民实现更加美好生活、中华民族实现伟大复兴的前进步伐,实现中华民族伟大复兴的历史进程不可逆转;强调党的根基在人民、血脉在人民、力量在人民;强调以保障和改善民生为重点加强社会建设;强调要坚持人与自然和谐共生;强调要增强"四个意识"、坚定"四个自信"等。在上述重大理论和实践问题上,习近平总书记反复强调"决不在根本性问题上出现颠覆性错误",这充分表明习近平总书记在治国理政实践中时刻保持战略清醒、战略定力,注重战略应对。

综上所述,党的十八大以来,以习近平同志为核心的党中央在治国理政中展现出高超的战略应对能力,不仅体现在治国理政具有战略思维、能作出准确战略判断、进行科学战略谋划,还体现在赢得战略主动、时刻保持战略清醒和战略定力、不断提升战略应对能力等方面。新征程上,我们要坚持战略思维、抓住战略机遇,奋力谱写全面建设社会主义现代化国家崭新篇章。

(原文发表于《人民论坛》2022年第8月上期。)

内涵与外延：理解"新的战略阶段"的两个维度

陈锡喜*

---

* 上海交通大学讲席教授，中央马克思主义理论研究和建设工程首席专家，教育部社会科学委员会委员，高校中国共产党伟大建党精神研究中心专家委员会委员。

2022年7月，习近平总书记在省部级主要领导干部"学习习近平总书记重要讲话精神，迎接党的二十大"专题研讨班上指出，我国发展面临新的战略机遇、新的战略任务、新的战略阶段、新的战略要求、新的战略环境。其中，"新的战略阶段"这一定位十分重要——新的战略机遇、新的战略任务、新的战略要求和新的战略环境，都聚焦在"新的战略阶段"上。新的战略阶段的定位，一方面，增强了我们全面建设社会主义现代化国家的信心，进一步激发了实现中华民族伟大复兴的斗志；另一方面，新的战略机遇、新的战略任务、新的战略阶段、新的战略要求、新的战略环境也意味着，需要应对的风险和挑战、需要解决的矛盾和问题比以往更加错综复杂，这要求我们增强忧患意识，以正确的战略策略应变局、育新机、开新局。增强信心斗志和忧患意识，辩证统一于掌握历史主动上。在大历史观视域下，着眼于世界之变、时代之变、历史之变的特征来把握新的战略阶段的内涵和外延，可以使我们更自觉地掌握历史主动。

理解"新的战略阶段"内涵的五个基点

2021年是中国共产党成立100周年，我国实现了第一个百年奋斗目标，全面建成了小康社会，并向着全面建成社会主义现代化强国的第二个百年奋斗目标迈进。而2022年即将召开的党的二十大，将科学谋划未来5年乃至更长时期党和国家事业发展的目标任务和大政方针，这事关第二个百年的开局。因此，基于这一时代背景，我们可以更清晰地理解"新的战略阶段"的内涵。

其一，党的第一个百年奋斗历程的纬度：实现中华民族伟大复兴进入不可逆转的历史进程的重要阶段。一方面，在党的第一个百年奋斗历程中，党领导人民夺取新民主主义革命伟大胜利，为实现中华民族伟大复兴创造根本社会条件；完成社会主义革命和推进社会主义建设，为实现中华民族伟大复兴奠定根本政治前提和制度基础；进行改革开放和社会主义现代化建设，为中华民族伟大复兴提供充满新的活力的体制保证和快速发展的物质条件；开创中国特色社会主义新时代，为实现中华民族伟大复兴提供了更为完善的制度保证、更为坚实的物质基础、更为主动的精神力量。另一方面，党的十八大以来，我们党确立习近平同志党中央的核心、全党的核心地位，确立习近平新时代中国特色社会主义思想的指导地位，党的二十大将明确宣示党在新征程上举什么旗、走什么路、以什么样的精神状态、朝着什么样的目标继续前进，这将使我们进入的新的战略阶段成为更具战略自信的阶段。

其二，党的第二个百年奋斗目标的纬度：全面建设社会主义现代化国家开局起步的关键阶段。一方面，从党的十八大开始，中国特色社会主义进入新时代，10年来，党中央采取一系列战略性举措，推进一系列变革性实践，实现一系列突破性进展，取得一系列标志性成果。在此基础上，党的十九大对实现第二个百年奋斗目标作出分两步走的战略安排。党的二十大要对全面建成社会主义现代化强国两步走战略安排进行宏观展望，重点部署未来5年的战略任务和重大举措；要紧紧抓住解决不平衡不充分的发展问题，研究提出解决问题的新思路、新举措。另一方面，我们也清醒地意识到，进入这一阶段，同刚进入新时代相比，可以预料和难以预料的各种风险挑战、需要解决的各种国内外矛盾和社会问题，会更加错综复杂，依然需要我们激发奋进力量，不为任何风险所惧，不为任何干扰所惑，决不在根本性问题上出现颠覆性错误。这意味着未来5年是全面建设社会主义现代化国家开局起步的关键时期。

其三，社会主义发展阶段历史定位的纬度：社会主义初级阶段开始向更高阶段迈进的部分质变阶段。一方面，进入新的战略阶段，同社会主义在更高层次上的历史定位即社会主义初级阶段相比，并没有完全超越邓小平同志所说的"事实上不够格"（即马克思预测的后资本主义的社会主义的"资格"）的阶段。因为马克思所预测的社会主义,是建立在实现了工业化的发达资本主义基础之上的。今天,我们正在赶超资本主义的发展水平,但要在各方面显示对当代资本主义的全方位优势,还需要经历全面建设社会主义现代化国家乃至全面建成社会主义现代化强国的阶段。另一方面,进入新时代后,我国社会主要矛盾的变化,要求我们立足新发展阶段、贯彻新发展理念、构建新发展格局、推动高质量发展,发展全过程人民民主、协同推进人民富裕、国家强盛、中国美丽。社会主义初级阶段不是一成不变、停滞不前的,而是阶梯式递进、日益接近质的飞跃的量的发展变化的过程。因此,根据我国社会主要矛盾变化的实然状态以及全面建设社会主义现代化国家的应然前景,可以认为新的战略阶段是社会主义初级阶段迈向更高阶段的部分质变阶段。

其四,世界百年未有之大变局的纬度:在日趋激烈的国际竞争中掌握历史主动以赢得未来的阶段。一方面,党把握新时代外交工作大局,中国特色大国外交全面推进,弘扬全人类共同价值和推动构建人类命运共同体,已成为引领时代潮流和人类前进方向的鲜明旗帜,我国的国际影响力、感召力、塑造力显著提升。另一方面,世界百年未有之大变局加速演进,世界之变、时代之变、历史之变的特征更加明显,单边主义、保护主义、霸权主义、强权政治对世界和平与发展的威胁上升,逆全球化思潮上升。在这样的背景下,在新的历史起点上,中国将站在历史正确的一边,站在人类进步的一边,始终做世界和平的建设者、全球发展的贡献者、国际秩序的维护者。因此,新的战略阶段就是我们在日趋激烈的国际竞争中掌握历史主动以赢得未来,在百年未有之大变局中实现中华民族伟大复兴,同时也在全面建设社会主义现代化国家新征程中推进人类命运共同体构建的阶段。

其五,马克思主义中国化历程的纬度:开辟马克思主义中国化时代化新境界并发展21世纪马克思主义的阶段。一方面,从"十月革命一声炮响,给中国送来了马克思列宁主义",到"马克思主义中国化"

的提出并使之本土化而落地生根，中国共产党不断推进马克思主义中国化并用以指导实践，这决定了中国共产党之所以"能"和中国特色社会主义之所以"好"。习近平新时代中国特色社会主义思想围绕新时代坚持和发展什么样的中国特色社会主义、怎样坚持和发展中国特色社会主义，建设什么样的社会主义现代化强国、怎样建设社会主义现代化强国，建设什么样的长期执政的马克思主义政党、怎样建设长期执政的马克思主义政党等重大时代课题，提出一系列原创性的治国理政新理念新思想新战略，从而实现了马克思主义中国化新的飞跃。另一方面，马克思主义是不断发展的开放的理论，本土化才能落地生根，时代化才能充满生机。不仅当代中国正在经历人类历史上最为宏大的实践创新，而且世界百年未有之大变局深刻变化前所未有，当代中国马克思主义要科学回答中国之问、世界之问、人民之问、时代之问，在坚持把马克思主义基本原理同中国具体实际相结合、同中华优秀传统文化相结合中不断推进马克思主义中国化的同时，还须与各国马克思主义政党乃至世界左翼力量的艰辛探索共同努力，以共同回答当代资本主义、社会主义乃至人类前途命运的重大理论和实践问题，从而推动马克思主义的时代化，使 21 世纪马克思主义不断开辟新境界、日益焕发新活力。

诠释"新的战略阶段"外延的十个重要方面

第一，党的全面领导、党中央集中统一领导进一步全面落实。中国特色社会主义最本质的特征是中国共产党领导，这表现在党的领导的全面性、系统性和集中性等方面。在新的战略阶段，党的全面领导将全部覆盖东西南北中的范围和党政军民学的内容，进一步落实到党和国家事业各领域各方面各环节；党的系统领导落实在制度建设方面，将在职能配置上更加科学、在体制机制上更加完善、在运行管理上更加高效；党中央集中统一领导体现在做到坚决维护习近平总书记党中央的核心、全党的核心地位,坚决维护党中央权威和集中统一领导方面,党的各级领导干部特别是高级领导干部的政治判断力、政治领悟力、政治执行力将得到不断提高;等等。

第二,新发展格局得以加快构建。以国内大循环为主体、国内国际双循环相互促进的新发展格局,是基于我国发展环境和比较优势变化而作出的战略构想,明确了我国经济现代化的路径选择。在新的战略阶段,完整的内需体系将得到加快培育,从而为畅通国民经济循环、增强国内大循环主体地位奠定重要基础;关键核心技术或重要领域"卡脖子"技术逐步攻克,从而掌握确保国内大循环畅通和塑造在国际大循环中新优势的关键;产业链、供应链得以优化升级,从而使国内大循环的主体地位得以稳固并增强在国际大循环中的带动能力;农业农村现代化得以推进,从而以城乡经济良性循环助推国内大循环并确保国内国际两个循环比例关系健康;人民的生活品质得到提高,从而使国民经济循环得以畅通;安全发展的底线被牢牢守住,从而为新发展格局提供重要前提和保障;等等。

第三,全过程人民民主的制度程序和参与实践更加完善。党的十八大以来,我们深化对民主政治发展规律的认识,提出全过程人民民主的重大理念。我国全过程人民民主不仅有完整的制度程序,而且有完整的参与实践。在新的战略阶段,全过程人民民主的有效性得以进一步体现,全体人民能依法管理国家事务和社会事务、管理经济和文化事业,人民群众能畅通表达利益要求,社会各方面能有效参与国家政治生活,国家决策能实现科学化、民主化,各方面人才能通过公平竞争进入国家领导和管理体系,党能依照宪法法律规定实现对国家事务的领导,权力运用能得到有效制约和监督,等等。

第四,中华文化新辉煌在更高层次上得以铸就。继续统筹推进"五位一体"总体布局、协调推进"四个全面"战略布局,文化建设是重要内容;中国文化的时代精华,是习近平新时代中国特色社会主义思想的本质特征之一。在新的战略阶段，将更多地挖掘中华 5000 多年文明中的精华，更自觉地把弘扬优秀传统文化同马克思主义立场观点方法结合起来；源于生活又高于生活的艺术创作，吸引人、感染人、打动人的艺术形象，令人难忘的时代艺术经典将更多涌现；网络生态得到有效治理，网络文明建设取得明显成效，网上美好精神家园获得广大网民拥戴；对外初步构建起具有鲜明中国特色的战略传播体系，中国的国际传播影响力、中华文化感召力、中国形象亲和力、中国话语说服力、国际舆论引导力得到显著提高；等等。

第五，全体人民共同富裕迈出坚实步伐。在我国社会主要矛盾变化后，更好满足人民日益增长的美好生活需要，把促进共同富裕当作为人民谋幸福的着力点，以不断夯实党长期执政的基础。在新的战略阶段，全体人民共同富裕迈出坚实步伐，居民收入和实际消费水平差距逐步缩小；人民受教育程度进一步提高，为增强每个人的发展能力创造了更加普惠公平的条件，向上流动通道得以畅通；建立科学的公共政策体系，形成人人享有的合理分配格局；加强基础性、普惠性、兜底性的民生保障建设，兜底救助体系进一步完善；更多低收入人群迈入中等收入行列，对高收入加强规范和调节，产权、知识产权和合法致富得到进一步保护；人民群众多样性、多层次、多方面的精神文化需求得到满足；为使共同富裕能迈向取得更为明显的实质性进展和基本公共服务实现均等化阶段逐步创造条件；等等。

第六，人与自然和谐共生的生态文明建设实现新进步。人与自然共生的现代化，是中国特色社会主义现代化道路的特色和优势之一，它不仅可以满足人民对优美生态环境的需要，而且可以推动实现更高质量、更有效率、更加公平、更可持续、更为安全的发展。在新的战略阶段，经济社会发展全面绿色转型和生态环境改善实现由量到质的转变；在深入打好污染防治攻坚战中，降碳成为重点战略方向，我国二氧化碳排放力争 2030 年前达到峰值，主要污染物排放总量持续减少；生态环境领域的国家治理体系和治理能力现代化水平得到增强，国土空间开发保护格局得到优化，生态安全屏障更加牢固，城乡人居环境明显改善；参加全球环境治理和履行国际公约更为积极认真，为全球提供了更多公共产品，在推动全球可持续发展中发挥更多积极作用，我国负责任大国形象进一步展现；等等。

第七，建军百年奋斗目标如期实现。强国必须强军，军强才能国安，在全面建设社会主义现代化国家进程中，国防和军队具有更加重要的位置，为此，党中央对国防和军队现代化建设制定了"三步走"蓝图。在新的战略阶段，要如期实现建军百年奋斗目标；政治建军切实落实，党对人民军队的绝对领导更加巩固，军队听党指挥、能打胜仗、作风优良的理念深入人心；改革强军、科技强军、人才强军全面体现，军事理论现代化、军队组织形态现代化、军事人员现代化、武器装备现代化得到全面加强；中国特色军事法治体系得到构建，治军方式实现根本性转变；等等。

第八，"一国两制"行稳致远，捍卫国家主权和领土完整的能力更加强大。全面准确贯彻"一国两制"方针，维护国家主权、安全、发展利益，维护特别行政区社会大局稳定，保持香港、澳门长期繁荣稳定；解决台湾问题、实现祖国完全统一，是党矢志不渝的历史任务，是全体中华儿女的共同愿望，是实现中华民族伟大复兴的必然要求。在新的战略阶段，中央对香港、澳门特别行政区的全面管治权不折不扣继续落实，香港、澳门特别行政区将更好融入国家发展大局，参与高质量建设粤港澳大湾区，经济得到进一步发展，民生得到根本改善，"一国两制"得以行稳致远；在民族复兴的新征程上，中国共产党和中国政府统筹中华民族伟大复兴战略全局和世界百年未有之大变局，深入贯彻新时代中国共产党解决台湾问题的总体方略和对台大政方针，扎实推动两岸关系和平发展、融合发展，坚定推进祖国统一进程；等等。

第九，国际格局持续演变、全球治理体系深刻重塑。面对复杂严峻的国际形势和前所未有的外部风险挑战，中国共产党始终统筹国内国际两个大局，紧扣服务民族复兴、促进人类进步的主线开展中国特色大国外交，推动构建人类命运共同体。在新的战略阶段，百年变局和世纪疫情交织叠加，世界进入动荡变革期，不稳定性不确定性显著上升，实现普遍安全、促进共同发展依然任重道远；中国特色大国外交将全面推进，我们将进一步弘扬和平、发展、公平、正义、民主、自由的全人类共同价值，反对霸权主义和强权政治，更积极地参与全球治理体系改革和建设，维护和践行真正的多边主义；构建人类命运共同体进一步得到推动，"一带一路"建设得到高质量发展；等等。

第十，党勇于自我革命的精神进一步发扬光大。自我革命，是继毛泽东同志在延安的窑洞里给出如何跳出治乱兴衰历史周期率的第一个答案后，经过百年奋斗特别是党的十八大以来新的实践所给出的第二个答案。勇于自我革命，是中国共产党区别于其他政党的显著标志。正因为具有这样的政治品格，中国共产党才确保了不变质、不变色、不变味。在新的战略阶段，中国共产党将加强学习，使对建设什么样的长期执政的马克思主义政党、怎样建设长期执政的马克思主义政党的规律性认识达到新的高度；将强化政治监督，确保全党立足新发展阶段，贯彻新发展理念，构建新发展格局；将加强干部教育特别是年轻干部教育管理监督，并进一步完善权力监督制度和执纪执法体系，各项监督更加规范、有力、有效；将保持反腐败的政治定力，不断实现不敢腐、不能腐、不想腐一体推进的战略目标；等等。

[本文系教育部专项重大攻关项目"习近平新时代中国特色社会主义思想的原创性学理化学科化阐释与高校思政课教学内容建设研究"（项目编号：20JDSZKZ01）阶段性研究成果。原文发表于《人民论坛》2022年第9月上期。]

问题意识及问题导向的具体逻辑

王立胜[*]

---

[*] 中国社会科学院大学哲学院院长、教授、博导,中国社会科学院哲学研究所党委书记、副所长、研究员。

习近平总书记在省部级主要领导干部"学习习近平总书记重要讲话精神，迎接党的二十大"专题研讨班上的重要讲话，是一篇高举中国特色社会主义伟大旗帜、引领谱写全面建设社会主义现代化国家崭新篇章的纲领性文献，为开好党的二十大奠定了重要政治基础、思想基础和理论基础。讲话充分肯定了过去 5 年工作和新时代 10 年的伟大变革，谈到成绩而不忘忧患，谈到贡献而不忘根本。对于当前及下一步工作中存在的问题难题和风险挑战，全党必须增强忧患意识，坚持底线思维，坚定斗争意志，增强斗争本领，要紧紧抓住解决不平衡不充分的发展问题，着力在补短板、强弱项、固底板、扬优势上下功夫，研究提出解决问题的新思路、新举措。坚持问题意识、解答时代问题，是马克思主义理论创新发展的需要，也是我们立足新时代中国国情、开启全面建设社会主义现代化国家新征程的钥匙。

生成逻辑：坚持问题意识、解答时代问题，是马克思主义理论创新发展的内在动力

坚持问题意识和问题导向是马克思主义的鲜明特点。马克思指出："一个时代所提出的问题，和任何在内容上是正当的因而也是合理的问题，有着共同的命运：主要的困难不是答案，而是问题。"[1] 在马克思看来，出现问题并不可怕，应该正确看待问题："问题就是时代的口号，是它表现自己精神状态的最实际的呼声。"[2] 马克思、恩格斯具有强烈的问题意识和问题导向，坚持从人类发展的视角去看待问题，将现实的世界和现实的人作为全部理论和实践的出发点，将改变现实的世界和实现人的解放作为落脚点。马克思、恩格斯致力于从现实世界出发寻找人的解放道路，他们主动深入到广大劳动人民的生产生活中，以解剖劳动和资本的矛盾关系为主线对旧世界进行深刻而彻

---

[1]《马克思恩格斯全集》(第四十卷)，人民出版社 1982 年版，第 289 页。
[2]《马克思恩格斯全集》(第四十卷)，人民出版社 1982 年版，第 289—290 页。

底的批判，主张通过社会变革的方式建立一个"每个人自由而全面发展"的新世界。可见，在马克思主义的视野中，真正的问题不是抽象的、虚幻的纯粹理论，而是具体的、现实的人的问题；理论研究不应是"彼岸世界"的先验玄思，而应旨在揭示"此岸世界"的科学真理。马克思主义就是一种具有强烈问题意识的科学理论，马克思以深刻的洞察力实现了对资本主义世界的深刻揭示和对未来人类社会的美好设想。恩格斯曾这样评价马克思："在前人认为已有答案的地方，他却认为只是问题所在。"[1]

正是基于对问题的深刻洞见，列宁从帝国主义时代的背景出发，深入研究垄断资本主义发展阶段帝国主义国家经济政治发展的不平衡。这种不平衡导致各国力量对比发生重大变化，使得重新瓜分世界的掠夺战争不可避免地爆发。面对这些现实情况，列宁指出："社会主义不能在所有国家内同时获得胜利。它将在一个或者几个国家内获得胜利"[2]。十月革命的胜利，证明了列宁的判断是符合无产阶级革命实际的。列宁提出的一系列科学论断，成功指导俄国开辟了社会主义新道路，成为马克思主义发展史上坚持问题意识、解答时代问题的成功典范。

坚持问题意识、解答时代问题是中国共产党人的优良传统。近代以来，由于西方列强侵略和封建统治腐败，中国逐渐沦为半殖民地半封建社会，"中国向何处去"成为一个现实而亟须解决的问题。以毛泽东同志为主要代表的中国共产党人，带有强烈的问题意识和问题导向，从中国实际问题出发，对各种主义进行反复检验，最终历史地选择马克思主义作为解决中国问题、走向民族复兴的指导思想。毛泽东同志指出："问题就是事物的矛盾。哪里有没有解决的矛盾，哪里就

---

[1] 《马克思恩格斯全集》（第四十五卷），人民出版社2003年版，第21页。
[2] 《列宁全集》（第二十八卷），人民出版社2017年版，第88页。

有问题。"①面对错综复杂的中国革命问题,毛泽东同志强调要善于抓主要矛盾;对于不同性质的问题,则要求具体问题具体分析,有针对性地解决中国现实问题。毛泽东同志充分领会马克思主义的理论精髓,认识到马克思主义是中国共产党人解决问题的重要法宝,强调没有抽象的马克思主义,只有具体的马克思主义,"只有用马克思主义观点来研究实际问题、能解决实际问题的,才算实际的理论家"②。毛泽东同志坚持将马克思列宁主义基本原理同中国具体实际相结合,用中国化的马克思主义指导中国革命和建设事业。

改革开放后,以邓小平同志为主要代表的中国共产党人继承和发扬了从实际问题出发、以问题为导向的优良传统和工作作风,在理论创新和实践探索中开辟了一条具有中国特色的社会主义建设和发展道路。面对当时日益凸显的社会发展问题,邓小平同志指出:"发展起来以后的问题不比不发展时少。"③因此,"要不断研究新情况、解决新问题、寻找新办法、制定新制度"④,用发展的手段解决问题,在解决问题中推动新发展,保证社会主义现代化建设顺利进行。江泽民同志在党的十四大报告中提出:"建设有中国特色社会主义的理论还有其他许多内容,还要在研究新情况、解决新问题的过程中,在实践检验中继续丰富、完善和发展。"⑤胡锦涛同志2010年12月在中共中央政治局第二十五次集体学习时强调,要抓住和解决牵动全局的主要工作、事关长远的重大问题、关系民生的紧迫任务。长期以来,中国共产党人坚持领会马克思主义精髓要义,善于发现问题,敢于直面问题,冷静分析问题,科学解决问题,从问题中找办法、寻先机、求突破,在解决问题中推动了马克思主义在中国的灵活运用和创新发展。

---

① 《毛泽东著作专题摘编》(下),中央文献出版社2003年版,第1539页。
② 《毛泽东著作专题摘编》(下),中央文献出版社2003年版,第198页。
③ 《邓小平思想年编:1975—1997》,中央文献出版社2011年版,第719页。
④ 《邓小平思想年编:1975—1997》,中央文献出版社2011年版,第408页。
⑤ 《江泽民文选》(第一卷),人民出版社2006年版,第221页。

历史逻辑：坚持问题意识、解答时代问题，是习近平新时代中国特色社会主义思想形成和发展的思维机制

问题是时代的声音，任何理论都是在认识和解答时代问题中形成和发展起来的。习近平总书记2016年5月在哲学社会科学工作座谈会上指出："世界上没有纯而又纯的哲学社会科学。世界上伟大的哲学社会科学成果都是在回答和解决人与社会面临的重大问题中创造出来的。研究者生活在现实社会中，研究什么，主张什么，都会打下社会烙印。"[①] 问题是理论创新的起点，同时又为理论打上了时代的印记。习近平新时代中国特色社会主义思想是当代中国马克思主义、21世纪马克思主义，是为解决当代中国社会发展问题而产生的理论。坚持问题意识、解答时代问题是其形成和发展的内在动力和重要密码。

坚持问题意识、解答时代问题是理论创新发展的根据。习近平新时代中国特色社会主义思想具有强烈的问题意识和突出的问题导向。习近平总书记在十八届中央政治局第一次集体学习时指出，党的十八大提出的基本要求，是对当前我国经济社会发展中存在的突出问题、改革攻坚和加快转变经济发展方式面临的难点问题、干部群众普遍关注的热点问题的积极回应。习近平总书记连用"突出问题""难点问题""热点问题"三个词组着重强调了问题意识和问题导向的重要性，要求全党立足于中国发展的现实问题来开展各项工作。党的十八大以来，党正是在坚持问题导向和解答时代问题中取得了一系列伟大成就，从理论和实践结合上系统回答了新时代坚持和发展什么样的中国特色社会主义、怎样坚持和发展中国特色社会主义，建设什么样的社会主义现代化强国、怎样建设社会主义现代化强国，建设什么样的长期执政的马克思主义政党、怎样建设长期执政的马克思主义政党等重大时代课题，提出一系列原创性的治国理政新理念新思想新战略，成

---

① 习近平：《在哲学社会科学工作座谈会上的讲话》，人民出版社2016年版，第12页。

功走出一条崭新的中国式现代化道路，推动马克思主义中国化实现新的飞跃。

习近平总书记在哲学社会科学工作座谈会上指出："问题是创新的起点，也是创新的动力源。只有聆听时代的声音，回应时代的呼唤，认真研究解决重大而紧迫的问题，才能真正把握住历史脉络、找到发展规律，推动理论创新。"[1] 理论创新的实质要求是继承发展、守正创新，这个过程同样是在发现和解答问题中实现的。理论始于问题，理论创新之所以要继承和守正，是因为问题具有普遍性。问题是随着实践的发展而产生的，实践的连续性决定问题的连续性，问题的连续性又要求理论具有连续性。正是因为每个时代面临的不同问题背后都有共性问题，处理这种共性问题就需要汲取前人的理论智慧，这个过程就是继承的过程，同时也是掌握问题和理论演变规律的过程。与之前时代相较，当前我们所处的历史环境和面对的时代问题已经发生了很大变化。但是必须认识到，实现中华民族伟大复兴的历史主题没有变，我国仍处于并将长期处于社会主义初级阶段的基本国情没有变，我国是世界上最大发展中国家的国际地位没有变，这些共性问题是习近平新时代中国特色社会主义思想继承和发展马克思列宁主义、毛泽东思想、邓小平理论、"三个代表"重要思想和科学发展观的现实要求。

问题催生理论。理论之所以要创新发展，是因为问题本身具有特殊性，即不同时代具有不同问题，这种问题的变化呼唤理论的发展。普遍性寓于特殊性之中，研究问题不能仅仅看到其普遍性特征，还必须抓住其特殊性表现，对具体问题进行具体分析，针对问题的变化调整理论的内容，以此指导发展着的实践。习近平总书记在纪念马克思诞辰200周年大会上指出："马克思一再告诫人们，马克思主义理论

---

[1] 习近平：《在哲学社会科学工作座谈会上的讲话》，人民出版社2016年版，第14页。

不是教条，而是行动指南，必须随着实践的变化而发展。一部马克思主义发展史就是马克思、恩格斯以及他们的后继者们不断根据时代、实践、认识发展而发展的历史，是不断吸收人类历史上一切优秀思想文化成果丰富自己的历史。"① 习近平总书记继承和发扬了坚持问题导向、解答时代问题的优良作风。在精准脱贫工作中，习近平总书记通过深入贫困地区开展实地调查研究，提出精准脱贫方略，明确了扶持谁、谁来扶、怎么扶、如何退等一系列脱贫问题，为脱贫攻坚取得全面胜利提供了科学有力指导；2020年初，面对新冠肺炎疫情的暴发和蔓延，习近平总书记正视问题，坚持人民至上、生命至上，第一时间作出系列重要指示。在习近平新时代中国特色社会主义思想指引下，中国在应对重大突发公共卫生事件方面交出了出色答卷，在做好自身防控的同时，积极向世界其他国家提供医疗物资、医疗队伍和有效经验，为全球抗疫事业作出了重要贡献。可见，习近平新时代中国特色社会主义思想具有鲜明而强烈的问题意识和问题导向，紧紧围绕新时代中国发展面临的各种问题科学布局、精准施策，显示出强大的思想伟力。

从习近平新时代中国特色社会主义思想本身来看，其内容都是围绕中国发展具体问题提出的，具有很强的现实针对性。习近平新时代中国特色社会主义思想的基本内涵及核心要义集中表现在"十个明确"上，这"十个明确"是有机整体，分别对应了党在新时代必须做好的十个方面重要问题，是对中国之问、世界之问、人民之问、时代之问的科学应答。

理论逻辑：坚持问题意识、解答时代问题，是习近平新时代中国特色社会主义思想的理论特质

突出的问题导向、强烈的问题意识不仅是习近平新时代中国特色

---

① 习近平：《在纪念马克思诞辰200周年大会上的讲话》，人民出版社2018年版，第9页。

社会主义思想形成和发展重要的内生因素，也是其鲜明的理论特质。主要表现为以人民为中心提出问题、以历史为镜鉴直面问题、以求是为尺度研究问题和以改革为动力解决问题四个方面。

以人民为中心提出问题。为什么人的问题是中国共产党所要研究和解决的根本问题。从问题的本性来看，问题是人的问题，问题只能在人的实践中被发现，又在人更深入的实践中被解决。随着实践能力的提升，人们对问题的认识更加深刻，提出和解决问题的能力也不断提高。可见，问题的产生、分析和解决都是以人的参与为前提的。离开了人的参与，问题既不能被提出，也不能被解决，问题就失去了存在的价值和意义。习近平新时代中国特色社会主义思想坚持"以人民为中心"的理念，从人的角度看待问题，将问题产生、分析和解决的每个过程都与人民群众具体的、现实的生产生活相联系，不仅关注人民群众生活小事，还注重将其放在国家发展大局中去认识，统筹把握人民群众生产生活的眼前问题和事关中华民族伟大复兴的长远问题。例如，"人民有所呼，改革有所应""小康不小康，关键看老乡""绿水青山就是金山银山"等思想，都体现出以人民为中心破解问题的意识。以人民为中心提出问题，就要真正深入到人民群众之中，摸清他们的生活实际情况，了解他们的现实困难，倾听他们的意见建议，始终保持同人民群众的血肉联系，始终接受人民批评和监督，始终同人民同呼吸、共命运、心连心。以人民为中心提出问题，问题的解决必然惠及最广大人民，这种问题意识和问题导向体现了马克思主义的人文关怀、现实关切和实践品格。

以历史为镜鉴直面问题。习近平总书记指出，历史是最好的教科书，也是最好的清醒剂。历史虽然是过去发生的事情，但总会以各种各样的方式出现在当今人们的生活中。以史为鉴、直面问题是中华民族的优良传统。在中国历史上，凡是动荡时期，都源于对问题视而不见、听而不闻，致使问题矛盾不断激化，最终导致政权更迭；凡是太平盛世，都源于对问题的敏感和重视，能够直面问题、防患于未然，保持国家和谐安定。问题无处不在、无时不有，关键在于能不能正视问题。坚持问题意识和问题导向，就要时刻保持头脑清醒，对存在的问题不掩盖、不回避、不推脱，否则就会使小问题演化成大问题。中国共产党人敢于直面问题，深刻认识新时代的历史方位，准确作出我国社会主要矛盾转化的重大判断，以供给侧结构性改革和新发展理念应对发展不平衡不充分的问题，以精准脱贫方略和乡村振兴战略应对共同富裕的短板问题，取得了一系列重要成绩。习近平总书记指出："在前进道路上我们面临的风险考验只会越来越复杂，甚至会遇到难以想象的惊涛骇浪。我们面临的各种斗争不是短期的而是长期的，至少要伴随我们实现第二个百年奋斗目标全过程。"[1]可以看出，以史为鉴、直面问题是我们党能够始终保持清醒、勇往直前的重要原因。

以求是为尺度研究问题。实事求是是中国共产党的基本思想方法，在研究问题的过程中具有重要指导意义。首先，研究问题必须要瞄准"实事"，从实际出发。问题都是具体的、现实的，研究问题就要从问题产生的实际出发，搞清楚问题的来龙去脉，深刻把握问题的发生背景、生成原因、存在条件及可能造成的后果，对问题实际情况进行精准"画像"，全面准确地认识问题"样貌"。其次，研究问题必须在"求"上下功夫，用好调查研究的方法。习近平总书记强调："调查研究是做好各项工作的基本功。不了解真实情况，拍脑袋做决定，是做不好工作的。"[2]调查研究是中国共产党人的优良作风，也是研究问题的科学方法。习近平总书记正是通过主动深入各地开展调查研究，才摸清摸透了人民群众的生活情况和需求，准确把握住了社会主要矛盾的重大变化，提出了一系列新理念新思想新战略。最后，研

---

[1]《习近平谈治国理政》（第三卷），外文出版社2020年版，第225—226页。
[2]《习近平关于"不忘初心、牢记使命"论述摘编》，党建读物出版社、中央文献出版社2019年版，第222页。

究问题必须做到求"是",探究问题背后的本质和规律。问题是特殊的,也是普遍的,它既有其特殊的产生原因、表现形式及现实后果,也有其普遍的社会根源、共性特征及发展规律,应从普遍性与特殊性的辩证关系中研究深层次问题。习近平总书记指出,要坚持发展地而不是静止地、全面地而不是片面地、系统地而不是零散地、普遍联系地而不是单一孤立地观察事物,准确把握客观实际,真正掌握规律,妥善处理各种重大关系。①因此,深入剖析问题、抓住病因,才是开对药方的关键。

以改革为动力解决问题。社会主义社会是经常变化和改革的社会,改革是中国的"第二次革命",是中国经济发展的根本动力,而问题正是改革的逻辑起点。党的十一届三中全会以来的实践证明,改革开放是解放和发展生产力的重要手段,推动了中国快速发展,实现了国家综合国力大幅跃升,走出了一条适应基本国情、顺应人民意愿、符合时代潮流的中国道路。党的十八届三中全会启动全面深化改革,确立了"完善和发展中国特色社会主义制度、推进国家治理体系和治理能力现代化"的总目标。习近平总书记指出:"我们中国共产党人干革命、搞建设、抓改革,从来都是为了解决中国的现实问题。"②改革自问题始,而问题伴随事物发展始终,故而改革只有进行时,没有完成时,正如习近平总书记所说:"在认识世界和改造世界的过程中,旧的问题解决了,新的问题又会产生,制度总是需要不断完善,因而改革既不可能一蹴而就、也不可能一劳永逸"③。因此,解决我国发展过程中面临的一系列突出问题,必须坚持全面深化改革。

---

① 参见《习近平总书记系列重要讲话读本(2016年版)》,学习出版社、人民出版社2016年版,第281页。
② 《习近平谈治国理政》(第一卷),外文出版社2018年版,第74页。
③ 《习近平谈治国理政》(第一卷),外文出版社2018年版,第74页。

未来逻辑：坚持问题意识、解答时代问题，在新时代伟大实践中不断开辟马克思主义中国化时代化新境界

历史总是在不断解决问题中前进的，历史的进步呼唤理论的发展。每个时代都有属于自己的问题，马克思主义之所以"行"，就是因为它能够提供解决实际问题的科学方法，在解决各类问题中绽放真理光芒，也在解决问题中不断创新发展。习近平新时代中国特色社会主义思想正是在当代中国共产党人灵活运用马克思主义基本原理发现问题、直面问题、分析问题、解决问题的过程中形成和发展起来的。在习近平新时代中国特色社会主义思想的指引下，新时代的10年取得了很多成绩，攻克了许多长期没有解决的难题，办成了许多事关长远的大事要事，经受住了来自政治、经济、意识形态、自然界等方面的风险挑战考验，推动党和国家事业取得历史性成就、发生历史性变革。习近平总书记在省部级主要领导干部"学习习近平总书记重要讲话精神，迎接党的二十大"专题研讨班上指出，新时代10年的伟大变革，在党史、新中国史、改革开放史、社会主义发展史、中华民族发展史上具有里程碑意义。这充分彰显了习近平新时代中国特色社会主义思想在指导中国实践、解答时代问题方面的独特优势，充分证明了问题意识和问题导向是习近平新时代中国特色社会主义思想的理论特质。新时代10年的伟大成就是在发现和解决问题中取得的，这为未来继续深化新时代伟大实践提供了科学的方法论指导。

未来新的伟大实践仍然充满各种问题和风险挑战，必须坚持在马克思主义的科学指导下走好自己的路。现在，我们比历史上任何时期都更接近实现中华民族伟大复兴的目标，比历史上任何时期都更有信心、更有能力实现这个目标。同时，必须清醒地认识到，中华民族伟大复兴不是轻轻松松、敲锣打鼓就能实现的，前进道路上仍然存在各种复杂问题和风险挑战。当前，世界百年未有之大变局加速演进，世界之变、时代之变、历史之变的特征更加明显。我国发展面临新的战略机遇、新的战略任务、新的战略阶段、新的战略要求、新的战略环境，需要应对的风险和挑战、需要解决的矛盾和问题比以往更加错综复杂。习近平总书记在省部级主要领导干部"学习习近平总书记重要讲话精神，迎接党的二十大"专题研讨班上指出，全党要把握好新时代中国特色社会主义思想的世界观和方法论，坚持好、运用好贯穿其中的立场观点方法。全党必须增强忧患意识，坚持底线思维，坚定斗争意志，增强斗争本领，以正确的战略策略应变局、育新机、开新局，依靠顽强斗争打开事业发展新天地，最根本的是要把我们自己的事情做好。把我们自己的事情做好，就要坚持在马克思主义的科学指导下走好自己的路，充分警惕封闭僵化的老路、改旗易帜的邪路等错误方向，勇于进行具有许多新的历史特点的伟大斗争，把国家和民族发展放在自己力量的基点上、把中国发展进步的命运牢牢掌握在自己手中，以中国式现代化推进中华民族伟大复兴。

继续走好新时代的长征路，就要永葆"赶考"的清醒和坚定，用发展着的马克思主义解答好中国之问、世界之问、人民之问、时代之问。新中国成立前夕，面对即将迎来的伟大胜利，毛泽东同志凭借强烈的问题意识和敏锐的政治嗅觉，察觉出党内存在的骄傲自满风气，并联想到历史上反复出现的兴亡事件，提出以"两个务必"解答"进京赶考"问题。当前，我们即将迎来为第二个百年奋斗目标擘画蓝图的党的二十大，在这个特殊而重要的历史时期，我们更应该保持"赶考"的清醒和坚定，做好当前各项工作。习近平总书记在省部级主要领导干部"学习习近平总书记重要讲话精神，迎接党的二十大"专题研讨班上强调，即将召开的党的二十大，是在进入全面建设社会主义现代化国家新征程的关键时刻召开的一次十分重要的大会，将科学谋划未来 5 年乃至更长时期党和国家事业发展的目标任务和大政方针，事关党和国家事业继往开来，事关中国特色社会主义前途命运，事关中华民族伟大复兴。明确宣示党在新征程上举什么旗、走什么路、以什么样的精神状态、朝着什么样的目标继续前进，对团结和激励全国各族人民为夺取中国特色社会主义新胜利而奋斗具有十分重大的意义。习近平总书记用"关键时刻""十分重要"以及三个"事关"等着重强调了党的二十大的重要地位以及当前所处历史时期的特殊方位，为做好当前及下一步工作奠定了工作基调，也为在新时代伟大实践中不断开辟马克思主义中国化时代化新境界指明了方向。

民族复兴，关键在党。拥有马克思主义科学理论指导是我们党鲜明的政治品格和强大的政治优势。当前，中国共产党团结带领中国人民完成了第一个百年奋斗目标，踏上了实现第二个百年奋斗目标新的赶考之路，必须认识到，党面临的执政考验、改革开放考验、市场经济考验、外部环境考验将长期存在，精神懈怠危险、能力不足危险、脱离群众危险、消极腐败危险将长期存在，全面从严治党永远在路上，党的自我革命永远在路上。习近平总书记在省部级主要领导干部"学习习近平总书记重要讲话精神，迎接党的二十大"专题研讨班上强调，实践一再告诫我们，管党治党一刻也不能放松，必须常抓不懈、紧抓不放，决不能有松劲歇脚、疲劳厌战的情绪，必须持之以恒推进全面从严治党，深入推进新时代党的建设新的伟大工程，以党的自我革命引领社会革命。站在当前重要历史关口，面对各种风险挑战，必须坚持加强党的自身建设，把握好习近平新时代中国特色社会主义思想的世界观和方法论，以"赶考"的清醒坚定洞察时代大势，把握历史主动，准确识变、科学应变、主动求变，不断开辟马克思主义中国化时代化新境界。

（原文发表于《人民论坛》2022年第9月下期。）

深刻把握历史自信与"四个自信"的辩证关系

周绍东[*]

---

[*] 武汉大学马克思主义学院教授。武汉大学马克思主义学院博士研究生陈艺丹对本文亦有贡献。

党的十九届六中全会通过的《决议》是中国共产党高度历史自信的充分展示，体现了我们党对历史进程的全面认识和对历史经验的科学提炼。在百年征程中，中国共产党人以道路自信彰显历史自信、以理论自信凝聚历史自信、以制度自信夯实历史自信、以文化自信巩固历史自信，为人类社会通往现代化提供了全新路径选择，为世界社会主义运动作出了突出贡献。

创造人类文明新形态，以道路自信彰显历史自信

历史自信是通过检视历史进程，运用科学的历史观提炼和总结经验，形成对历史规律的正确认识，把握人类社会发展的前途命运。历史自信源于中国道路的成功，源于我们党对奋斗成就的自信。近代以来，实现经济发展和现代化是很多国家孜孜以求的目标。随着现代化进程的不断深入，英、美、苏联等国家的现代化道路相继暴露出诸多弊病，有些已经在实践中遭遇重大挫折。而套用西方"市场化、自由化、私有化"这一现代化模式的发展中国家也很少有成功案例，不少经济体甚至陷入"中等收入陷阱"。

我国历史文化、社会制度、基本国情以及所处时代兼具特殊性和复杂性，这决定了我们不能照搬别国发展模式，必须从实际出发探索本国的发展道路。改革开放以来，在新中国"前三十年"的建设基础上，我们党领导人民迎来了从"站起来"到"富起来"再到"强起来"的伟大飞跃，取得了打赢脱贫攻坚战，消除绝对贫困和区域性整体贫困，全面建成小康社会等一系列历史性成就，探索出了一条中国式现代化新道路，开辟了人类走向新的文明形态的现实路径。我国从实际出发探索出的中国式现代化道路，超越了西方带有明显殖民主义色彩和以资本为核心的现代化老路，为发展中国家实现现代化目标提供了中国方案。中国式现代化道路的成功实践证明，尽管西方是现代化的先行者，但是西方模式并非是通往现代化的唯一模板。在推动国家走向现代化的历史征程中,必须将现代化文明的普遍性与本国国情的特殊性有机结合,走出具有本国特色的现代化道路。

道路自信不仅包括对中国现代化道路的自信,也包括对人类必然走向社会主义、共产主义这一光明前景的自信。在马克思主义经典作家看来,在生产力高度发达的条件下,社会主义革命将在各先进资本主义国家同时发生。苏联和中国的革命实践表明,社会主义也可以在生产力水平不发达的国家率先建成。但是,20世纪八九十年代,随着苏联解体、东欧剧变,苏联模式在一夜之间成为历史,社会主义道路受到普遍质疑,传统的计划经济体制也暴露出诸多弊端。在这种历史背景下,中国共产党人把握人类历史的发展规律,把实现共产主义的远大理想与中国具体实践结合起来,坚定不移地走科学社会主义道路,通过社会主义市场经济体制,极大地促进了生产力发展,提升了我国综合国力和人民群众生活水平。中国式现代化道路,本身就是一条符合人类发展规律的道路,其前途是共产主义和社会主义。也正是在这个意义上,中国式现代化道路的实践开创了人类文明的新形态,这种文明的新形态,必然是以"人的自由全面发展"为核心特征的共产主义文明和社会主义文明。

坚守马克思主义基本原理,以理论自信凝聚历史自信

100多年来,中国共产党人始终以马克思主义作为自己的行动指南,把历史自信建立在科学的理论基础上。马克思主义诞生于资本主义社会的成熟时期,它以无可辩驳的哲学、政治经济学和科学社会主义理论,分析了资本主义生产方式的内在矛盾,揭示了社会发展的客观规律,为人类指明了前进方向,是被历史和实践证明了的科学理论。近代以来,无数仁人志士为救亡图存给出了解决方案,但都因为无法从理论上正确理解中国社会,也难以在实践上取得成功。将马克思主义唯物史观与中国国情有机结合,中国共产党人科学把握了中国社会的阶级状况和主要矛盾,创造性地实现了旧民主主义革命向新民主主义革命的转变,不仅在理论上推动了马克思主义中国化,同时也为马克思主义理论的科学性提供了重要的实践佐证。自此,马克思主义在中国落地生根,为中国革命、建设和改革提供了强大思想武器。

马克思主义从本质来说是一门历史科学,唯物史观要求把社会发展看作是一个动态演进的过程。马克思主义进入中国后,深刻改变了中国,中国的实践也极大丰富了马克思主义。马克思主义理论之所以成为中国共产党历史自信的理论基础,还在于我们是采取开放而不是保守的态度坚持和发展马克思主义,将马克思主义看作行动指南而非理论教条,并且根据实践的发展不断推动着马克思主义与时俱进。自走上马克思主义指引的正确道路以来,我们党始终坚持具体问题具体分析,实事求是地将马克思主义的立场、观点和方法同中国革命、建设和改革的实践有机结合,相继创立了毛泽东思想、邓小平理论,形成了"三个代表"重要思想、科学发展观等马克思主义中国化的重大理论成果。党的十八大以来,以习近平同志为核心的党中央依据新的时代条件和实践要求,创造性地将马克思主义理论与新时代国情实际紧密结合,创立了习近平新时代中国特色社会主义思想,为实现中华民族伟大复兴提供了行动指南。马克思主义中国化的过程,就是中国共产党人运用马克思主义指导中国实践并以实践经验丰富马克思主义,不断推进理论创新、指导实践突破的过程。

进入21世纪以来,国际金融危机席卷全球,新自由主义的内在缺陷和严重弊端暴露无遗,西方社会再度掀起一股"马克思热",马克思主义理论的科学性和生命力得到充分展现。事实一再告诉我们,尽管时代和社会在发展,但是马克思主义关于资本主义社会基本矛盾的分析没有过时,马克思主义的立场、观点和方法时至今日依然适用。马克思主义在中国这片沃土生根发芽,不仅指导我国创造了世所罕见的发展奇迹，还有力地回应了时代向中国抛出的各类命题，充分证明了马克思主义依然具有强大的生命力。正是在马克思主义理论指导中国不断创造出发展奇迹的过程中，中国特色社会主义的历史自信具备了鲜明的理论品格和坚实的理论基础。

构建中国特色社会主义制度体系，以制度自信夯实历史自信

凡将立国，制度不可不察。制度优势是一个国家的最大优势，制度竞争是国家间最根本的竞争。提炼和总结历史经验，坚定历史自信，就要求我们把历史经验制度化、体系化，让制度优势为中国特色社会主义事业保驾护航。

党的十八大以来，以习近平同志为核心的党中央更加重视制度建设。党的十八届三中全会提出，将完善和发展中国特色社会主义制度，推进国家治理体系和治理能力现代化作为全面深化改革总目标。党的十九届四中全会要求，坚持和完善中国特色社会主义制度、推进国家治理体系和治理能力现代化，构建系统完备、科学规范、运行有效的制度体系。党的十九届六中全会《决议》用"十个明确"概括了习近平新时代中国特色社会主义思想的核心内涵，其中再次强调了"明确全面深化改革总目标"。

中国特色社会主义制度具有多方面的显著优势，而制度自信正是源于对制度优势的深刻把握。党的十九届四中全会概括了党的领导制度体系、人民当家作主制度体系、中国特色社会主义法治体系、中国特色社会主义行政体制等共十三个方面的制度优势。这些制度优势，都是从党走过的百年征程中提炼得出的宝贵经验，是对中国特色社会主义伟大实践的制度化表述，奠定了"中国之治"的制度基石。其中，坚持中国共产党的领导是中国特色社会主义制度的最大优势，没有中国共产党的坚强领导，其他各项制度优势就不能得到充分发挥，中华民族的伟大复兴也就无从谈起。中国特色社会主义制度的生成和发展有其坚实的历史根基和实践基础。从新民主主义革命时期开启社会制度革命，到新中国成立初期确立国家制度和社会主义基本制度，从改革开放初期建立起社会主义基本经济制度，到党的十八大之后逐步完善中国特色社会主义制度和国家治理体系，我国制度优势在实践中逐步彰显并得到检验。历史已经证明，中国特色社会主义制度是行之有效的科学制度体系。以制度自信夯实历史自信，要求我们进一步提炼和总结历史经验，并把这些制度化经验运用到深化改革各项事业的具体实践中去，在"实践—认识—再实践—再认识"的过程中提高认识水平，完善制度体系，指导实践发展。

传承中华优秀传统文化，以文化自信巩固历史自信

坚持道路自信、理论自信、制度自信，最根本的要求在于坚持文化自信。文化自信是一个国家、一个民族发展中更基本、更深沉、更持久的力量。没有高度的文化自信，没有文化的繁荣兴盛，就不可能为中华民族伟大复兴提供精神支撑，历史自信也就成了无源之水、无本之木。

历史自信的根本要义是对本民族文化的坚定信心。中华传统文化，是中华民族在历史上创造和传承的一切文化的总和。中华优秀传统文化，则是指整个中华传统文化中有利于推动社会发展和进步的文化，这些文化往往也是长期发挥正能量的文化，譬如讲仁爱、重民本、守诚信、崇正义、尚和合、求大同，等等。中华优秀传统文化所蕴含的人文精神、道德理念、价值观念以及行为准则，深刻地塑造了中华民族的主体性和中华文明的独特性。凝聚了中华5000年文明精髓的中华优秀传统文化是中华民族生生不息、发展壮大的丰厚滋养，它积淀着中华民族最深层的精神追求，代表着中华民族独特的精神标识。以文化自信巩固历史自信，不是故步自封、自我陶醉，而是要让中华优秀传统文化在时代洪流中接受洗礼，与中国特色社会主义发展实践有机结合，从而形成新的文化样态。可以说，没有中华优秀传统文化，中华民族的文化自信就丧失了历史根基和精神命脉，如果忽视了作为民族文化流淌和延续的红色革命文化与社会主义先进文化，那么中华民族的文化自信将缺失社会根基和时代内涵。中华优秀传统文化、红色革命文化与社会主义先进文化三者的精神本质一脉相承、历久弥新，合三为一地汇集成了中华民族文化自信的深厚底气。

党的十九大报告提出："推动中华优秀传统文化创造性转化、创新性发展，继承革命文化，发展社会主义先进文化，不忘本来、吸收外来、面向未来，更好构筑中国精神、中国价值、中国力量，为人民提供精神指引。"中华优秀传统文化既是历史的，也是当代的；既是民族的，也是世界的，要善于在继承中实现发展，在比较中实现创新。随着全面建设社会主义现代化国家新征程开启，传承发展中华优秀传统文化迎来新的历史机遇和挑战，面临一系列新课题新任务。我们要更加自觉、更加主动地推动中华优秀传统文化同当代社会相适应、同现代化进程相协调，更好地推动创造性转化、创新性发展。创造性转化，就是对那些扬弃性继承下来仍有借鉴意义的文化，赋予其符合时代特点的内涵载体和形式，从而将其融合到时代精神和民族精神的塑造之中。创新性发展，就是根据时代的发展进步，兼收并蓄地丰富中华优秀传统文化内涵和外延，在继承中实现发展。在推动中华文明创造性转化和创新性发展的过程中，中华优秀传统文化必将焕发出新的生机活力，厚植其中的历史自信也必将得到巩固。

[本文系教育部哲学社会科学研究重大课题攻关项目"中国共产党经济理论创新的百年道路与经验总结研究"的阶段性成果。原文发表于《国家治理》周刊2022年第7期。]

深刻领悟"两个确立"的决定性意义

韩振峰*

---

* 北京交通大学当代中国马克思主义研究院院长、北京市习近平新时代中国特色社会主义思想研究中心北京交通大学基地执行主任。

习近平总书记在省部级主要领导干部"学习习近平总书记重要讲话精神，迎接党的二十大"专题研讨班上发表的重要讲话，深刻阐释了新时代坚持和发展中国特色社会主义的重大理论和实践问题，阐明了未来一个时期党和国家事业发展的大政方针和行动纲领，对全党深刻领悟"两个确立"的决定性意义，不断增强"四个意识"、坚定"四个自信"、做到"两个维护"，具有十分重要的现实意义和深远的历史意义。

党的十八大以来，以习近平同志为核心的党中央以伟大的历史主动精神、巨大的政治勇气、强烈的责任担当，推动党和国家事业取得历史性成就、发生历史性变革。新时代之所以发生具有里程碑意义的伟大变革，最根本的原因就在于有习近平总书记作为党中央的核心、全党的核心掌舵领航，在于有习近平新时代中国特色社会主义思想科学指引。"两个确立"是党的十八大以来最重要的政治成果，对推进新时代党和国家事业发展、推进中华民族伟大复兴历史进程具有决定性意义。

深刻把握"两个确立"的科学内涵及形成过程

党的十九届六中全会审议通过的《决议》明确指出："党确立习近平同志党中央的核心、全党的核心地位，确立习近平新时代中国特色社会主义思想的指导地位，反映了全党全军全国各族人民共同心愿，对新时代党和国家事业发展、对推进中华民族伟大复兴历史进程具有决定性意义。""两个确立"由"确立习近平同志党中央的核心、全党的核心地位"和"确立习近平新时代中国特色社会主义思想的指导地位"两个方面的内容所构成，这两个方面紧密联系、不可分割。前者强调的是实践方面的根本要求，后者强调的是理论方面的根本要求；前者是后者的实践基础，后者是前者的思想引领，二者的有机统一构成了"两个确立"的核心内容和根本要求。"两个确立"从理论与实践相结合、逻辑与历史相统一的角度集中体现了党中央集中统一领导的辩证法。

"两个确立"的形成和发展经历了一个渐进的过程。2016年10月，党的十八届六中全会首次提出"以习近平同志为核心的党中央"的重要提法，强调"一个国家、一个政党，领导核心至关重要""党的各级组织、全体党员特别是高级干部都要向党中央看齐，向党的理论和路线方针政策看齐，向党中央决策部署看齐"。党的十八届六中全会号召全党同志要"紧密团结在以习近平同志为核心的党中央周围"，"牢固树立政治意识、大局意识、核心意识、看齐意识，坚定不移维护党中央权威和党中央集中统一领导"，确保党团结带领人民不断开创中国特色社会主义事业新局面。

2017年10月召开的党的十九大把习近平新时代中国特色社会主义思想确立为我们党必须长期坚持的指导思想，深刻阐明了这一指导思想的精神实质和丰富内涵。党的十九大通过的《中国共产党章程》在强调中国共产党是"中国特色社会主义事业的领导核心"的同时，还进一步强调"党必须按照总揽全局、协调各方的原则，在同级各种组织中发挥领导核心作用"，"使我们党始终走在时代前列，成为领导全国人民沿着中国特色社会主义道路不断前进的坚强核心"。

《决议》在全面总结党的百年奋斗重大成就和历史经验，尤其是在总结新时代取得的历史性成就和发生的历史性变革的基础上，明确提出了"两个确立"的重大政治命题。"两个确立"的提出，对于全党全国各族人民在新征程上更加紧密地团结在以习近平同志为核心的党中央周围、全面贯彻习近平新时代中国特色社会主义思想，坚定不移推进中华民族伟大复兴的历史进程，具有重要意义。

深刻理解"两个确立"提出的理论逻辑

确立坚强的领导核心、掌握科学的理论武器，是马克思主义建党学说的重大原则,也是马克思主义唯物史观的根本要求。"两个确立"重要论断是建立在马克思主义建党学说和唯物史观理论基础之上的。

马克思主义唯物史观充分肯定历史人物尤其是领袖人物在历史发展过程中的重要作用。无产阶级政党要想发挥好组织领导作用,必须有一个成熟稳定的领导核心。马克思、恩格斯在总结共产主义者同盟和巴黎公社的经验教训时指出:"革命活动只有在集中的条件下才能发挥全部力量。"中国共产党的百年奋斗史充分证明,加强党的集中统一领导,确立并维护党的领导核心,保证全党思想和行动统一,是中国革命、建设和改革取得胜利和成功的关键所在。早在延安时期,毛泽东同志就指出:"实行一元化的领导很重要,要建立领导核心,反对'一国三公'。"① 改革开放之后,邓小平同志指出:"任何一个领导集体都要有一个核心,没有核心的领导是靠不住的。"② "最关紧要的是有一个团结的领导核心。"③ 江泽民同志和胡锦涛同志也都反复强调过"坚决维护中央权威"等重要思想。

党的十八大以来,习近平总书记紧密结合党的百年历史经验和我国国情发展现实明确指出:"党的历史、新中国发展的历史都告诉我们:要治理好我们这个大党、治理好我们这个大国,保证党的团结和集中统一至关重要,维护党中央权威至关重要。"④ 并将"党总揽全局、协调各方的领导核心作用"视为我国社会主义政治制度优越性的一个突出特点。2015年2月2日,习近平总书记在省部级主要领导干部学习贯彻党的十八届四中全会精神全面推进依法治国专题研讨班上的讲话中强调,在国家治理体系的大棋局中,党中央是坐镇中军帐的"帅",车马炮各展其长,一盘棋大局分明。如果中国出现了各自为

---

① 《毛泽东文集》(第三卷),人民出版社1996年版,第69页。
② 《邓小平文选》(第三卷),人民出版社1993年版,第310页。
③ 《邓小平文选》(第三卷),人民出版社1993年版,第365页。
④ 《习近平谈治国理政》(第二卷),外文出版社2017年版,第188页。

政、一盘散沙的局面，不仅我们确定的目标不能实现，而且必定会产生灾难性后果。

　　无产阶级政党要想发挥好组织领导作用，还必须有科学理论指导。马克思指出："理论一经掌握群众，也会变成物质力量。"①注重思想建党、理论强党，是我们党的鲜明特色和光荣传统。毛泽东同志指出："指导一个伟大的革命运动的政党，如果没有革命理论，没有历史知识，没有对于实际运动的深刻了解，要取得胜利是不可能的。"②"主义譬如一面旗子，旗子立起了，大家才有所指望，才知所趋赴。"③邓小平同志也多次强调："要造成一种学习理论、学习实际的空气"④，"根本的是要学习马列主义、毛泽东思想，要努力把马克思主义的普遍原则同我国实现四个现代化的具体实践结合起来"⑤。在领导推进中国特色社会主义伟大事业过程中，江泽民同志提出："要使党和国家的发展不停顿，首先理论上不能停顿，否则，一切新的发展都谈不上。"⑥胡锦涛同志提出，实践需要科学理论的指导。没有科学理论的指导，实践难以取得成功。进入新时代，习近平总书记指出："中国共产党为什么能，中国特色社会主义为什么好，归根到底是因为马克思主义行！""马克思主义是我们立党立国的根本指导思想，是党的灵魂和旗帜。"⑦"一个民族要走在时代前列，就一刻不能没有理论思维，一刻不能没有正确思想指引。"⑧为此习近平总书记多次要求全党："认真学习马克思主义理论，这是我们做好一切工作的看家本领，也是领导干部必须普遍掌握的工作制胜的看家本领。"⑨我们党之所以能

---

① 《马克思恩格斯全集》（第三卷），人民出版社2002年版，第207页。
② 《毛泽东选集》（第二卷），人民出版社1991年版，第533页。
③ 《毛泽东著作专题摘编》（下），中央文献出版社2003年版，第1885页。
④ 《邓小平文选》（第一卷），人民出版社1994年版，第315页。
⑤ 《邓小平文选》（第二卷），人民出版社1994年版，第153页。
⑥ 《江泽民论有中国特色社会主义（专题摘编）》，中央文献出版社2002年版，第632页。
⑦ 习近平：《在庆祝中国共产党成立100周年大会上的讲话》，人民出版社2021年版，第13、12页。
⑧ 习近平：《在党史学习教育动员大会上的讲话》，人民出版社2021年版，第11页。
⑨ 《习近平谈治国理政》（第一卷），外文出版社2018年版，第404页。

够历经艰难困苦而不断发展壮大，很重要的一个原因就是始终重视思想建党、理论强党。

准确领会"两个确立"提出的历史逻辑

党的十九届六中全会提出"两个确立"重大政治论断，是总结党的百年历史经验得出的必然结论。坚决维护党的核心和党中央权威，始终坚持马克思主义指导地位，是中国共产党百年奋斗的重要历史经验，也是中国共产党能够不断取得胜利和成功的政治优势。党的历史、新中国发展的历史反复证明，全党坚定维护党的核心和党中央权威、坚持用科学的理论作指导，党的事业就能不断取得胜利；反之，弱化党的领导核心和党中央权威，缺乏用科学理论引路导航，党的事业就会遭受挫折和损失。

回顾党的历史可以看出，"两个确立"这一重大论断是从党的百年奋斗成就和经验中高度总结凝练提出的。1935年遵义会议的召开，实际上确立了毛泽东同志在党中央和红军的领导地位，开始确立了以毛泽东同志为主要代表的马克思主义正确路线在党中央的领导地位，开始形成以毛泽东同志为核心的党的第一代中央领导集体，开启了党独立自主解决中国革命实际问题的新阶段。由此，中国革命的面貌开始焕然一新。新中国成立后，以毛泽东同志为主要代表的中国共产党人团结带领中国人民，继续推进马克思主义中国化进程。我们党领导人民群众进行社会主义革命和建设，实现了中华民族有史以来最为广泛而深刻的社会变革，使我们这样一个一穷二白、人口众多的东方大国快步迈进了社会主义社会。

进入改革开放新时期，以邓小平同志为主要代表的中国共产党人解放思想、实事求是，党团结带领中国人民战胜来自各方面的风险挑战，开辟出一条中国特色社会主义道路，创造了改革开放和社会主义现代化建设的伟大成就。党的十三届四中全会以后，以江泽民同志为主要代表的中国共产党人，团结带领全党全国各族人民开创了全面改革开放新局面，成功把中国特色社会主义推向 21 世纪。党的十六大以后，以胡锦涛同志为主要代表的中国共产党人在全面建设小康社会进程中推进实践创新、理论创新、制度创新，强调坚持以人为本、全面协调可持续发展，成功在新的历史起点上坚持和发展了中国特色社会主义。

党的十八大以来，中国特色社会主义进入新时代。以习近平同志为核心的党中央之所以能团结带领中国人民创造新时代中国特色社会主义伟大成就，使党和国家事业取得历史性成就、发生历史性变革，最根本的原因在于有习近平总书记作为党中央的核心、全党的核心掌舵领航，在于习近平新时代中国特色社会主义思想指导地位的确立。从党的十八届六中全会明确提出必须"紧密团结在以习近平同志为核心的党中央周围"，到党的十九大把习近平新时代中国特色社会主义思想写进党章作为我们党必须长期坚持的指导思想，再到党的十九届六中全会明确提出"确立习近平同志党中央的核心、全党的核心地位，确立习近平新时代中国特色社会主义思想的指导地位""对新时代党和国家事业发展、对推进中华民族伟大复兴历史进程具有决定性意义"，充分体现了我们党对"两个确立"重大意义的认识和发展过程，也体现了我们党对共产党执政规律、社会主义建设规律和人类社会发展规律探索和认识达到了一个新的境界。

科学把握"两个确立"提出的实践逻辑

一个政党是否具有坚强的领导核心和科学的理论指导，直接关系着党和国家的前途命运，关系着党和人民事业的兴衰成败。从这个意义上讲，"两个确立"不仅是创造新时代伟大成就的制胜密码，而且是新征程上我们战胜各种艰难险阻、奋力实现第二个百年奋斗目标的根本政治保证。坚持"两个确立"对推进新时代党的建设新的伟大工程、开辟马克思主义中国化时代化新境界、实现中华民族伟大复兴中国梦，都具有重大而深远的战略意义。

首先，"两个确立"是推进新时代党的建设新的伟大工程的本质要求。办好中国的事情，关键在党。中国共产党是拥有9600多万党员、领导着14亿多人口大国、具有重大国际影响力的世界第一大执政党。这样一个马克思主义执政党，要统筹把握中华民族伟大复兴战略全局和世界百年未有之大变局，带领全体人民不断抵御重大风险、应对重大挑战、克服重大阻力、解决重大矛盾，就必须拥有一个具有崇高威望的党的领导核心和具有高度权威的党中央，必须用马克思主义中国化最新理论成果来统一思想、统一行动、统一意志。在全面建设社会主义现代化国家新征程上，全党只有坚决维护习近平总书记党中央的核心、全党的核心地位，坚决维护党中央权威和集中统一领导，我们党才能始终保持团结统一和步调一致，才能把14亿多中国人民凝聚成推动中华民族伟大复兴的磅礴力量；只有始终坚持习近平新时代中国特色社会主义思想的科学指导，全党全国各族人民才有精神上的主心骨、理论上的定盘星、行动上的指南针，才能在全面建设社会主义现代化国家新征程上更准确地把握历史主动，更坚定地锚定奋斗目标，更有力地应对风险挑战，进而把中华民族伟大复兴历史伟业不断推向前进。

其次，"两个确立"是开辟马克思主义中国化时代化新境界的根本要求。马克思主义是我们立党立国、兴党强国的根本指导思想。100多年来，我们党坚持把马克思主义写在自己的旗帜上，不断推进马克思主义中国化时代化，用马克思主义中国化的科学理论引领伟大实践，使中国这个古老的东方大国从站起来、富起来到强起来，创造了人类历史上前所未有的发展奇迹。党的十八大以来，以习近平同志为核心的党中央坚持把马克思主义基本原理同中国具体实际相结合、同中华优秀传统文化相结合，深刻总结并充分运用党成立以来的历史经验，从新的实际出发，创立了习近平新时代中国特色社会主义思想。

习近平新时代中国特色社会主义思想是当代中国马克思主义、21世纪马克思主义，是中华文化和中国精神的时代精华，实现了马克思主义中国化新的飞跃。在中国特色社会主义新时代，要不断开辟马克思主义中国化时代化新境界，就必须始终牢记"两个确立"，坚持用马克思主义科学世界观和方法论来观察时代和引领时代，用习近平新时代中国特色社会主义思想来武装全党、教育人民，不断开辟当代中国马克思主义、21世纪马克思主义新境界。

最后，"两个确立"是实现第二个百年奋斗目标、推进中华民族伟大复兴的政治保障。党的十八大以来，中国特色社会主义进入新时代。以习近平同志为核心的党中央统筹中华民族伟大复兴战略全局和世界百年未有之大变局，团结带领全党全国各族人民，战胜一系列重大风险挑战，在实现第一个百年奋斗目标的基础上，开启了实现第二个百年奋斗目标新征程，创造了新时代中国特色社会主义伟大成就，使党和国家事业取得历史性成就、发生历史性变革，为实现中华民族伟大复兴提供了更为完善的制度保证、更为坚实的物质基础、更为主动的精神力量，使中华民族迎来了从站起来、富起来到强起来的伟大飞跃。

坚持"两个确立"反映了全党全军全国各族人民共同心愿，对新时代党和国家事业发展、对推进中华民族伟大复兴历史进程具有决定性意义。在实现第二个百年奋斗目标新的"赶考"路上，我们必须进一步增强"四个意识"、坚定"四个自信"、做到"两个维护"，在坚定捍卫"两个确立"上做表率，勇做"两个确立"的坚决拥护者、坚定捍卫者、忠实践行者。

[本文系北京市习近平新时代中国特色社会主义思想研究中心重大委托项目"习近平新时代中国特色社会主义思想的科学体系和核心要义"（项目编号：L22BY100010）阶段性成果。原文发表于《人民论坛》2022年第8月下期。]

第二部分

走好中国式现代化新道路

中国式现代化的本质、内涵及世界贡献

汪亭友[*]

---

[*] 中国人民大学马克思主义学院教授、博导。

2022年7月26日，习近平在省部级主要领导干部"学习习近平总书记重要讲话精神，迎接党的二十大"专题研讨班上发表重要讲话强调，在新中国成立特别是改革开放以来的长期探索和实践基础上，经过党的十八大以来在理论和实践上的创新突破，我们成功推进和拓展了中国式现代化。世界上既不存在定于一尊的现代化模式，也不存在放之四海而皆准的现代化标准。我们推进的现代化，是中国共产党领导的社会主义现代化，必须坚持以中国式现代化推进中华民族伟大复兴，既不走封闭僵化的老路，也不走改旗易帜的邪路，坚持把国家和民族发展放在自己力量的基点上、把中国发展进步的命运牢牢掌握在自己手中。这些重要论述，郑重宣示中国经过长期努力奋斗探索出自己的现代化道路，深刻阐释了中国式现代化的本质、内涵与要求，打破了"现代化就是西方化"的迷思，为中国发展进步指明了方向。

中国式现代化是中国共产党领导的社会主义现代化

现代化是一个常被用来描述人类社会发生整体性变迁的集合概念，它以科技革命为先导，以工业化、城市化、信息化等为核心，涵盖社会的经济、政治、文化、社会心理、生活方式等方面的变革，是人类文明发展进步的重要标志。现代化是一个社会历史范畴，在不同的历史时期和不同的社会环境中，现代化的特征和内涵是不同的。一般认为，人类的现代化经历了两个阶段：一是从传统农业社会向近代工业社会转变的阶段，欧美发达国家在18—19世纪率先走完了这一历程；二是从传统工业社会向现代信息社会转变的阶段，约始于20世纪50年代中期，目前呈现方兴未艾、加速演进态势。信息时代的现代化，一个显著的特征是计算机、互联网、大数据、人工智能等信息技术广泛应用于人类的生产生活，给人们的生产方式、交往方式、思想观念以及精神状态带来前所未有的变革。这是第三次科技革命浪潮推动的结果，是生产力发展和文明进步的必然趋势，既为发达国家摆脱后工业时代困境注入新的动力,也为落后国家实现跨越式发展提供难得的机遇。

从历史来看,中国的现代化起步较晚,可追溯到19世纪60年代。1840年鸦片战争以后,西方列强的坚船利炮唤醒了沉睡已久的中国。从那时起,无数仁人志士孜孜以求救国救民真理,努力探寻中国现代化道路。然而,由于内部的原因和外部条件的制约,无论是洋务运动、戊戌变法还是辛亥革命,无论是器物层面的现代化还是制度和文化层面的现代化,这些努力和尝试都归于失败。正如毛泽东同志指出的:"在一个半殖民地的、半封建的、分裂的中国里,要想发展工业,建设国防,福利人民,求得国家的富强,多少年来多少人做过这种梦,但是一概幻灭了。"[①] 历史把现代化的重任,托付给了中国共产党,托付给了新生的人民政权。中华人民共和国的成立和社会主义制度的创建,为新中国现代化之路奠定了根本政治前提和制度基础,中华民族有史以来真正自主地为实现国家富强、民族振兴、人民幸福而奋斗,中华大地因此而发生翻天覆地的变化。

新中国成立后不久,以毛泽东同志为主要代表的中国共产党人,以马克思主义为指导,结合中国国情和实际,提出要把中国建设成为社会主义现代化强国的战略构想,主张靠中国自身的力量和中国人民的艰苦奋斗,用50年左右的时间让中国由一个落后的农业国变成一个先进的工业国,逐步拥有现代化的工业、现代化的农业、现代化的科学文化和现代化的国防。这是中国社会进步、人民彻底解放的物质技术基础。毛泽东同志深刻指出:"中国民族和人民要彻底解放,必须实现国家工业化"[②],"没有工业,便没有巩固的国防,便没有人民的福利,便没有国家的富强"[③],"工业化起来,帝国主义就不敢欺侮我们

[①] 《毛泽东著作专题摘编》(下),中央文献出版社2003年版,第828页。
[②] 《毛泽东著作专题摘编》(下),中央文献出版社2003年版,第828页。
[③] 《毛泽东著作专题摘编》(下),中央文献出版社2003年版,第827页。

了"①。在中国共产党坚强领导下，新中国的工业建设和现代化建设取得伟大成就，到20世纪70年代建立了独立的比较完整的工业体系和国民经济体系，有效维护了国家主权和安全，这是旧中国几百年、几千年没有取得的进步，我国社会主义建设事业迈出了坚实步伐。

党的十一届三中全会后，以邓小平同志为主要代表的中国共产党人，成功开创了中国特色社会主义，果断把党和国家工作重点转移到以经济建设为中心的社会主义现代化建设上来，制定了到21世纪中叶分三步走、基本实现社会主义现代化的发展战略，让中国大踏步赶上时代前进步伐。以江泽民同志为主要代表的中国共产党人和以胡锦涛同志为主要代表的中国共产党人，继续推进中国特色社会主义现代化道路，在实现温饱和总体达到小康的基础上，进一步确立全面建设小康社会、到21世纪中叶基本实现社会主义现代化、把我国建设成为富强民主文明和谐的社会主义国家的奋斗目标，提出到建党100年时全面建成惠及十几亿人口的更高水平的小康社会，然后再奋斗30年，到新中国成立100年时，基本实现现代化。社会主义现代化建设任务从物质文明建设和思想文化建设"两位一体"拓展到经济建设、政治建设、文化建设"三位一体"，再拓展到经济建设、政治建设、文化建设、社会建设"四位一体"，社会主义文明建设任务也从物质文明和精神文明"两个文明一体建设"到物质文明、政治文明、精神文明"三个文明协调发展"，再到物质文明、政治文明、精神文明、社会文明"四个文明全面推进"的转变，社会主义现代化建设和社会主义文明进步取得一系列伟大成就，为中国特色社会主义进入新时代奠定了坚实的基础。

党的十八大以来，以习近平同志为核心的党中央，以巨大的政治勇气和强烈的责任担当，围绕社会主义现代化发展战略，提出一系列

---

① 《毛泽东著作专题摘编》（下），中央文献出版社2003年版，第829页。

新理念新思想，推出一系列重大举措。2012年党的十八大把生态文明纳入中国特色社会主义事业，形成经济建设、政治建设、文化建设、社会建设和生态建设"五位一体"总体布局，进一步丰富和拓展了中国式现代化内涵。2013年党的十八届三中全会首次把坚持和完善中国特色社会主义制度、推进国家治理体系和治理能力现代化纳入现代化建设的视野，深化了党对社会主义现代化规律的认识。2014年党中央提出"四个全面"战略布局，协调推进全面建成小康社会、全面深化改革、全面推进依法治国、全面从严治党。2017年党的十九大在科学把握我国社会主要矛盾变化、深刻分析国内外复杂局势基础上作出中国特色社会主义进入新时代的重大判断，对我国现代化战略目标重新作出安排和部署，提出到2020年全面建成小康社会、2035年基本实现社会主义现代化、本世纪中叶把我国建成富强民主文明和谐美丽的社会主义现代化强国的战略。在习近平新时代中国特色社会主义思想指引下，如期完成全面建成小康社会目标任务，历史性地解决了中国绝对贫困问题，党和国家事业取得历史性成就、发生历史性变革，中华民族迎来了从站起来、富起来到强起来的伟大飞跃。目前，党领导人民奋战在全面建设社会主义现代化国家、向第二个百年奋斗目标进军的新征程上，以奋发有为的精神把新时代中国特色社会主义推向前进。

近代以来的历史特别是新中国成立以来的历史充分表明：中国搞现代化，只能靠社会主义，不能靠资本主义。社会主义是实现国家现代化、实现中华民族伟大复兴的必由之路。这是长期历史经验的总结，凝聚着几代中国人的奋斗与思考，是历史的选择、人民的选择，也是时代发展的必然要求。在这一壮阔的历史进程中，中国共产党是克服一切艰难险阻、战胜一切风险挑战的中流砥柱，是领导社会主义现代化建设事业的核心力量。没有中国共产党就没有新中国，同样，没有中国共产党领导也就不会有社会主义现代化的中国。中国共产党领导是实现社会主义现代化的根本政治保障,是中国式现代化最本质的特征,也是区别于其他国家现代化最显著的标志。

中国式现代化是人类现代化和文明史上的伟大创造

中国式现代化是在数亿人口规模的国度里开启的,是要把十几亿人口的大国变成一个社会主义现代化强国,实现全体人民共同富裕,这在人类历史上是从未有过的伟大壮举。众所周知,最早实现工业化的英国,从18世纪60年代工业革命到19世纪中后期成为世界最强盛的国家,先后经历了一个世纪。而英国人口在工业革命初期只有600万人左右,1851年增加到2780万人,2021年也不过6730万人。美国的工业化始于19世纪初,到19世纪末美国超越英国成为世界霸主,经历了约一个世纪的时间。第二次世界大战后美国加速发展,逐渐拉开了与英国、德国、日本等西方列强的差距,冷战后成为唯一的世界超级强国。美国人口在1776年建国时约300万人,1800年增加到530万人,1900年增加到7600万人,1950年达到1.5亿人,2021年达到3.3亿人。其他西方发达国家完成工业化的时间或长或短,人口规模有大有小,但都达不到美国的水平。

与西方列强依仗侵略扩张、殖民掠夺实现国家的现代化不同,中国实现现代化主要靠国家内部积累,靠社会主义制度的优越性。中国式现代化,不是靠压榨劳动者的血汗为工业化提供资金,而是靠全体人民的自觉奋斗和辛勤付出,靠先进的科学技术和强大的国家治理能力的推动,靠马克思主义真理的力量和社会主义先进文化的引领。现代化的目的也不是为了少数人发家致富,而是惠及全体人民。在现代化途径上,遵循现代化建设规律和人类文明发展规律,坚持物质文明与精神文明相协调、经济建设与生态建设相统一,全面推进物质文明、政治文明、精神文明、社会文明、生态文明,实现人与人和谐相处、人与自然和谐共生,促进社会全面进步、人的全面发展。在与世界的联系方面,坚定不移走和平发展之路、合作发展之路,全方位扩大对外开放,推动构建开放型世界经济和合作共赢的新型国际关系,推动构建人类命运共同体,做世界和平的建设者、全球发展的贡献者、国际秩序的维护者。习近平总书记深刻总结了中国式现代化的科学内涵和鲜明特征:"我国现代化是人口规模巨大的现代化,是全体人民共同富裕的现代化,是物质文明和精神文明相协调的现代化,是人与自然和谐共生的现代化,是走和平发展道路的现代化。"[①] 正因为中国式现代化,符合人类文明进步要求和历史前进正确方向,体现时代进步潮流和世界发展大势,在中国人民艰苦奋斗下,中国只用几十年时间就走完了发达国家几百年的工业化历程,创造举世瞩目的发展奇迹,展现出无限广阔的光明前景。

我们成功走出中国式现代化道路,在于中国共产党坚强有力的领导。实现现代化是一项复杂而艰巨的历史任务,需要强大的先进政治力量的领导。中国的现代化是在西方长期的经济技术封锁中进行的,面对世界百年未有之大变局,要在不太长的时间里赶上并超越先进国家,实现中华民族伟大复兴,没有一个坚强的领导核心是办不到的。中国共产党全面领导和集中统一领导,是社会主义现代化沿着正确方向胜利前进的根本保证,是凝聚全党全国各族人民智慧和力量的根本保证,是科学把握我们面临的战略机遇和风险挑战,为现代化创造有利条件和外部环境的根本保证。党的十八大以来,以习近平同志为核心的党中央,增强"四个意识"、坚定"四个自信"、做到"两个维护",充分发挥党的领导的政治优势、组织优势、作风优势,不断加强对经济建设、政治建设、文化建设、社会建设、生态文明建设和全面深化改革、国防和军队建设等各方面工作的全面领导,攻克了许多长期没有解决的难题,办成了许多事关长远的大事要事,中国特色社

---

① 习近平:《论把握新发展阶段、贯彻新发展理念、构建新发展格局》,中央文献出版社2021年版,第474页。

会主义现代化不断迈上新台阶。

我们成功走出中国式现代化道路，在于坚持发展成果为全体人民共享。人是现代化的主体，尊重人民主体地位，调动最广大人民的积极性、主动性和创造性，是现代化成功的根本前提。而现代化只有满足人的需要、实现人的全面发展，才能发挥人的主体作用，将现代化事业引向胜利。习近平总书记深刻指出："只有坚持以人民为中心的发展思想，坚持发展为了人民、发展依靠人民、发展成果由人民共享，才会有正确的发展观、现代化观。"[①]新中国成立70多年来，特别是改革开放以来，中国共产党始终坚持以人民为中心的发展思想，坚持一切为了人民、一切依靠人民，坚持共同富裕和实现人的全面发展目标，主动解决地区差距、城乡差距、收入差距等问题，坚决防止两极分化，推动经济社会全面进步。经过努力，到20世纪80年代基本解决人民的温饱问题，到2001年人民生活总体达到小康水平，到2020年实现从全面建设小康社会到全面建成小康社会的历史性跨越。这些成就的取得，极大坚定了中国人民从事现代化建设的决心和意志，为中国式现代化不断取得进展提供了不竭的力量之源。

我们成功走出中国式现代化道路，是与科学理论的指导分不开的。现代化是科技革命、产业革命引领的社会变革，推动着知识体系和思想文化的革新，但现代化不是一个无意识的自发的过程。无论是科技革命、产业革命还是社会各个领域的变革，都需要科学思想理论的指引，既包括先进的自然科学，也包括先进的社会科学。马克思主义揭示了自然界、人类社会和思维发展的一般规律，是认识世界、改造世界的强大思想武器，同时也是社会主义国家认识现代化、建设现代化的强大思想武器。新中国成立特别是改革开放以来，中国共产党始终坚持思想理论创新，不断推进马克思主义中国化时代化，立足

---

① 习近平：《论把握新发展阶段、贯彻新发展理念、构建新发展格局》，中央文献出版社2021年版，第479页。

国情和实际探索自己的现代化道路，既不走封闭僵化的老路，也不走改旗易帜的邪路，为中国式现代化道路提供了科学的思想理论指导。习近平新时代中国特色社会主义思想，从理论和实践结合上系统回答了新时代坚持和发展什么样的中国特色社会主义、怎样坚持和发展中国特色社会主义，建设什么样的社会主义现代化强国、怎样建设社会主义现代化强国，建设什么样的长期执政的马克思主义政党、怎样建设长期执政的马克思主义政党等重大时代课题，是中国共产党领导人民全面建设社会主义现代化国家、实现第二个百年奋斗目标的科学体系和行动指南，必须长期坚持、不断发展。

我们成功走出中国式现代化道路，与坚持和完善中国特色社会主义制度、推进国家治理体系和治理能力现代化有着密切关系。现代化是一个需要一代代人接续奋斗的历史过程，要靠制度把好的经验和做法确立下来、传承下去。新中国成立特别是改革开放以来，中国共产党始终坚持制度建设，努力构建适应现代化建设需要的制度体系。经过长期探索奋斗，中国特色社会主义制度体系中具有"四梁八柱"性质的主体框架已经基本确立，主要领域基础性制度体系基本形成，形成和发展了党的领导和经济、政治、文化、社会、生态文明、军事、外事等各方面制度。2019年召开的党的十九届四中全会，系统总结了我国制度建设和国家治理领域发生的历史性变革，深刻阐释了党领导人民长期探索实践形成的制度性成果，全面概括了我国国家制度和国家治理体系的显著优势，进一步明确了推进国家治理能力现代化的方向和部署，为我国把制度优势转化为治理效能、全面推进国家的社会主义现代化提供了可靠的制度保障。

我们成功走出中国式现代化道路，源于我国坚持走和平发展道路，坚持全面对外开放。现代化的一个重要特征是打破了农业文明时代与世隔绝与封建割据状态，国与国之间的经济联系越来越紧密，经济全球化成为不可逆转的时代潮流，人类不分地域、国别、种族连接成一个命运共同体，需要世界各国携起手来共同应对来自自然界的风险挑战和人类社会发展面临的共同问题。中国共产党始终关注人类前途命运，秉持"天下一家""命运与共"理念，站在时代潮流正确的一边、人类进步的一边，倡导共商共建共享全球治理观，主张政治上相互尊重、平等协商，对话而不对抗、结伴而不结盟，安全上坚持以对话解决争端，以协商化解分歧，经济上同舟共济，推动经济全球化朝着互利共赢方向发展，文化上尊重世界文明多样性，以文明交流超越文明隔阂、文明互鉴超越文明冲突、文明共存超越文明优越，生态上坚持环境友好，合作应对气候变化，保护好人类赖以生存的地球家园，推动建设一个持久和平、普遍安全、共同繁荣、开放包容、清洁美丽的世界。这些理念、主张和行动，得到世界上绝大多数国家人民的支持，为中国现代化建设创造了有利的国际环境。

中国式现代化为世界发展和人类进步作出巨大贡献

2021年11月11日，习近平总书记在党的十九届六中全会第二次全体会议上的讲话中深刻指出，我们党领导人民不仅创造了世所罕见的经济快速发展和社会长期稳定两大奇迹，而且成功走出了中国式现代化道路，创造了人类文明新形态。这些前无古人的创举，破解了人类社会发展的诸多难题，摒弃了西方以资本为中心的现代化、两极分化的现代化、物质主义膨胀的现代化、对外扩张掠夺的现代化老路，拓展了发展中国家走向现代化的途径，为人类对更好社会制度的探索提供了中国方案。中国的现代化基于本国国情和实际，具有鲜明中国特色，同时也反映了人类现代化的规律，它紧跟时代主题和历史发展潮流，体现了全人类共同利益和价值取向。中国是在一穷二白的落后基础上发展起来的，中国式现代化理念和经验给世界上希望自主发展的民族提供了全新选择，给国情相近、道路相通的国家提供了有益借鉴。

第一,中国式现代化为世界和平发展注入强劲动力。中国人口占世界人口近 1/5,中国发展本身就是对世界和人类的重大贡献。改革开放 40 多年来,中国有 7.7 亿农村贫困人口摆脱贫困,对全球减贫贡献率超过 70%,创造了人类减贫史上的奇迹。中国经济成为推动世界经济增长的主要动力,连续多年对世界经济增长的贡献率超过 30%。2020 年中国是唯一实现正增长的主要经济体,2021 年中国经济保持 8.1% 的高增长,2022 年上半年在极高的疫情防控压力下仍保持 2.5% 的增长,成为疫情肆虐下世界经济的稳定器和动力源。中国发展自身的同时又努力造福世界,欢迎各国搭乘中国发展的便车。"一带一路"倡议为沿线各国联动发展注入强大动能。据世界银行研究报告,共建"一带一路"将使相关国家 760 万人摆脱极端贫困、3200 万人摆脱中度贫困,将促进参与国贸易增长 2.8% 至 9.7%、全球贸易增长 1.7% 至 6.2%、全球收入增加 0.7% 至 2.9%。中国还坚持反恐国际合作、改善全球生态环境合作、构建人类卫生健康共同体合作,向全球提供了许多公共产品。中国在国际场合坚持原则、敢于斗争,既坚定捍卫中国主权、安全、发展利益,又主持公道、匡扶正义,维护国际公平正义,反对霸凌主义和强权政治,坚定维护广大发展中国家合法权益。

第二,中国式现代化为人类现代化和文明进步开创了新路。以蒸汽动力和电力的广泛运用为主要标志的第一次工业革命和第二次工业革命,以信息技术的广泛运用为主要标志的第三次工业革命,包括随之而来的产业革命、城市化、经济市场化、政治民主化、社会法治化、世界多极化、经济全球化等,虽然都是在欧美等发达国家率先启动并完成的,极大地推动了生产力的发展和社会结构的变迁,极大地改变了人们的生活方式和思维方式,极大地促进了科学文化发展和人类文明进步,但资本主义的现代化也给人类社会造成无法计量的伤害,制造了许多难以破解的重大问题。资本主义世界不断爆发的经济危机以及由此引发的市场动荡和社会危机,西方列强在全球范围的侵略扩张以及它们之间的战争，西方文化对非西方文化的霸凌与侵蚀，诸如此类的罪恶行径给受压迫的人民、受压迫的民族和国家带来深重灾难。进入21世纪特别是2008年国际金融危机以来，单边主义、保护主义势力抬头，"逆全球化""反全球化"思潮涌动，零和思维、冷战思维大行其道，经济全球化遭遇寒流，世界发展不平衡不充分问题凸显，传统安全和非传统安全威胁交织，全球治理体系严重失衡失灵。种种事实表明，资本主义制度与现代化之间存在不可克服的矛盾。只有适应现代化发展正确方向和人类文明进步要求，用社会主义现代化取代资本主义现代化，才能消除资本主义现代化的弊端和给人类造成的灾难。

第三，中国式现代化的经验和成就表明，现代化并非只有西方这一条道路。现代化是人类发展进步的必然趋势，但通向现代化的道路是多样的，需要各国人民从本国实际出发自主探索。长期以来，资本主义现代化成为世界发展潮流，成为落后国家纷纷效仿的样板。可事实说明，除了少数国家实现向现代化转型外，绝大多数国家的现代化之路并不成功。中国用自己的实践说明，搞现代化并非就要西方化，并非就要走欧美的老路。现代化道路并没有固定模式，适合自己的才是最好的。从本国国情和实际出发，独立自主探索自己的现代化道路是可行的、必需的。每个国家自主探索符合本国国情的现代化道路的努力都应该受到尊重。

第四，中国式现代化的经验和成就表明，创造一个不同于资本主义的文明新形态是完全可能和必需的。资本主义现代化为世界创造了工业文明、科技文明、城市文明，将人类社会从落后状态带入发达状态，为世界文明发展进步作出了巨大贡献。但资本主义文明有它的局限和弊端，是以世界和人类吞下种种恶果苦果为代价的，越来越远离世界绝大多数人民所憧憬的美好社会。资本主义社会的种种问题表明，人类应该探索一个既充分吸收资本主义优秀文明成果又能克服其弊端的人类文明新形态。中国坚持新发展理念，尊重自然规律与尊重社会规律相统一，不断强化前瞻性思考、全局性谋划、战略性布局，推动物质文明、政治文明、精神文明、社会文明、生态文明协调发展，反对掠夺式开发、竭泽而渔式发展，促进生态环境持续改善，创造了生产发展、生活富裕、生态良好、清新美丽的文明新形态。中国用事实表明，人类文明并非只有资本主义文明这一种形态。文明有古老和现代之分，有地域和民族之别，但不能把一种文明凌驾于别种文明之上，更不能以自以为先进的文明取代其他一切所谓落后的文明。各国人民都可以为人类文明百花园贡献自己的智慧和力量。

第五，中国式现代化的经验和成就，为发展中国家走向现代化提供了有益借鉴。中国式现代化的理念、经验和做法，为发展中国家走向现代化提供了有益启示。比如，始终坚持把人民利益放在最高位置，强调现代化是为了满足人民群众日益增长的物质文化需要和美好生活需要，是为了让国家富强起来、民族振兴起来、人民幸福起来，回答了一个国家的现代化为了谁、依靠谁等重大问题。比如，认为世界上不存在定于一尊的现代化模式、放之四海而皆准的现代化标准，主张从本国实际出发，不照搬照抄别国经验，回答了在全球化时代如何开辟本国现代化道路问题。

第六，中国式现代化的经验和成就表明，社会主义事业及其前途是光明的。苏联解体、东欧剧变以后，世界社会主义陷入低谷，"历史终结论""中国崩溃论"等论调在西方一度盛行。然而，中国的社会主义现代化建设不断取得新成就，不仅经受住了西方敌对势力妄图搞垮中国的严峻考验，而且开创了中国特色社会主义事业发展新局面，使世界范围社会主义和资本主义的较量斗争发生了有利于社会主义的重大转变，坚定了人们对中国特色社会主义的信心、对世界社会主义前途的信心。中国用事实说明，马克思主义仍然是颠扑不破的真理，社会主义是人类通向现代化的光明大道；历史不会终结于资本主义，该终结的是这个谬论本身。面对世界百年未有之大变局和中华民族伟大复兴战略全局,中国共产党和中国人民将一如既往踔厉奋发,推动新时代中国特色社会主义这艘巨轮朝着光明目标劈波斩浪、勇毅前行。

(原文发表于《人民论坛》2022年第9月上期。)

全面认识中国式现代化新道路之"新"

刘卓红*

---

* 华南师范大学马克思主义学院教授,广东省习近平新时代中国特色社会主义思想研究中心特约研究员。

习近平总书记在庆祝中国共产党成立 100 周年大会上的重要讲话指出:"我们坚持和发展中国特色社会主义,推动物质文明、政治文明、精神文明、社会文明、生态文明协调发展,创造了中国式现代化新道路,创造了人类文明新形态。"[①] 实现社会主义现代化是实现中华民族伟大复兴的必然要求,也是中国共产党人的使命承诺。中国特色社会主义的确立开辟了中国式现代化发展的新道路,为全人类文明的进步贡献了力量。

中国特色社会主义道路是中国式现代化新道路

把民族命运同社会主义道路相结合,是中国式现代化新道路开辟的历史基础。习近平总书记在庆祝中国共产党成立 100 周年大会上的讲话中强调:"一百年来,中国共产党团结带领中国人民进行的一切奋斗、一切牺牲、一切创造,归结起来就是一个主题:实现中华民族伟大复兴。"[②] 鸦片战争以来,中国人民饱受帝国主义、封建主义、官僚资本主义的剥削和压迫,中华民族到了生死存亡的危急关头。在各种救亡图存的方案因其自身的局限性而宣告破产后,十月革命的一声炮响给我们带来了马克思列宁主义,自此,中国人民追寻民族复兴的梦想有了新的希望。中国共产党自成立以来,就始终把实现中华民族伟大复兴同实现社会主义和共产主义的奋斗目标结合起来,明确了只有社会主义才能救中国的革命方向。1949 年中华人民共和国成立和 1956 年社会主义改造的完成,不仅意味着民族独立和人民解放的实现,同时也奠定了中国现代化建设的历史基础。

社会主义建设和发展同中国现代化发展进程始终命运相连。一百多年现代化发展的曲折历程也证明了只有把社会主义同现代化结合才是唯一正确的道路。从社会主义制度建立到改革开放,中国共产党带

---

① 习近平:《在庆祝中国共产党成立 100 周年大会上的讲话》,人民出版社 2021 年版,第 13—14 页。
② 习近平:《在庆祝中国共产党成立 100 周年大会上的讲话》,人民出版社 2021 年版,第 3 页。

领中国人民经历了社会主义建设的艰辛探索,在吸取一系列经验教训的基础上逐步弄清楚了什么是社会主义、怎样建设社会主义的基本问题,完成了从工业化向四个现代化的转变;改革开放以后,我国立足基本国情,逐步确立了中国特色社会主义道路,社会主义现代化进程也在经历曲折发展之后进入高速发展时期,取得了举世瞩目的成就。

中国式现代化新道路具有鲜明的中国特色。首先,中国式现代化新道路证明了发展现代化必须立足本国国情。正如邓小平同志指出的:"我们的现代化建设,必须从中国的实际出发。无论是革命还是建设,都要注意学习和借鉴外国经验。但是,照抄照搬别国经验、别国模式,从来不能得到成功。这方面我们有过不少教训。把马克思主义的普遍真理同我国的具体实际结合起来,走自己的道路,建设有中国特色的社会主义,这就是我们总结长期历史经验得出的基本结论。"[①] 我国是世界上最大的发展中国家,中国式现代化发展正是立足于这一基本国情。其次,中国特色社会主义赋予了现代化发展鲜明的中国话语。中国特色社会主义有着明确的布局和规划,提供了中国式现代化发展的具体目标,同时也建立起了中国式现代化的话语表达。在庆祝中国共产党成立100周年大会上,习近平总书记在天安门城楼上庄严宣告,"我们实现了第一个百年奋斗目标,在中华大地上全面建成了小康社会"[②],这其实就是在用中国话语向世界展现中国式现代化发展成就。最后,中国特色社会主义规定了现代化发展的中国标准。我国一直将国家富强与人民幸福相结合,以实现全体人民共同富裕为目标,因而,缩小贫富差距,让人民在国家发展中有更多的获得感、幸福感、安全感是中国式现代化的基本价值准则。同时,这一准则是历史的、具体的,在中国式现代化发展的不同时期有着不同的表

---

① 《邓小平文选》(第三卷),人民出版社1993年版,第2—3页。
② 习近平:《在庆祝中国共产党成立100周年大会上的讲话》,人民出版社2021年版,第12页。

现。从解决温饱问题到全面建成小康社会，中国式现代化的标准表现为在综合国力增长的基础上消除绝对贫困；从全面建成小康社会到全面建成社会主义现代化强国，中国式现代化的标准表现为在综合国力增长的基础上让人民生活更加美好。

中国式现代化新道路的基本内涵

首先，中国式现代化新道路之"新"，在于其在提高社会主义发展水平的基础上不断解决我国社会主要矛盾。社会主要矛盾是社会基本矛盾在一定时期的集中表现，而每个时期出现的社会主要矛盾是钳制整个社会发展进程的关键所在。在我国，当社会主义基本制度建立后，如何满足和保障广大人民的发展要求就成为发展的最大问题。纵观我国社会主义发展史可以发现，我国社会主要矛盾在不同历史时期不断发生变化，1956年社会主义改造完成之后，我国社会主要矛盾是人民对于建立先进的工业国的要求同落后的农业国的现实之间的矛盾，以及人民对于经济文化迅速发展的需要同当前经济文化不能满足人民需要的状况之间的矛盾。改革开放之后，我国社会主要矛盾转变为人民日益增长的物质文化需要同落后的社会生产之间的矛盾。中国特色社会主义进入新时代，我国社会主要矛盾转化为人民日益增长的美好生活需要和不平衡不充分的发展之间的矛盾。我国社会主要矛盾的每一次变化都指向人民对于社会主义发展水平的要求，因此，我国社会主要矛盾问题从本质上说就是发展的问题，只有立足于不断提高我国社会主义发展水平，才能解决社会主要矛盾，才能持续不断地推动我国社会主义现代化进程。新时代我国社会主要矛盾的变化表明，继续推进中国式现代化发展的根本遵循依然是通过解决不平衡不充分的发展问题达到化解我国社会主要矛盾的目标。

其次，中国式现代化新道路之"新"，在于其始终将坚持党的领导与坚持以人民为中心相统一。中国共产党是中国特色社会主义事业的领导核心，中国式现代化的推进离不开党总揽全局、协调各方的领导作用的发挥。人民是历史的创造者，中国特色社会主义道路的开辟是中国人民的选择，中国式现代化的一切成就都源于中国人民的不懈奋斗。在中国式现代化进程中，坚持党的领导与坚持以人民为中心是有机统一的。党的集中统一领导明确中国式现代化发展的方向，方向的确立根植于人民的发展要求，而人民主体地位的彰显则表现为在党的集中统一领导下中国人民上下一心所迸发出的凝聚力和集中力量办大事的优势。这种有机统一意味着党的集中统一领导的首要要求不是权威与服从，而是人民的信任与选择，是人民在党发挥举旗定向作用下形成历史合力。正是这种有机统一，我国在推进社会主义现代化进程的任何时候都始终强调党同人民群众的血肉联系。正如习近平总书记在庆祝中国共产党成立 100 周年大会上的讲话中提到："任何想把中国共产党同中国人民分割开来、对立起来的企图，都是绝不会得逞的！9500 多万中国共产党人不答应！14 亿多中国人民也不答应！"[1]

最后，中国式现代化新道路之"新"，在于其把坚持人与自然和谐共生作为社会主义现代化建设发展的重要方面。回顾人类现代化的总体进程可以发现，现代化的推进往往表现在人对自然的"胜利"。但正如恩格斯所言："我们不要过分陶醉于我们人类对自然界的胜利。对于每一次这样的胜利，自然界都对我们进行报复。每一次胜利，起初确实取得了我们预期的结果，但是往后和再往后却发生完全不同的出乎预料的影响，常常把最初的结果又消除了。"[2] 当生态环境问题成为人类持续推进现代化进程的阻碍，甚至威胁人类自身的生活与生存时，反思人与自然关系成为一个重要议题。中国式现代化发展的动力在于处理好人民的发展要求与现实发展实际的矛盾，因而也必然要思

---

[1] 习近平：《在庆祝中国共产党成立 100 周年大会上的讲话》，人民出版社 2021 年版，第 12 页。
[2] 《马克思恩格斯选集》（第三卷），人民出版社 2012 年版，第 998 页。

考人与自然的关系问题。面对国内和全球范围内日渐突出的生态环境问题,人与自然和谐共生的理念应运而生,这一理念强调人与自然是一种生命共同体的关系,而不是一种主体与客体的绝对对立,人类文明的进步不仅不能以牺牲自然环境为代价,反而应该促进自然环境与人的生产生活共同发展。党的十八大以来,生态文明建设成为中国特色社会主义事业的重要内容,一系列支持绿色生产、绿色生活的政策制度落地实施,美丽中国建设助力全面建成社会主义现代化强国目标的实现。

中国式现代化新道路有着鲜明的大历史逻辑

人类新文明是在现有的以及可预见的未来人类可以达到的生产力水平的前提条件下,与以往在发展中表现为人与世界对立的现代文明不同的一种进步趋向,它是人类文明发展的新方向。18世纪工业革命的开启促成传统与现代的分野,从农业社会向工业社会的过渡意味着现代文明的确立。但是,现代文明的发展伴随着资本主义生产方式的扩张,呈现出人与世界矛盾对立的特征。这一特征表现在三个方面:一是人与自然的对立,人对自然的掠夺式开发及其产生的生态环境问题日益困扰着人类社会的发展;二是人与社会的对立,现代文明的建立源于人类活动社会性联系的强化,被社会化大生产组织起来的人类劳动构成现代文明发展的基础,但在资本主义私有制下,社会化劳动成为实现私有资本积累与增殖的手段,人在社会化的生产劳动中越来越感受到剥削和压迫,人与社会的疏离感加剧;三是人与人的对立,在资本主义社会中,人与人之间的关系越来越原子化,在这样的背景下,个人的"独善其身"远比"兼济天下"更为现实,外在的自然法的约束比内在的道德的约束更为有力。换言之,资本主义制度下的现代文明本质上是一种剥削式文明。面对资本主义现代文明的弊病,人类需要探寻现代文明发展的新路,马克思由此指出:"在资产阶级社会里，活的劳动只是增殖已经积累起来的劳动的一种手段。在共产主义社会里，已经积累起来的劳动只是扩大、丰富和提高工人的生活的一种手段。"① 在社会主义和共产主义制度下，对人自由而全面发展的追求及其实现，将逐步弥合人与世界之间的对立。因此可以说，在现有的生产力发展条件下，社会主义文明是现代文明发展的新形态。随着俄国十月革命的胜利，科学社会主义由理论变成现实，社会主义国家的现代化发展在吸收资本主义现代化有益成果的基础上不断推动着人类现代文明的发展。综上所述，人类新文明决不是推翻现代文明的未来文明，而是力图消除现有西方现代文明中存在的人与世界的矛盾和对立、承继社会主义文明基本特点的现代文明，其在本质上依然属于现代文明形态，是现代文明的更高阶段。中国特色社会主义在不断向前推进之时，也意味着中国式现代化的发展开创了人类文明新形态。

中国式现代化新道路开创人类文明新形态是一种大历史观叙事。所谓大历史观，就是要"从历史长河、时代大潮、全球风云中分析演变机理、探究历史规律"，并在此基础上指导人们的实践活动。中国式现代化新道路之所以能够开创人类文明新形态有着鲜明的大历史逻辑。

从"历史长河"的时间维度来看，中国特色社会主义的发展之路有着深厚历史文化传统。在实现中华民族伟大复兴的历史征程中，中华民族必然能够开拓文明发展新形态。中华民族能够历经几千年的沧桑风雨而始终屹立于世界民族之林的重要原因之一，就是能够以一种兼容并蓄的心态面对文明的冲突，在与不同民族的文明交往中找到适合自身的发展道路。中华民族虽然在向现代文明转变的历史进程中经历了不少的挫折和磨难，但也在几代人的不懈努力下大踏步地赶上了

---

① 《马克思恩格斯选集》(第一卷)，人民出版社2012年版，第415页。

世界文明发展的潮流，迎来了从站起来、富起来到强起来的伟大飞跃。中华民族近代以来的奋斗实践表明：一个人口众多、历史悠久的大国以一种新型的、没有剥削和压迫的方式融入并促进现代文明的发展之路，不仅是中国式现代化发展之路，也是现代文明发展新道路。

从"时代大潮"的问题维度来看，中国特色社会主义的发展之路符合人类历史发展的总体方向和当代要求。当资本主义生产方式的种种问题打破了关于资本主义理想社会的"神话"之时，人类社会发展向何方去就成为一个重大的时代问题。资本主义必将被社会主义和共产主义所取代，这是科学社会主义对大时代问题的正确解答。中国特色社会主义既坚持了科学社会主义给定的大时代发展方向，又突出强调了科学社会主义在中国发展的具体实践问题。对新时代如何坚持和发展中国特色社会主义这一时代课题的回答，不仅丰富了科学社会主义的理论与实践，也展现了社会主义文明的发展与进步。

从"全球风云"的现实维度来看，面对世界百年未有之大变局，中国必将有大的历史作为，在人类文明进步中贡献重要力量。近代以来，我国曾由于各种原因错过历史发展机遇而造成落后挨打的局面。现在，赶上世界发展步伐的中国不仅能为新一轮科技和产业变革的发展提供充分的条件，也有更多的机会和更大的能力参与国际事务。更重要的是，面对世界百年未有之大变局，中国始终坚持改革开放的基本国策，把中国的发展同世界的发展紧密结合。这意味着中国不会再次错过世界大发展、大变革、大调整的机遇，将于变局中开创新局，为世界文明发展贡献中国智慧、中国方案。

中国式现代化新道路开创的人类文明新形态是历史趋势与历史现实的具体统一

中国式现代化新道路开创的人类文明新形态是历史趋势与历史现实的具体统一，其不是文明发展的完成时，而是进行时。

首先，中国式现代化新道路所开创的人类文明新形态强调的是共享发展成果。一是其强调中国式现代化的发展成果必将惠及全体中国人民。实现共同富裕是社会主义的本质要求，也是我国全面建成社会主义现代化强国的基本遵循。在中国式现代化进程中，我国在中华大地上全面建成了小康社会，历史性地解决了绝对贫困问题，这兑现了发展成果由人民共享的承诺。二是其强调中国式现代化的发展成果也将惠及世界各国人民。"国强必霸"是对西方发达国家现代化道路的历史概括，中国式现代化新道路同西方发达国家的现代化道路有着本质的区别。中国式现代化新道路在文化传统上讲求美美与共，立足合作共赢，在理念与现实上坚持普惠发展，拒绝零和博弈，希望以中国的发展为世界的发展提供新机遇，以中国的发展促进世界的进步。

其次，中国式现代化新道路所开创的人类文明新形态强调的是开放包容。随着全球化发展的深入，民族国家的历史转变为世界的历史，世界各国在各个领域的交流联系日益紧密，任何国家的现代化进程都离不开同世界各国的交往合作，同时，任何国家的发展都不能以牺牲其他国家的发展利益为前提。习近平总书记在庆祝中国共产党成立100周年大会上的讲话中指出："我们积极学习借鉴人类文明的一切有益成果，欢迎一切有益的建议和善意的批评，但我们绝不接受'教师爷'般颐指气使的说教！"[①] 中国式现代化始终坚持以开放的态度同世界各国开展平等的交流合作，积极借鉴其他国家现代化发展的有益经验，同时也以尊重包容的心态对待其他国家的发展利益。可以说，开放包容、相互尊重、平等相待是中国式现代化新道路倡导的文明准则。

最后，中国式现代化新道路所开创的人类文明新形态强调的是人类命运休戚与共。如前所述，当今世界各国的现代化发展都是在世界

---

① 习近平：《在庆祝中国共产党成立100周年大会上的讲话》，人民出版社2021年版，第14—15页。

历史背景下实践的，各国在各个领域形成的密切交往关系让各国的命运相互交织。与此同时，全球性气候变化、世界公共卫生安全、恐怖主义威胁等全球性问题成为世界各国所面临的共同挑战。全球性问题影响人类的生存与发展，解决全球性问题事关世界各国的共同利益。因而，就当今世界各国的现代化道路选择而言，独善其身是行不通的。中国式现代化新道路倡导以人类命运共同体理念作为处理和解决全球性问题的基本准则，强调维护世界各国人民的共同利益，把中国的现代化发展同整个人类文明的发展紧密结合在一起，是科学且正确的。

[本文系国家社科基金重大项目"习近平新时代观若干重大理论问题研究"（项目编号：18ZDA002）的阶段性成果。原文发表于《人民论坛》2021年第8月下期。]

中国现代化进程的阶段划分与模式演进

何传启[*]

---

[*] 国际欧亚科学院院士、中国科学院中国现代化研究中心主任。

如何理解"现代化"

现代化是一个多义词,目前没有统一定义,大致有三种解释:一是基本词义,指不同字典对现代化的解释;二是理论涵义,指不同理论对现代化的系统阐述;三是政策含义,指不同国家关于现代化的政策解释。根据韦氏词典,"现代化"的英文单词诞生于18世纪,而中文单词"现代化"出现于20世纪初。现代化科学是采用科学精神和科学方法,系统研究现代化现象的一门交叉科学,是现代化研究、现代化理论和现代化知识的系统集成。

现代化是一个世界现象。从现象角度看,现代化是18世纪工业革命以来人类发展的世界前沿,以及追赶、达到和保持世界前沿水平的行为和过程。形象地说,现代化犹如一场人类发展的国际马拉松比赛,跑在前面的国家成为发达国家,跑在后面的国家成为发展中国家;发达国家可以掉下来,发展中国家可以赶上去,位置转换有一定规律性。《中国现代化报告》发现,在大约50年的时间里,发达国家降级为发展中国家的比例约为10%,发展中国家升级为发达国家的比例约为5%。其中,发达国家就是现代化国家,发展中国家是非现代化国家,现代化是动态变化的。

现代化是一种文明进步。从内涵角度看,现代化是从传统文明向现代文明的范式转变,以及人的全面发展和自然环境的合理保护,同时文化多样性长期存在并发挥作用。18—21世纪末,世界现代化进程大致可以分为两大阶段。第一次现代化是从农业经济向工业经济、从农业社会向工业社会的转变,其主要特点是工业化、城市化和民主化等;第二次现代化是从工业经济向知识经济、从工业社会向知识社会的转变,其主要特点包括知识化、信息化和绿色化等。21世纪没有完成第一次现代化的国家,可以采用综合现代化路径,实现从半工业经济向知识经济、从半工业社会向知识社会的转变。综合现代化是两次现代化协调发展并持续向第二次现代化转变的过程,大致可分为三个阶段：工业化和第一次现代化为主、两次现代化并重、知识化和第二次现代化为主。

现代化是一个发展目标。从政策角度看，20世纪50年代以来，在许多国家和地区，现代化被作为一个发展目标。其中，已经实现现代化的国家和地区，其目标是保持现代化水平；尚未实现现代化的国家和地区，其目标是早日实现现代化。国家和地区现代化的实现程度，大致有三种水平：一是基本实现现代化，达到当年世界中等发达国家水平；二是平均实现现代化，达到当年世界发达国家水平；三是全面实现现代化，达到当年世界前沿水平。

中国现代化的阶段划分

中国现代化是世界现代化的组成部分。中国现代化的起步和发展受到世界现代化的巨大影响。

关于中国现代化的起步时间，目前仍然存在争议。许多历史学家认为，19世纪中叶（1840—1860年）可以作为中国现代化的起点。也有学者认为，中国现代化的启蒙思想可以追溯到16世纪。如果说，16世纪是中国现代化的萌动，17—18世纪是中国现代化的中断，19世纪是中国现代化的起步，那么，20—21世纪是中国现代化的全面展开。从19世纪算起，中国现代化将是一个持续约三个世纪的历史过程（19—21世纪）。

目前，中国学术界比较普遍的看法是，中国现代化可以分为三个阶段：一是清朝末年（1840/1860—1911年）的现代化起步，二是民国时期（1912—1949年）的局部现代化，三是新中国（1949年至今）的全面现代化。

第一阶段，现代化起步。主要包括三次运动：洋务运动、维新运动和立宪运动。其中，洋务运动主张制造近代军事装备，建立近代工业，学习西方近代科学技术，发展教育文化，提出了"中学为体、西学为用"等主张。

第二阶段,局部现代化。大致分为三个小阶段：北洋政府时期、国民政府早期和战争时期。在此期间,民族工业和现代交通得到发展,北平研究院等一批科研机构被建立,高等学校也有较大发展,孙中山的《建国方略》和"三民主义"得到有限推行。日本侵华战争导致中国现代化进程的中断。

第三阶段,全面现代化。1949年新中国成立,拉开全面现代化建设的序幕。根据其特点,可分为三个小阶段。一是1949—1977年,实行计划经济,推进"四化"建设。二是1978—2001年,实行改革开放,以经济建设为中心,以工业化为重点。三是2002年以来,积极参与经济全球化,推进新型工业化、信息化和城镇化等。

中国现代化的主要特点有五个方面。其一,人口规模最大。目前世界上约有20多个发达国家实现了现代化。2019年中国人口超过14亿人,超过了发达国家的总和。其二,后发追赶型。英国现代化起步于18世纪中叶,中国现代化起步于19世纪中叶。中国现代化的起步比英国晚了约100年。其三,发展不平衡。工业化与城市化不平衡,工业化优先,城市化滞后,城乡差距大。地区不平衡,东中西部收入差距较大。工业与农业不平衡,长期以农养工,农业发展滞后,工农差距大。2006年取消农业税,工业开始反哺农业。其四,错失三次重大机遇。第一次是1793年错失第一次产业革命扩散的机遇,第二次是1842—1860年错失第二次产业革命起步的机遇,第三次是1957—1976年错失第三次产业革命技术转移的机遇。其五,资源和环境压力巨大。2010年中国人均工业资源的大部分指标低于世界平均值。目前中国已是一个石油净进口国,环境压力引人关注。

中国现代化的目标演进

从19世纪中叶到20世纪中叶,中国现代化发展目标包括维护国家主权和实现民族复兴等。从20世纪50年代到21世纪50年代，中国现代化的战略目标在不断演进。它既反映我们对现代化认识的深化，也体现我国现代化建设取得的新成就。这里简要梳理20世纪50年代以来中国现代化战略目标的演变。

第一个现代化目标：20世纪内实现四个现代化。20世纪50—70年代，实现四个现代化成为中国现代化的战略目标。1954年9月，周恩来在全国人大一届一次会议上作政府工作报告，明确提出要把我国建设成为具有强大的现代化的工业、农业、交通运输业和现代化国防的社会主义国家。1964年12月，周恩来在第三届全国人大政府工作报告中提出，从第三个五年计划开始，我国的国民经济发展，可以两步来考虑：第一步，建立一个独立的比较完整的工业体系和国民经济体系；第二步，全面实现农业、工业、国防和科学技术的现代化，使我国经济走在世界的前列。1975年1月，周恩来在第四届全国人大政府工作报告中宣布，在20世纪内，全面实现四个现代化。从现代化科学角度看，"四个现代化"实际是四个部门和方面的现代化，是农业、工业、国防和科技四个部门和四个方面的现代化。农业和工业现代化属于经济领域的现代化，国防现代化属于政治领域的现代化，科技现代化大致属于文化领域的现代化。

第二个现代化目标：2050年基本实现现代化。20世纪80年代至21世纪初，"基本实现现代化"成为中国现代化的战略目标。

"三步走"发展战略。20世纪80年代由邓小平同志提出。第一步，从1981年到1990年人均国民生产总值翻一番，人民生活达到温饱水平。第二步，从1991年到2000年人均国民生产总值再翻一番，人民生活达到小康水平。第三步，从2001年到2050年左右，达到中等发达国家水平，基本实现现代化。1987年，邓小平同志说："我们的第一个目标是解决温饱问题，这个目标已经达到了。第二个目标是在本世纪末达到小康水平，第三个目标是在下个世纪的五十年内达到中等发达国家水平。"①

"新三步走"战略安排。第一步，从 2001 年到 2010 年，国民生产总值比 2000 年翻一番，人民的小康生活更加宽裕。第二步，从 2011 年到 2020 年，全面建成小康社会。第三步，从 2021 年到 2050 年，基本实现现代化，建成富强民主文明的社会主义国家。1997 年党的十五大报告提出，展望 21 世纪，我们的目标是，第一个 10 年实现国民生产总值比 2000 年翻一番，使人民的小康生活更加宽裕，形成比较完善的社会主义市场经济体制；再经过 10 年的努力，到建党 100 年时，使国民经济更加发展，各项制度更加完善；到世纪中叶建国 100 年时，基本实现现代化，建成富强民主文明的社会主义国家。2002 年十六大报告提出，我们要在本世纪头二十年，集中力量，全面建设惠及十几亿人口的更高水平的小康社会，使经济更加发展、民主更加健全、科教更加进步、文化更加繁荣、社会更加和谐、人民生活更加殷实。2007 年十七大报告提出，转变发展方式取得重大进展，在优化结构、提高效益、降低消耗、保护环境的基础上，实现人均国内生产总值到 2020 年比 2000 年翻两番。2012 年十八大报告提出，转变经济发展方式取得重大进展，在发展平衡性、协调性、可持续性明显增强的基础上，实现国内生产总值和城乡居民人均收入比 2010 年翻一番。工业化基本实现，信息化水平大幅提升，城镇化质量明显提高，农业现代化和社会主义新农村建设成效显著，区域协调发展机制基本形成。

第三个现代化目标：2050 年建成社会主义现代化强国。21 世纪 20—50 年代，"建成现代化强国"成为中国现代化的战略目标。2017 年党的十九大报告提出建设社会主义现代化强国的"两步走"战略安排。从 2017 年到 2020 年，是全面建成小康社会决胜期。从 2020 年到 2035 年，在全面建成小康社会的基础上，再奋斗 15 年，基本实现社

---

① 《邓小平文选》(第三卷)，人民出版社 1993 年版，第 256 页。

会主义现代化。从 2035 年到本世纪中叶，在基本实现现代化的基础上，再奋斗 15 年，把我国建成富强民主文明和谐美丽的社会主义现代化强国。

从"三步走"发展战略、"新三步走"战略安排到"两步走"战略安排，三者一脉相承，后者有所创新。相对于"三步走"发展战略，"两步走"战略安排有三个创新（见下图）：一是把"三步走"发展战略第三步战略细分为 20 年、15 年、15 年三个阶段。二是把"基本实现现代化"的第三步目标，提前到 2035 年，提前了 15 年。三是把 2050 年目标提高到全面建成社会主义现代化强国。

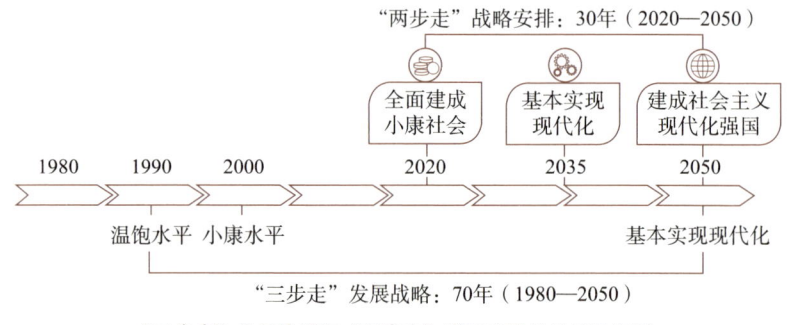

"三步走"发展战略和"两步走"战略安排的关系示意图

中国现代化的模式变迁

19 世纪中叶以来，中国现代化的基本模式在不断演变。在起步阶段，属于封建王朝主导的现代化，采用工业化优先模式。在局部现代化阶段，属于集权政府主导的现代化，沿用工业化优先模式。在全面现代化阶段，目标和模式发生很大改变。这里简要梳理 20 世纪 80 年代以来的模式变化。

根据"三步走"发展战略、"新三步走"战略安排和"两步走"战略安排，从 1980 年到 2050 年中国现代化大致可分为三个阶段，即前 20 年（1981—2000 年）、中 20 年（2001—2020 年）和后 30 年（2021—

2050年)。根据《中国现代化报告》的研究和建议,中国可以采用综合现代化路径。根据世界现代化的规律,综合现代化路径可以分为三个阶段:工业化为主、工业化和知识化并重、知识化为主。1980—2050年中国现代化的三个阶段与综合现代化路径的三个阶段大体重合。

第一阶段模式:以经济建设为中心和以工业化为重点。"三步走"发展战略的前20年,大致属于综合现代化第一阶段。主要特点是以经济建设为中心,以工业化和第一次现代化为重点,并启动信息化和环境保护。20世纪80年代是一个关键时期,中国开始改革开放,以经济建设为中心,全力推进工业化。同时,世界范围的环境保护、高技术和信息化浪潮日趋高涨。1984年国家环境保护局成立。1986年中国推出高技术发展计划,同年召开全国信息化问题讨论会,探讨中国信息化的道路。90年代,中国在市场经济改革、高技术产业、技术创新和环境保护等方面取得进展,顺利完成"三步走"发展战略前两步目标。

第二阶段模式:走新型工业化道路和"新四化"同步推进。"三步走"发展战略的中20年,大致属于综合现代化第二阶段。主要特点是同步推进新型工业化、信息化、城镇化和农业现代化,大力发展高等教育和职业教育,并取得巨大成就。在此期间,中国第一次现代化尚没有完成,但第二次现代化的许多要素已被采用,属于两次现代化并行、工业化和知识化并重时期。20世纪90年代以来,知识经济在世界范围内兴起。1997年中国科学院完成和提交题为《迎接知识经济时代,建设国家创新体系》的研究报告。1998年,国务院设立信息产业部,全面推进中国信息化和信息产业发展;批准中国科学院开展知识创新工程试点,启动中国国家创新体系建设。从而,揭开中国迈向知识经济时代的新篇章。2002年十六大报告提出新型工业化道路,以信息化带动工业化,以工业化促进信息化。2012年十八大报告提出坚持走中国特色新型工业化、信息化、城镇化和农业现代化道路,促进工业化、信息化、城镇化和农业现代化同步发展。2020年,在迎来中国共产党成立100周年的重要时刻,我国脱贫攻坚战取得了全面胜利,工业化基本完成,全国平均达到初等发达水平,部分地区已达到发达或中等水平。

第三阶段模式:建议以生活质量为发展主题和以知识化为重点。"三步走"发展战略的后30年,大致属于综合现代化第三阶段。主要特点将是以人民为中心,以生活质量为发展主题,满足人民日益增长的美好生活需要;以知识化和第二次现代化为重点,全面落实新发展理念。我国地区发展不平衡,不同地区可因地制宜,选择适合自己的发展模式。当前,中国进入新发展阶段,开启全面建设社会主义现代化国家新征程。根据现代化规律和我国国情,全国平均将进入综合现代化的第三阶段,以人民为中心,以生活质量为发展主题,以经济质量和环境质量为支撑,三个质量一起抓。同时,发达和中等发达地区将以提高生活质量为发展主题;初等发达地区可采用生活质量和经济建设两者并重的发展模式;较不发达地区仍以经济建设为中心,同时加强生态文明建设等,缩小地区发展水平差距,实现高质量可持续发展。

(原文发表于《人民论坛》2021年第8月下期。)

中国现代化实现跨越式发展的几个核心要素

欧阳康[*]

---

[*] 华中科技大学国家治理研究院院长、哲学研究所所长、哲学学院二级教授。

新中国成立以来尤其是改革开放以来，在中国共产党领导下，中国取得了举世瞩目的历史性成就，实现了前所未有的历史性变革。然而我们也必须看到，这不是一个轻而易举、一蹴而就的发展过程，而是经历了从发展理念、价值取向和制度构建多维合一的思想探索和实践构建过程，是一个通过试错而不断探索、变革和创造的过程。

走出现代化思想误区，坚持以马克思主义为指导

现代化是近代以来人类文明的巨大进步，中华民族在对现代化的认识上经历了一个曲折的理解和探索过程。世界现代化如果从文艺复兴算起有700多年的历史，如果从英国工业革命算起也有200多年的历史。1840年鸦片战争后，中国国门洞开，我们才知道世界现代化已经发展到了相当水平并且正在走向全球化，我们被动地体验着现代化、认识着现代化。由于现代化伴随着帝国主义的洋枪洋炮进入中华民族的视野，所以中华民族对现代化的认识有很多误解，经历了一个由畏惧、追寻、脱离、误解到自觉追求的曲折的认识历程。

在相当长的时间里，中华民族有一种深沉的心态，那就是畏惧现代化。在这个过程中，尽管我们努力地学习器物现代化，兴起了洋务运动，花巨资购买洋枪洋炮，组建了福建水师、北洋水师等，但是我们从骨子里仍然对现代化怀有畏惧和疑虑，长期没有把现代化看作一种进步，陷入"现代化的围城"。洋务运动主要是学习西方的器物现代化，希望通过中国的器物现代化来抵御西方现代化。后来我们逐渐学科技、学教育、学管理等，但一直有一种追问，到底应当是"中体西用"，还是"西体中用"？这其实是一个巨大的误解。应该说，一个国家、一个民族的体和用之间是内在相关的，就像一个硬币的两面。

随着中国经济社会的逐渐发展，一些先进思想家也产生了学习西方现代化的强烈愿望，其标志性事件是发动了辛亥革命、五四运动等。五四运动倡导"科学"与"民主"，实际上是希望能够向西方学习现代化。当时一些思想家反思中国的国民性，一些学者甚至主张全盘西化，产生了中华文化与西方文明发展之间的强烈对比和巨大反差。在这个过程中，我们有了强烈的愿望，提出了一些积极的思想理论，也尝试进行探索，但是由于 1927 年第一次国共合作破裂，中国陷入内战，从土地革命战争、抗日战争到解放战争，我们基本顾不上搞现代化，经历了一个从畏惧现代化到追求现代化，再到脱离现代化的过程。新中国成立以后，我们有了搞现代化的强烈愿望。1954 年 9 月 23 日，周恩来在第一届全国人民代表大会第一次会议上所作的《政府工作报告》中提出，我国要"建设起强大的现代化的工业、现代化的农业、现代化的交通运输业和现代化的国防"。

经历长期的思想探索，追寻现代化和谋求民族复兴成为中国人民内心深处最基础、最根本、最深层、最重要、最持久的梦想。在马克思主义指导下，中国共产党领导中国人民推翻了"三座大山"，建立了新中国，实现了民族独立与人民解放，走上了社会主义道路，并以此推进中华民族伟大复兴。

探索社会主义现代化，确立价值坐标

民族复兴必须走现代化的道路，这是近代以来中华民族最为深刻的思想进步。实现中华民族伟大复兴，不可能走与西方现代化相伴随的资本主义道路，而必须走社会主义道路，这是数十年中国革命和建设的经验教训得出的根本结论。把社会主义与现代化内在地结合起来，探索中国特色社会主义现代化道路，成为中华民族伟大复兴进程中必须完成的伟大时代使命，这也是中华民族伟大复兴既具有中国意义也具有世界意义的根本。对于这个问题的探索与实践，贯穿于中国共产党百年的革命史和建设史，作为一个核心的价值目标，推动党和国家各项事业发展。

中国走上社会主义的道路，对中国和世界都产生了巨大影响，它使得马克思主义在经历了欧洲革命、俄国十月革命以后在中国革命中取得了巨大的成功,使世界上人口最多的国家走上社会主义道路。

以毛泽东同志为核心的中国共产党第一代中央领导集体把中国社会的发展目标直接指向了现代化,其最明显的标志就是1954年9月召开的第一届全国人民代表大会第一次会议上,周恩来同志提出我国要"建设起强大的现代化的工业、现代化的农业、现代化的交通运输业和现代化的国防"。1964年12月21日,周恩来同志在第三届全国人民代表大会第一次会议上宣布了实现四个现代化的宏伟任务,即"把我国建设成为一个具有现代农业、现代工业、现代国防和现代科学技术的社会主义强国"。

客观来说,新中国成立后,中华民族对于现代化的追寻并不是一帆风顺的,我们遭遇了帝国主义的封锁,遇到了苏联修正主义的干扰,也曾经出现了一些思想失误,对现代化存在误解。但是这并没有阻挡中华民族对现代化的追寻和通过现代化实现民族复兴的强烈愿望,反而使现代化意识变得越来越强烈、越来越清晰、越来越明确。1978年,《实践是检验真理的唯一标准》一文发表后,引起全国范围内一场哲学讨论,回归马克思主义的唯物主义认识论、实践论、辩证法、真理观和历史观,回归马克思主义的本真精神,帮助人们更加科学地认识世界和更加合理地改变世界。由于从思想体系和方法论上解决了问题,就有了思想解放,现代化成为中华民族的时代主题。中华民族内在的创造力前所未有地被激发出来,社会主义现代化事业取得巨大成就。

就其进程而言,40多年来的社会主义现代化建设有五个显著特点:第一,现代化的地位越来越高。它不再是一个策略性和局部性问题,而是一个战略性和全局性的问题,成为中国的总体国家战略和社会发展的重要目标。第二,现代化的范围越来越广。中国的现代化以极大的努力融入世界现代化进程,成为全球生产体系的内在组成部分。第三，现代化的内容越来越多。从工业、农业、科技和国防现代化拓展到物质文明和精神文明，进而拓展到经济、政治、社会、文化、生态、教育、军事、法治等所有领域，统筹推进"五位一体"总体布局，提出了推进国家治理体系和治理能力现代化。第四，现代化的层次越来越高。从生产方式、生活方式、交往方式、制度体系、行为规范等，渗入社会生活的方方面面，获得了广泛发展。第五，现代化的速度越来越快。社会活力越来越大，发展动力越来越强，形成了一个加速发展进程。在这个过程中，中华民族的创新创造活力得到了极大的激发，从每一个个体到整个民族，都形成极为强烈的追寻发展的迫切愿望。创新创造成为当代中华民族最为重要的精神气质和实践品格。思想解放带来了人的解放、民族的解放，也释放出巨大的创造力，而且这种创造力随着中华民族的发展越来越强烈，我们在认识世界、认识自我，在改变世界、改变自我过程中达到一种前所未有的高度自觉。

中华民族以前所未有的开放心态向世界学习，向现代化国家学习，可以说，只要符合中国社会发展需要的，无论是科学技术、生产方式、管理方式、民主政治、法治建设，甚至治理模式，我们都在全面的学习。通过对现代化的学习、研究、建设、探索、变革、创新，我们逐步加入人类文明的现代化进程，获得了极大的发展空间，在工业、科技、文化、教育等方面有了全面的进步。现代化的巨大成就不仅为中国社会发展奠定了强大的物质基础，也为世界经济发展注入了活力。我国在一些领域逐步接近或达到了国际先进水平，接近人类文明发展的高地，甚至在一些领域里成为世界文明高地。

推进国家制度和国家治理体系建设，为现代化提供制度力量

中国共产党历来高度重视制度建设。党的十八大以来，以习近平同志为核心的党中央明确提出推进国家治理体系和治理能力现代化，使制度优势真正转化为治理效能。我国形成了支撑中国特色社会主义制度的根本制度、基本制度、重要制度，为现代化提供了必要的制度保障。

坚持和完善中国特色社会主义根本政治制度，使之成为中国社会发展的根本和基础，同时又不断地加以变革和创新，使之中国化、时代化、大众化。就指导思想而言，我们始终坚持马克思主义在意识形态领域的指导地位，不断推进马克思主义中国化时代化大众化，不断开辟马克思主义新境界，创立了毛泽东思想、邓小平理论，形成了"三个代表"重要思想、科学发展观，创立了习近平新时代中国特色社会主义思想。我们坚持和加强党的全面领导，坚持全面从严治党，坚定不移推进党的伟大自我革命，不忘初心、牢记使命，坚持真理，永葆党的生机活力。我们始终坚持科学社会主义基本原则不动摇，开辟了一条中国特色社会主义道路。我们坚持工人阶级的国家领导阶级地位，坚持人民主体地位，坚持和完善人民代表大会制度，更好地将全面依法治国和全面从严治党内在结合起来，坚持依法治国和以德治国相结合，实现法治和德治相辅相成、相得益彰，保持制度稳定性。

基本制度包含了政治、经济和法律等方面，各项制度根据各自的内容和特点，在实践中不断加以推进。我国的基本政治制度包括中国共产党领导的多党合作和政治协商制度、民族区域自治制度、基层群众自治制度，在数十年的历程中不断加以实施，并在实施中不断完善，为现代化提供最广泛的政治基础。通过人民政协和统一战线，我们最大限度地发挥各民主党派的作用，使得各种政治力量能够积极参与政治生活，调动各方面的积极性。

我国的基本经济制度处于不断的调整和变革，并在这个过程中不断探索、丰富和完善，由原来的单一公有制经济转变为公有制为主体、多种所有制经济共同发展，使得中国的所有制形式多样化。这最大的特点是，我们并没有像一些国家那样彻底取消公有制，而是保留了公有制经济，为社会主义基本经济制度和经济社会宏观发展发挥压舱石的重要作用。正是公有制经济的存在，才可以保证不管国际和国内经济形势如何变化，我们都有可以依赖的基本经济实力，不仅可以集中力量办大事，还可以为应对各种风险提供足够强大的战略储备和经济基石。与此同时，我们通过鼓励发展多种所有制经济，吸收引进了各种形式的个体经济、私营经济、外资经济等。其中巨量外资引入中国，不仅为中国现代化带来了资金，也带来了理念、技术和管理等，加速了中国的现代化进程。民营经济最大的特点就是充满活力，能够吸引各种社会资源和社会力量服务于中国经济社会发展，既满足了社会发展的需要，又能够调动广大人民群众参与现代化建设的积极性，为中国经济的快速稳定发展提供了非常重要的基础。

改革开放以来，我国形成了按劳分配为主体、多种分配方式并存的社会主义基本分配制度。在这个分配体系中，劳动可以得到相应的报酬，资金可以得到相应的利润，技术可以入股参加分红，管理也发挥了积极的作用，等等。各种形式的生产要素都能够有机地融入生产过程中，促进了社会生产力的发展，为经济发展提供动力和活力，极大地调动了社会成员的积极性。

从经济运行形式来看，从传统的计划经济体制向社会主义市场经济体制转变，把计划与市场内在地有机结合起来，这是中国经济发展的一个重要密码。计划经济体制的最大弊端是过于集中，缺乏活力，难以激发创造力，而市场经济体制的特点之一就是能够根据需要来决定生产、根据市场来决定交易等，使经济发展能够更加灵活地应对市场变化，给经济发展带来活力。但单一的市场经济仅仅依托于价值规律，也可能导致无序竞争，造成经济混乱，甚至引发经济危机。

中国经济发展的最大特点在于我们并没有放弃政府对经济运行的宏观调控，而是把政府宏观调控建立在尊重市场经济发展规律和价值规律的基础之上，由此创造了一种全新的以市场经济为主导并辅以政府合理宏观调控的模式。1992年党的十四大明确提出建立社会主义市场经济体制的目标以来，我们对市场作用的认识不断深化，从开始的辅助性作用到基础性作用再到决定性作用，同时依托于市场发展和对市场经济的认识，不断推进政府职能转变，形成了把有效市场和有为政府内在结合起来的运行机制。比如，2021年3月12日，《中华人民共和国国民经济和社会发展第十四个五年规划和二〇三五年远景目标纲要》正式发布，纲要指出："坚持和完善社会主义基本经济制度，充分发挥市场在资源配置中的决定性作用，更好发挥政府作用，推动有效市场和有为政府更好结合。"

正是通过把市场活力与政府善治内在地结合起来，我们才能够更好地解决公平和效率的问题。在传统的公有制、按劳分配和计划经济条件下，社会生产力水平低下，只能以低水平意义上的公平优先，通过配给制方式保证大家都能得到最为必要而又有限的生活资料，这有利于保障社会的稳定，但却很难调动大众的积极性和促进社会快速发展。原来我们认为，计划经济以公平优先，市场经济就是以效率优先，但是简单地谈公平优先或者效率优先都是不够的。我们进一步深入探讨生产和分配的多层次关系。在进一步发展中，我们提出，初次分配和再分配都要兼顾效率与公平，再分配更加注重公平。党的十九届五中全会进一步探讨第三次分配中的公平和效率问题，并提出"人民生活更加美好，人的全面发展、全体人民共同富裕取得更为明显的实质性进展"。

综上所述，思想、价值、制度三个方面构成了推动中国现代化进程的主要方面和核心要素，其中，通过廓清思想迷雾和推进思想解放，为现代化建设构建起最为强大的主体性队伍，并激发出最强大的动力和活力；通过艰难曲折的价值选择，探索中国特色社会主义现代化道路，始终坚持中国特色社会主义方向；而中国特色社会主义国家制度和治理体系，则为中国现代化的加速发展提供制度保障。三者之间互为条件、内在激荡、融为一体,将各种资源汇聚成推进中国特色社会主义现代化建设的强大力量,不断实现人民对美好生活的向往,造福中国人民,同时促进世界现代化进程,造福世界人民,朝着构建人类命运共同体方向不断迈进。

[本文系国家社会科学基金重大项目"大数据驱动地方治理现代化综合研究"(项目编号:19ZDA113)的研究成果之一。原文发表于《人民论坛》2021年第8月下期。]

改革开放以来中国现代化发展模式的鲜明特点

胡敏[*]

---

[*] 中共中央党校（国家行政学院）习近平新时代中国特色社会主义思想研究中心研究员。

人类历史发展到今天，现代化可以说是各国致力于实现的共同目标，但因为各国的历史文化、地缘政治、制度选择等不同，现代化发展并没有统一的模式，同时人们对包含现代化在内的文明进步内涵的认知和理解，也是随着生产生活方式的变化、科学技术的进步和社会发展进程而不断演变、丰富和深化的。从工业文明以来已有的现代化发展路径看，中国能在短短几十年时间走完发达国家几百年走过的工业化历程，的确是一个可圈可点、具有鲜明特色、值得总结的中国模式。认识中国现代化模式可以有多个角度，以政府力量为主导驱动市场内在力量迸发，并通过主动市场化改革和渐进式对外开放融入世界发展进程来理解中国现代化道路就是一个重要视角。

中国现代化不是既有现代化路径的翻版

正确审视中国现代化道路，需要以历史和比较的眼光看待世界各国现代化进程及路径。从经济发展史来看，世界各国的现代化道路都具有突出的时代背景、国别特点和阶段特色，并没有统一的模式可循。

当今我们认识的所谓现代化肇始于欧美国家。欧美的现代化起源于18世纪下半期的工业革命。工业技术革命不仅极大地解放了欧美国家的社会生产力，也极大地推动了封建社会向现代资本主义社会的制度变革。早于欧洲工业革命的文艺复兴激发了欧洲人自我意识和科学人文精神的觉醒，根植于古老欧洲文明中的城邦制度又与工业革命同步兴起的亚当·斯密自由市场精神相契合，推进了社会分工、市场交易、契约制度和资本主义的快速发展，新生资产阶级对利润的疯狂追逐和资本的嗜血性、扩张性，以殖民主义的形式突破地域障碍、以铁蹄和强权方式将贸易由国内市场推向世界市场。一定意义上说，欧美资本主义国家资本积累和工业化进程是在血淋淋的掠夺中完成的，其中，两次世界大战又成为推动工业技术的广泛渗透和运用、推进欧美工业体系快速形成的有力助推器。这些综合因素不仅为欧美国家工业化、现代化奠定了产业基础、物质基础、市场基础，也不断孕育和发展了资本主义市场经济体系，使得欧美发达国家一直成为工业革命的引领者。

第二次世界大战后日本和亚洲"四小龙"崛起，这些国家和地区形成了独特的现代化道路。这些国家和地区都是第二次世界大战后在以美国为代表的西方势力的扶持下成长起来的，他们在政治制度上实行资本主义制度，在经济发展上实施后发国家的赶超战略。由于这些国家和地区地缘狭小，工业基础比较薄弱，在经济起飞阶段大都采取出口导向的外向型经济战略，一开始就对接西方国家的市场体系，既承接了西方发达国家的产业转移和市场经济模式，能够比较快地建立起具有比较优势的出口加工产业和贸易体系，又能开放式地借鉴西方国家政治制度和社会福利制度，从而促进经济社会发展和当地人民生活的改善。可以说，它们的现代化进程就是西方市场经济制度在这些地区的翻版。当然，日本和亚洲"四小龙"都深受浓厚的东方文化影响，政府能够发挥推进工业化进程的主导作用，而且全社会比较重视学习、教育和人才培养。这些综合因素加速了这些国家和地区的现代化进程，创造了一时的经济奇迹。

还有一类国家现代化发展模式是第二次世界大战后兴起的社会主义阵营采用的高度集权式的计划经济模式。以苏联为代表的社会主义国家利用超强的政府行政力量在短时间内完成了国家的重工业化进程，尤其是苏联在第二次世界大战前就实施了军事政策及新经济政策，为后来国家的重工业化和建立比较齐全的国民经济体系奠定了基础，在第二次世界大战后随着工业体系的进一步发展，成为能够与西方势力进行抗衡的重要力量。这其中，像曾经的南斯拉夫、匈牙利等国家在一个时期还采取了放松政府管制的适度市场化改革措施，激发了企业主体活力，提高了人民生活水平。但后来终因体制僵化和过于闭关锁国，经济发展到一定阶段陷入停滞，现代化进程走得并不顺利。

中国的现代化是一个发展中大国的现代化，具有自身的显著特点。中国的现代化是在极度艰难曲折中进行的，近现代以来无数仁人志士一直为实现国家现代化的梦想进行艰苦卓绝的探索。但在20世纪上半叶，中国深陷半殖民地半封建社会的泥沼，反帝反封建反官僚资本主义成为这半个世纪中国寻求民族独立和人民解放的首要任务。历史和人民选择了中国共产党。中国人民在中国共产党领导下经过浴血奋战、顽强斗争，推翻了压在头上的"三座大山"，建立了新中国，开启了中国的现代化道路。新中国成立后，在一穷二白的基础上，将中国建设成为一个工业化、现代化国家，谈何容易，更是前无古人。但中国共产党始终牢记初心使命，紧紧依靠人民，不断推进自我革命和社会变革，依靠独立自主、自力更生、艰苦奋斗，走出了一条既不同于西方发达国家，也不同于传统社会主义国家的工业化、现代化之路。这是一条始终植根中华文化、立足中国发展实际，又能不断汲取当代人类文明成果，循序渐进实现国家繁荣富强和人民共同富裕的中国特色现代化之路。一个拥有五千年文明历史的大国要实现国家现代化，不可能是任何既成现代化路径的简单翻版，只能走一条符合本国国情、顺应人民期待、顺乎世界潮流的道路。

改革开放以来中国现代化发展模式的价值

20世纪70年代末80年代初，基于对党和国家前途命运的深刻把握，基于对社会主义革命和建设实践的深刻总结，基于对时代潮流的深刻洞察，基于对人民群众期盼和需要的深刻体悟，我们党作出实行改革开放的历史性决策，开启了改革开放新时期，中国的现代化事业有了划时代的意义。梳理中国现代化经验尤其是从对具有典型意义的改革开放后经济起飞阶段的实践路径观察，改革开放是实现强国目标的最重要动力,政府主导型现代化模式可以成为理解中国现代化模式的一个重要而鲜明的特色。对此可从以下四个角度分析。

一是改革开放以来的许多突破性改革虽然源于基层创造,但政府驱动发挥了关键作用。许多文本对中国改革开放路径的起步选择习惯于用"摸着石头过河"来形容。其实基于当时的国内实际,就是要打破过于僵化的旧的体制机制束缚,从局部试验带动整体改革的方式,逐步探索从高度集中的计划经济体制转向社会主义市场经济体制,以经济主体的内生动力促进社会生产力的解放。20世纪80年代初的改革从农村实行家庭联产承包责任制、促进社队企业快速发展到后来苏南乡镇企业异军突起开始,再从农村改革推向城市改革,对国营企业进行分阶段的放权让利,再到探索所有制改革和对生产资料生活资料的价格改革,与此同时在沿海地区实施外向型出口加工的开放战略,通过大规模吸引外资、逐步放开国内市场,吸收国外先进技术和管理经验,促进中国制造业的规模形成和梯次转型升级。基层改革的大量鲜活经验,内生于经济主体的创造,但在改革的每一步都离不开政府的有力引导、政策支持和放手推动。从中央到地方各级政府总是不失时机地推进各项改革的先行先试、率先突破并逐步推广,如农村改革、企业改革、城市综合改革和特区开放,都体现出以增量改革带动存量改革,以"双轨制改革"寻找改革的利益博弈均衡点的特点。按照制度经济学的概念,各级政府的力量同时推进了诱致性制度变迁和强制性制度变迁。虽然各种改革路径不是先期就能设定的,但政府能够尊重经济发展的内在规律,既勇于借鉴现代化国家经济起飞阶段的成熟经验,又积极鼓励改革的先行者大胆试大胆闯,充分释放了市场主体的创造力和社会活力,进而形成生机勃勃的改革参照系而带来了"改革的福利效应"。"试点—总结—提升—推广"成为中国改革开放的特有路径,形成了"政府主导+市场力量"的双驱动。

二是党和政府善于利用规划和战略的引领作用,在基于经济社会发展阶段性特征把握的基础上循序渐进推进战略目标的实现。新中国成立70多年来，从"一五"到"五五"五个五年计划实施，建立起了我国独立完整的工业体系与国民经济体系，初步实现了工业、农业、国防和科技的现代化；从"六五"到"十三五"八个五年规划（计划）实施，完成了从计划经济体制下的单纯指令性计划发展国家经济向社会主义市场经济体制下规划经济社会发展目标、注重发挥政府规划指引和驱动市场主体内生动力相结合来实施国家发展战略的转变。在国家规划的引领下，经济社会发展的阶段目标阶梯式递进，实现从量的积累到质的飞跃。实现从解决人民温饱问题到人民生活总体上达到小康水平再到决胜全面建成小康社会取得决定性成就，提前实现现代化"三步走""新三步走"战略目标，都不是一个自发、被动、不用费多大气力自然而然就可以跨过的阶段，而是依靠党和政府科学把握形势，结合国家生产力发展水平和战略任务要求，前瞻性地描绘经济社会发展远景，对国家重大建设项目、生产力布局、国民经济重要比例关系和社会事业等作出符合实际的规划指引，制定正确的改革开放路线图和时间表，形成了动态更替、积极有为、始终洋溢着蓬勃生机活力的发展过程。

三是恰当地利用地方政府竞争，妥善处理中央和地方的关系，不断完善基于垂直型政府管理的激励约束机制。改革开放初期，中国区域经济发展需要各级政府发挥地方优势，运用各种生产要素推进地方经济社会发展，事实上形成相互促进、比学赶帮的经济竞争态势。中央对地方的政绩考核和地方干部晋升以经济指标的升降作为考核激励目标，一定程度上调动了地方发展经济的积极性，但是这也暴露出不少弊端。然而随着改革的深入，各级政府树立正确发展理念与正确政绩观、形成科学有效的干部激励约束机制，坚持"全国一盘棋"思想开始蔚然成风。

四是通过不断完善制度体系，促进改革程序和秩序的规范化、法治化、制度化。中国过往到现阶段的现代化进程基于改革开放释放的巨大动能。党和政府主动谋划改革、加强顶层设计、善于进行理论创新，这是我国政治制度的独有优势。纵观40多年来的改革，我们党始终坚持以思想理论创新引领改革实践创新，以总结实践经验推动思想理论丰富和发展，从改革的总体目标、主攻方向、重点任务、方法路径等方面提出了一系列具有突破性、战略性、指导性的重要思想，又通过加强党对全面深化改革的集中统一领导，以全局观念、系统思维、法治观念谋划推进改革，从前期夯基垒台、立柱架梁，到中期全面推进、积厚成势，再到现阶段加强系统集成、协同高效，蹄疾步稳、有力有序解决各领域各方面体制性障碍、机制性梗阻、政策性创新问题，实现由局部探索、破冰突围到系统协调、全面推进国家制度和治理体系的深刻变革。无论从改革广度和深度还是改革的实际检验看，党和政府主动推进改革并取得重大成就，具有鲜明的时代性和实践性。改革"关键一招"作用得到充分发挥。

在我国改革开放实践中，我们党能够始终解放思想、开拓创新，不唯本本主义，不为各种教条束缚，基于现实国情针对不同阶段实际进行探索和创新。我们能够遵循经济发展内在规律，坚持社会主义市场经济改革方向，不断完善社会主义市场经济体系，充分发挥市场在资源配置中的决定性作用，更好发挥政府作用，加快完善政府治理，以经济体制改革为牵引推动政治、文化、社会、生态文明等全方位各领域的深化改革，推进国家治理体系和治理能力现代化，对现代化道路、现代化理论作出实际贡献。

需要把握的是，党和政府始终把国家现代化的最终目的确定为促进人的全面发展、促进社会公平公正、实现人和制度的现代化。我们党始终坚持以人民为中心的发展思想，推进改革扩大开放，坚持加强党的领导和尊重人民首创精神相结合，坚持顶层设计和摸着石头过河相协调，坚持试点先行和全面推进相促进，抓住人民最关心最直接最现实的利益问题推进重点领域改革，不断增强人民群众获得感幸福感安全感，以释放出全社会强大活力，获得人民群众的最有力支持和拥护，逐步形成一个富有韧性、更加定型、更加成熟的现代化国家制度和治理体系。

实现第二个百年奋斗目标需要完备的制度支撑

"十四五"时期，中国进入新发展阶段，这是一个由社会主义初级阶段向更高水平发展阶段迈进的过程，是一个由经济大国向经济强国转变的过程，是一个由中等收入国家走向高收入国家的过程。党的十九大报告指出，"中国特色社会主义道路、理论、制度、文化不断发展，拓展了发展中国家走向现代化的途径，给世界上那些既希望加快发展又希望保持自身独立性的国家和民族提供了全新选择，为解决人类问题贡献了中国智慧和中国方案"。未来，中华民族将以更加昂扬的姿态屹立于世界民族之林。

也正是因为中国用几十年时间走完了发达国家几百年走过的工业化历程，中国和平发展成为不可阻挡的力量，改变了当今世界政治经济格局，成为当今世界百年未有之大变局的重要力量，因此，未来在建设现代化国家的道路上，中国将直接面对西方发达国家在资源、资本、技术和市场制度等方面的竞争，同时也会面对更多追赶型国家在要素流动全球化布局中的多层次"夹层化"的角逐。可以说，在实现第二个百年奋斗目标的历史进程中，危与机并存。我们要始终保持清醒头脑，未雨绸缪，善于在危机中育先机，于变局中开新局，加快构建更高水平的适合现代化道路的更加完备更加成熟的体制机制，为强国之路提供坚强的制度支撑。

要更好发挥我国政治制度优势。在坚持中国特色社会主义道路中加快推进国家治理体系和治理能力现代化，按照统筹"五位一体"总体布局和"四个全面"战略布局，推动各方面制度更加成熟更加定型，彰显中国共产党领导和我国社会主义制度的政治优势。

要进一步推动经济高质量发展。在新发展理念引领下，坚持以改革开放创新为动力，加快建设现代化经济体系、高标准市场体系和高水平开放型经济新体制，充分发挥市场在资源配置中的决定性作用，更好发挥政府作用，推动有效市场和有为政府更好结合，在构建以国内大循环为主体、国内国际双循环相互促进的新发展格局中完善基本经济制度，使我国经济发展韧性、超大规模经济体优势和潜力得到充分挖掘。

要进一步激发全社会创造力和发展活力。始终以不断满足人民对美好生活向往、扎实推动共同富裕、实现人的全面发展为目标，调动一切可以调动的积极因素，团结一切可以团结的力量，充分激发市场主体活力和人民的创造精神。中国人民是善于学习的人民，中华民族是善于包容互鉴的民族，我们既要立足自身，扎实做好自己的事情，又要放眼世界，广泛吸收人类各种文明成果，在不断学习中让劳动、知识、技术、管理、资本的活力竞相迸发，使中华民族源远流长的深厚文化积淀和团结、创新、奋斗、梦想的文化自信力量充分释放。

（原文发表于《人民论坛》2021年第8月下期。）

中国道路对"西式现代化"逻辑的历史性突破

王存刚[*]

---

[*] 南开大学周恩来政府管理学院教授。

何谓"西式现代化"逻辑

所谓"西式现代化"逻辑，是指欧美资本主义国家在现代化进程中所走过的道路及由此所呈现的规律性。具体表现为：在经济运行方式上，采用以物质利益为根本驱动力的市场经济，其必然逻辑是资本对劳动的剥削以及由此导致的阶级分化和斗争；在政治运行方式上，采用以代议制为内核的民主宪政，其必然逻辑是以夺取和护持执政权为核心目标的激烈党争以及由此导致的政治极化和斗争；在生态问题上，采用先发展后治理的策略，其必然逻辑是生态恶化以及由此导致的人类生存环境的劣质化；在对外关系上，采取霸权主义指引下的扩张取向和掠夺行为，其必然逻辑是强权政治横行、对外战争频发以及由此导致的国家间对抗。"西式现代化道路"最初在英国形成，继而扩展到西欧和北美，然后流布于世界其他地区，是人类历史迄今为止影响最大的现代化道路。

"西式现代化道路"曾经取得巨大成功。早在19世纪上半叶，马克思、恩格斯在《共产党宣言》中就指出："资产阶级在它的不到一百年的阶级统治中所创造的生产力，比过去一切世代创造的全部生产力还要多，还要大。"英国学者安格斯·麦迪森（Angus Maddison）在《世界经济千年史》一书中则通过翔实数据确认：自公元1000年以来，西欧经济在相当长时期内表现抢眼，"到1820年时，它的收入和生产率水平超出世界其他地区两倍。到了1913年，西欧及西方衍生国的收入水平已相当于世界其他地区水平的六倍"。

然而，"西式现代化道路"一经形成，就不断遭到多方面的严厉批判和道义谴责，其血腥的内部争斗和残暴的对外扩张行为最受诟病。近代以来在欧洲大陆频繁发生的国家间武装冲突，导致后世史家得出"欧洲版图是在战争铁砧子上锤出来的"的结论，欧洲那些现代化"先行国"的实力增长，进一步强化了它们在海外竞争的冲动；两次世界大战则导致该地区国家空前巨大的物质损失和人员伤亡；在欧洲之外,早期欧洲殖民者所到之处,都使当地原住民遭受巨大灾难;"西式现代化"晚近阶段的资本虽更换了身份、改变了招法,但扩张和掠夺的本性依然如故。"西式现代化"的对外扩张逻辑,是资本固有本性、欧洲历史传统以及宗教信仰叠加造成的。"西式现代化"本质上是资本主义现代化,资本对利润的终极追逐,使它具有突破任何自然条件阻隔、社会制度束缚的内在动力。在这一过程中,任何抵抗都会遭到资本持有者及其背后支持者联手施加的致命打击。而在欧洲历史上延续几千年的世界主义传统及以福音学说为核心的普世主义哲学,为资本的对外扩张行为持续提供世界观和价值观上的强有力支持。

"西式现代化道路"并未逃脱"盛极而衰"这一历史铁律。陈乐民在《欧洲文明的进程》一书中写道:"欧洲到达顶峰的时候便已经预示它不可能长久地'专美于前'了。二十世纪的世界已经不属于欧洲……后期的美国已经在许多方面青出于蓝了。"第二次世界大战结束后,世界进入所谓的"美国时代"或曰"美国治下的和平"。美国一骑绝尘的国家实力、无出其右的国际影响力以及领袖群伦的内在冲动,最终塑造了美国领导下的自由主义霸权秩序。这一具有鲜明等级制特征和浓重小圈子色彩的"世界秩序",在苏联出人意料地崩解后达到顶峰,以至于弗朗西斯·福山得意扬扬地抛出了"历史终结论";"西式现代化道路"的新模板"华盛顿共识"得以形成,并被刻意向发展中国家推介。然而,现实发展很快证伪了福山的肤浅臆断,凸显了"华盛顿共识"的水土不服。进入21世纪后,随着新兴经济体国家群体性崛起,美国和西欧主要大国实力相对衰落,国际力量均衡化程度显著提升,"世界秩序"也由此真正具有全球意义;面对2008年国际金融危机以及仍在持续的新冠肺炎疫情,美国和西欧主要大国进退失据的应对方式,使得"西式现代化"道路的光芒进一步黯淡,美国主导的全球秩序崩塌态势更加凸显。

"西式现代化道路"在发展中国家的试验也已遭遇大面积失败。

20世纪60—70年代，西方大国尤其是美国通过多种途径在发展中国家大肆兜售"西式现代化"模式。他们之所以要这样做，与其对现代化的认知和利用有关。一方面，他们把现代化视为一种新型"天定命运"，代表着本国或本文化体的特殊优越性，以对落后民族提供物质援助和发展指导为名施行间接控制；另一方面，它们又把现代化理论和现代化模式视为一种有用的国际政治斗争工具，即同当时世界上的另一个超级大国苏联争夺广大"欠发达世界"，以获得世界霸权或国际领导权。与此同时，一些身处"欠发达世界"的国家，绝大部分刚刚在非殖民化进程中获得解放，冀望通过模仿"发达世界"的发展模式实现经济快速增长，巩固政治独立，因而对源自西方的现代化理论和现代化模式虔诚信奉、主动践行，但模仿和试验的结果却让他们大为失望。在昙花一现式的发展繁荣之后，接踵而来的通常是经济停滞、社会两极分化以及由此引发的严重政治动荡甚至是激烈的国内武装冲突。部分发展中国家因国家治理绩效不佳，特别是在开放过程中过分依赖外国投资，出现了畸形的"依附性"发展。

总而言之，尽管"西式现代化道路"在人类历史上曾经取得过不容小觑、不可否认的发展业绩，但其衰败迹象早已显现，晚近则更为明显；并且实践也已证明，它并非唯一可行因而普遍适用、广泛有效的发展模式。对"西式现代化道路"的超越，是世界发展的需要，也是历史发展的必然。中国和平发展道路，满足了这种需要，体现了这种必然。

中国和平发展道路：内涵、特征与动因

中国是世界现代化进程的后来者，或如著名历史学家罗荣渠教授所言，中国是现代化"后进国"。在不无被动、跌跌撞撞地踏上现代化之路后，中国始终面临路径选择难题。怀揣富国强民之梦的中国仁人志士苦苦寻觅，无论是师法西洋，还是仿效东洋，抑或是学习苏联,他们都想过、试过,但结果却是都行不通。穷则思变。一心一意为中国人民谋幸福的中国共产党,自觉担起探索国家现代化新路的重任,并于 20 世纪 50 年代后期开启独立建设现代化中国的征程。在党的十二大开幕词中,邓小平同志首次明确提出要"走自己的道路,建设有中国特色的社会主义"。在党的十九大报告中,习近平总书记郑重宣告:"中国将高举和平、发展、合作、共赢的旗帜,恪守维护世界和平、促进共同发展的外交政策宗旨"[①]。

中国和平发展道路的内涵十分丰富。归结起来就是:既通过维护世界和平发展自己,又通过自身发展维护世界和平;在强调依靠自身力量和改革创新实现国家发展的同时,坚持对外开放,学习借鉴别国长处;顺应经济全球化发展潮流,寻求与各国互利共赢和共同发展;同国际社会一道努力,推动建设持久和平、共同繁荣的和谐世界,推动构建人类命运共同体。

中国和平发展道路具有诸多鲜明特征,其中五个方面的特点最为突出。一是科学发展,即遵循社会世界和自然世界的发展规律,始终以经济建设为中心,坚持以人为本,以人民为中心,坚持全面协调可持续发展,坚持统筹兼顾。二是自主发展,即把国家发展的基点和重心放在国内,注重从本国国情出发,主要依靠自身力量与自主创新推动经济社会发展,不把自身问题和矛盾转嫁给世界其他国家。三是开放发展,即以开放姿态融入外部世界,把坚持独立自主同积极参与经济全球化结合起来,统筹国内国际两个大局,加强同世界各国的交流合作。四是合作发展,即在与世界各国良性互动中取长补短,不断寻求合作机会、扩大合作领域、拓展共同利益,以合作谋求和平、促进发展、化解争端、应对挑战。五是共同发展,即奉行互利共赢的开放

[①] 习近平:《决胜全面建成小康社会 夺取新时代中国特色社会主义伟大胜利——在中国共产党第十九次全国代表大会上的报告》,人民出版社 2017 年版,第 58 页。

战略，坚持自身利益与人类共同利益的一致性，在追求自身发展的同时努力实现与其他国家发展的良性互动，实现世界的共同繁荣。

中国坚定不移走和平发展道路，首先源于自身优秀文化传统。中华文明历来崇尚和平，和平、和睦、和谐的追求深深扎根于中华民族的精神世界。"以和为贵""和而不同""亲仁善邻""协和万邦""天下大同"等美好理念世代相传。中国虽然在历史上曾长期居于世界最强大国家之列，但并未留下殖民海外和侵略他国的不良记录。正如习近平总书记在庆祝中国共产党成立100周年大会上的讲话中所总结的那样："中华民族的血液中没有侵略他人、称王称霸的基因。"[1]中国坚持走和平发展道路，是对数千年中华民族热爱和平的优良文化传统的继承和发扬。中国愿意继续同世界各国人民和睦相处、共谋和平、共护和平、共享和平。

中国坚定不移走和平发展道路，其次源于对实现国家核心发展目标条件的深刻认知。邓小平同志曾指出，我们面临发展和摆脱落后的任务，希望有一个和平的国际环境，他还指出："我们提出维护世界和平不是在讲空话，是基于我们自己的需要，当然也符合世界人民的需要，特别是第三世界人民的需要。"[2]"两个一百年"奋斗目标和中华民族伟大复兴的中国梦的实现，都需要两个基本条件：一是和谐稳定的国内环境，二是和平安宁的国际环境。没有和平，中国与世界都不可能顺利发展；没有发展，中国与世界也不可能持久和平。因此，习近平总书记指出："中国人民怕的就是动荡，求的就是稳定，盼的就是天下太平。"[3]

中国坚定不移走和平发展道路，再次源于对世界发展大势的准确把握。一个国家要发展繁荣，必须主动顺应世界发展大势。所谓治国

---

[1] 习近平：《在庆祝中国共产党成立100周年大会上的讲话》，人民出版社2021年版，第16页。
[2] 《邓小平文选》（第二卷），人民出版社1994年版，第417页。
[3] 《习近平谈治国理政》（第一卷），外文出版社2018年版，第247—248页。

之道，在于"随时变易"。那么，何为当今世界发展大势？20世纪80年代，邓小平同志提出和平与发展是当今时代主题这一重要论断。党的十九大报告指出："世界正处于大发展大变革大调整时期，和平与发展仍然是时代主题。世界多极化、经济全球化、社会信息化、文化多样化深入发展，全球治理体系和国际秩序变革加速推进，各国相互联系和依存日益加深，国际力量对比更趋平衡，和平发展大势不可逆转。"①

中国坚定不移走和平发展道路，最后源于对"国强必霸"这一陈旧逻辑的坚决否定。早在新中国成立初期，毛泽东同志就严肃告诫说："中国人在国际交往方面，应当坚决、彻底、干净、全部地消灭大国主义。"②在著名的南方谈话中，邓小平同志郑重指出："社会主义中国应该用实践向世界表明，中国反对霸权主义、强权政治，永不称霸。"③中国始终认为殖民主义、霸权主义的老路走不通，不仅走不通，而且一定会碰得头破血流；只有和平发展道路走得通、走得稳、走得远。习近平总书记反复强调："和平发展道路对中国有利、对世界有利，我们想不出任何理由不坚持这条被实践证明是走得通的道路。"④

总之，坚定不移走和平发展道路，既是中国对国际社会关注中国未来走向的积极回应，更是中国共产党和中国人民对实现国家核心发展目标的深刻自觉和强烈自信。它绝非权宜之计，也不是外交辞令，更不像有些人想象的那样深藏着不可告人的目的和野心，而是中国共产党和中国人民从对历史、现实、未来的综合判断中得出的科学结论，是思想自信、道路自信和实践自觉的有机统一。

---

① 习近平：《决胜全面建成小康社会 夺取新时代中国特色社会主义伟大胜利——在中国共产党第十九次全国代表大会上的报告》，人民出版社2017年版，第58页。
② 《毛泽东著作专题摘编》（上），中央文献出版社2003年版，第1174页。
③ 《邓小平文选》（第三卷），人民出版社1993年版，第383页。
④ 《习近平谈治国理政》（第一卷），外文出版社2018年版，第267页。

中国和平发展道路实现了对"西式现代化"逻辑的历史性突破

坚定不移走和平发展道路，中国经济发展已取得辉煌成就。与此同时，中国的民主发展建设迈出重大步伐，生态文明建设成效显著，国际影响力、感召力、塑造力大幅提高。尤为重要且具有重大世界意义的是：中国和平发展道路实现了对"西式现代化"逻辑的历史性突破。

在经济领域，中国确立共同富裕的奋斗目标，提出创新、协调、绿色、开放、共享的新发展理念，贯彻以人民为中心的发展思想，实施乡村振兴战略和区域协调发展战略。由此破解了发展市场经济必然导致社会两极分化的难题。

在政治领域，中国发展社会主义民主政治，健全人民当家作主制度体系，健全党和国家监督体系，在坚持党的领导、全面增强执政本领的同时，努力发挥社会主义协商民主的重要作用。由此消除了近代以来西方政治生活中常见的激烈党争和严重政治极化的现象。

在生态领域，中国确立"人与自然和谐共生的现代化"理念，积极推进绿色发展，着力解决突出环境问题，不断加大生态系统保护力度，同时积极参与和引导应对气候变化的国际合作。由此跳出了发展经济必然破坏生态环境的怪圈。

在对外关系领域，中国高举和平、发展、合作、共赢旗帜，坚定维护联合国宪章宗旨和原则，坚持多边主义，推动国际关系民主化，广泛参与全球治理，着力维护全球战略平衡和稳定，为重大国际问题解决和重要国际规则制定贡献中国智慧和中国方案，推动构建新型国际关系和人类命运共同体。由此打破了"国强必霸"的陈旧逻辑。

坚持和平发展的中国之所以能够实现对"西式现代化"逻辑的历史性突破，没有重蹈某些国家的覆辙，而是为人类现代化进程开辟了一条新路，关键在于坚持中国特色社会主义制度，坚持中国共产党的领导。

当代中国在现代化进程中始终坚持社会主义制度,既化解了社会主义与市场经济的内在冲突,也从根本上消除了对外扩张、霸权掠夺的可能性。这不仅创造了市场经济的新发展史,也创造了社会主义的新发展史和现代化的新发展史。中国之所以能够做到这一点,不仅因为坚持国家的多项基本制度,也在于对世界格局特别是世界经济体系的细致观察和深入思考。邓小平同志曾说过:"如果我们不坚持社会主义,最终发展起来也不过成为一个附庸国,而且就连想要发展起来也不容易。"[①]

当代中国能够坚持和平发展,实现对"西式现代化"逻辑的历史性突破,还与中国共产党的领导有着直接关系。诞生于外部强敌环伺、内部剧烈动荡之际的中国共产党,在探索中国现代化道路上艰难跋涉、艰辛探索,付出巨大牺牲,因而深知和平的可贵、发展的必要,并由此确立了维护和平、促进发展的坚定决心。从人民中走来、依靠人民发展壮大的中国共产党,历来抱有深厚的人民情怀,不仅愿意为中国人民造福,也愿意为世界各国人民造福。自 1949 年以来,中国共产党领导的共和国坚持把本国人民的利益同世界各国人民的共同利益结合起来,持续向其他发展中国家提供力所能及的援助,不附带任何政治条件,不干涉受援国内政,充分尊重受援国选择发展道路和模式的权利。中国还以积极姿态参与国际发展合作,发挥建设性作用。所以坚持走和平发展道路与坚持中国共产党领导是统一的。

面对百年未有之大变局,不确定性不稳定性更加凸显,日益走近世界舞台中央的中国更加深刻地认识到自己肩负的历史责任,也更加合理地界定了自己的国家身份,将坚定不移沿着和平发展道路走下去,既发展自身又造福世界。与此同时,中国也殷切希望其他国家能够响应中国倡议,同走和平发展道路,尊重彼此自主探索符合本国国

[①] 《邓小平文选》(第三卷),人民出版社 1993 年版,第 311 页。

情的现代化道路的努力,携手建设更加美好的世界,努力构建人类命运共同体。果若如此,"西式现代化"逻辑将被人类普遍超越,成为让人凭吊、促人反思、助人进步的"历史遗迹"。

(原文发表于《人民论坛》2021年第8月下期。)

中国推进现代化进程中避免了哪些弯路

杨玉成*

* 中共中央党校（国家行政学院）教授、博导。

吸取西方国家政府调控不足或调控过度所导致的经济剧烈波动或走走停停教训，既让市场在资源配置中起决定性作用，又更好发挥政府作用

回顾西方国家现代化历程，经济发展走弯路问题始终比较突出。政府对经济的适度调控问题始终没有得到妥善解决，要么自由有余、调控不足，要么调控有余、自由不足，从而导致经济剧烈波动或走走停停，有时甚至出现倒退。这种经济发展的稳定性不足难题使西方国家经济发展的长期绩效大打折扣。

大致而言，从18世纪末到第二次世界大战之前，西方国家处于古典自由主义理论指导下的自由资本主义发展时期。自由资本主义体制自由有余而政府调控不足。这种体制的优势方面是，较大的自由度带来活力和创新，有助于促进经济增长和创造社会财富。正如《共产党宣言》所指出的："资产阶级在它的不到一百年的阶级统治中所创造的生产力，比过去一切世代所创造的全部生产力还要多，还要大。"但是，自由资本主义体制又有诸多重大弊端。其中一个重大弊端是，政府对经济的调控不足，社会生产处于无政府状态，经济波动性太大，其主要表现是周期性的经济危机。这种周期性的经济危机后来愈演愈烈，逐步演化为世界性经济危机。1929年爆发的世界经济大危机，最终导致第二次世界大战的爆发，这表明自由资本主义的路子已经走到穷途末路，再不改弦易辙，只能是自取灭亡。

作为对自由资本主义的经济稳定性差这一重大弊端的纠偏，第二次世界大战之后，西方国家在凯恩斯国家干预主义和民主社会主义影响下，广泛采取经济政策对经济进行调控，从而使有限资本主义（受国家限制、受政府调控的资本主义）体制逐渐确立。从实际效果看，有限资本主义体制在保持经济长期稳定发展、促进经济与社会协调发展方面，与自由资本主义体制相比，有其明显优势。然而，在实际操作中，有限资本主义体制又存在政府调控有余而经济社会自由度不足问题，政府这只有形之手经常伸得过长，挥舞过于频繁，不该出手时

也出手,以致过度干预的弊端又逐步显露,从而造成发展低效率和发展动能不足,最终导致20世纪70年代的滞涨危机,经济走走停停,一些主要经济体羸弱不堪。

作为对有限资本主义国家过度干预弊端的纠偏,在新自由主义理论影响下,20世纪80年代以后在英国、美国等主要西方国家,自由资本主义重新占据主导地位。这种新的自由资本主义体制的实际效果与第二次世界大战前的自由资本主义体制类似,其优势方面是提高经济效益,促进经济增长,创造更多的社会财富;其弊端是容易引发经济波动,并且加剧社会贫富分化,影响社会稳定。比如,学界研究通常认为,2008年国际金融危机与西方国家20世纪80年代以来推行的所谓"三化"(政府角色最小化、快速私有化、快速自由化)密切相关。

总之,无论是第二次世界大战前的自由资本主义体制、第二次世界大战后的有限资本主义体制还是20世纪80年代以来新的自由资本主义体制,在处理政府与市场关系问题上始终存在偏颇,始终没能解决好政府有形之手和市场无形之手的平衡问题,因而始终不能解决好经济剧烈波动或走走停停的问题。

改革开放以来,我们党对政府与市场之间关系的认识有一个不断探索的过程。1992年党的十四大正式把建立社会主义市场经济体制作为我国经济体制改革的目标确定下来,提出要使市场在社会主义国家宏观调控下对资源配置起基础性作用。这是我们党在深刻总结处理计划与市场关系问题的经验教训基础上得出的一个理性认识,是一个重大理论突破,对我国改革开放和经济社会发展产生了极为深远的影响。党的十四大之后,我们党不断深化对政府与市场关系的认识。党的十五大继续强调使市场在国家宏观调控下对资源配置起基础性作用,党的十六大提出在更大程度上发挥市场在资源配置中的基础性作用,健全统一、开放、竞争、有序的现代市场体系。党的十八大提出更大程度更广范围发挥市场在资源配置中的基础性作用。党的十八届三中全会明确提出,使市场在资源配置中起决定性作用和更好发挥政府作用。这是我们党对政府与市场关系认识的又一次突破,对于全党和全社会树立正确的政府与市场关系观念具有重大意义。

使市场在资源配置中起决定性作用,并不是只发挥市场的作用,还要更好发挥政府作用。在发展社会主义市场经济中,市场和政府各有其功能和作用。政府的职责和作用是保持宏观经济稳定、加强和优化公共服务,保障公平竞争,加强市场监管,维护市场秩序,推动可持续发展,促进共同富裕,弥补市场失灵。党的十九届四中全会又把社会主义市场经济体制纳入社会主义基本经济制度范畴,提出充分发挥市场在资源配置中的决定性作用,更好发挥政府作用。

从总体上看,在现代化过程中,我们党善于吸取和借鉴西方国家在处理政府与市场关系这一核心问题上的经验教训,对社会主义市场经济体制中政府与市场关系的认识越来越明晰,越来越到位,处理的手段也越来越成熟,从而保证我们的社会主义市场经济在正确的轨道上高效、平稳、有序运行,推动我国经济又好又快地发展,避免了有些国家因处理政府与市场关系失当所导致的经济大幅波动甚至大起大落。

吸取西方国家社会发展滞后或超前所导致的社会撕裂或发展动能不足教训,在社会福利建设方面既尽力而为又量力而行

回顾西方国家现代化历程,社会发展走弯路的问题也始终存在。从总体上看,在第二次世界大战之前,西方国家的社会发展相对于经济发展而言普遍滞后,从而导致贫富两极分化、社会阶级矛盾日趋尖锐等重大社会弊端。在第二次世界大战之后,西方国家的社会发展又出现另一个极端,即相对经济发展而言社会福利出现超前现象,从而导致社会福利负担过重、发展动能不足等重大弊端。

工业革命以来，西方资本主义国家经济增长速度加快，但资本主义社会阶级结构日益分化为资产阶级和无产阶级两大对立的阶级，贫富两极分化，社会阶级矛盾日趋尖锐。用马克思的话说，这种阶级对立表现为：一边是资产阶级财富的积累，一边是无产阶级贫困的加深。从我们现在的眼光来看，这种对立的一个重要原因在于，在经济增长的同时，社会建设没有跟上。也就是说，国家没有对收入分配进行有效调节，在住房、社会保障、医疗保障、教育等社会事业建设方面滞后。尽管早在19世纪中期，德国俾斯麦政府已经建立起社会保险体系，但保障水平比较低，其他国家的社会保险则更加落后。

第二次世界大战后，在英国福利国家建设的带动下，西方各国的社会保障或社会福利事业获得很大发展。社会保障制度或社会福利制度在西方国家的社会经济生活中逐渐占据重要地位，成为国家对经济和社会生活进行干预和调节的重要组成部分，成为国家对国民收入进行再分配的重要渠道。在一定意义上来说，第二次世界大战后西方国家推行的社会保障或社会福利制度，是国家对国民收入进行有利于劳动人民的再分配，它一方面有利于改善社会弱势群体的生活水平，有利于化解社会矛盾、促进社会稳定；另一方面也在一定程度上有利于增加社会的总需求，促进经济发展。当然，西方国家的社会保障或社会福利制度也有其消极的一面，那就是福利待遇有一定的刚性，易增不易减，并且由于选举政治周期等因素的影响，社会福利增幅往往高于经济发展速度，其结果是社会福利或社会保障支出大幅度上升，国家财政不堪重负。

福利陷阱成为西方社会的一大痼疾。据欧洲共同体统计局的资料，联邦德国、法国、英国、意大利、荷兰、比利时、卢森堡、丹麦、爱尔兰9国，1970年社会开支占国民生产总值的比重平均为18.1%，1975年上升至23.7%，1980年进一步上升至25.9%，1981年又达到27.1%。据世界银行发布的《1988年世界发展报告》，1986年包括教育和医疗卫生在内的社会保障和福利支出,已占美国中央政府财政支出总额的 44.3%,在联邦德国占 69%,在英国占 44.9%。尽管在 20 世纪 80 年代后,西方国家为了减轻财政压力,开始对社会福利和保障制度进行调整和改革,但成效不是很明显。

从西方国家社会建设所走过的道路看,社会保障和社会福利等社会建设政策措施是必要的,它们在维护社会稳定、促进经济社会发展中的积极作用不容抹杀。但是,社会福利建设也存在一个适度问题,即与经济发展水平相适应的问题。无论是滞后还是超前,终究都既不利于社会稳定,也不利于经济发展。

中国共产党历来重视社会建设,把提高人民群众的物质文化水平、促进人的全面发展摆在重要位置。特别是改革开放以来,党日益重视在发展生产力基础上逐步改善人民生活,明确提出建设小康社会的奋斗目标,对于人民过上殷实、宽裕的美好生活作出庄严承诺。随着认识和实践的发展,党的十六届四中全会首次提出社会建设概念并作出部署,党的十七大把社会建设纳入中国特色社会主义"四位一体"总体布局进行谋划,社会建设得到全面重视和加强。党的十八大以来,以习近平同志为核心的党中央把人民对美好生活的向往作为奋斗目标,贯彻落实以人民为中心的发展思想,一大批惠民举措落地实施,社会事业获得空前发展,人民获得感显著提高。基本养老制度、基本医疗制度和最低生活保障制度进一步完善,人民健康和医疗卫生水平继续提高。特别值得指出的是,我国社会大局长期保持稳定,成为世界上最有安全感的国家之一,这与世界上不少国家和地区的动荡不安形成鲜明对照。

以教育、就业、收入分配、社会保障、医疗卫生、住房保障等基本民生为主要内容的社会事业发展,是社会建设的重要内容。在这些基本民生问题上,我们党历来强调在发展经济的基础上不断提高人民生活水平,即在发展中保障和改善民生。这里面关键是辩证认识和把握发展经济与改善民生的关系。发展经济与改善民生是"两条腿"走路，必须相互协调、相互促进，不能一条腿长，一条腿短。一方面，发展经济是改善民生的前提和基础，不发展经济，改善民生就会成为无源之水、无本之木，因此我们必须紧紧抓住经济建设这个中心，进一步把"蛋糕"做大，为改善民生提供更加坚实的物质基础。另一方面，改善民生是发展经济的目的，改善民生能够调动广大人民发展生产的积极性，扩大内需，催生新的经济增长点，从而促进经济发展。

正是基于这种辩证认识，我们党一再强调，改善民生既要尽力而为又要量力而行。我们党从维护最广大人民的根本利益出发，在经济发展的基础上，根据财力状况逐渐提高人民生活水平。同时，我们也清醒地认识到我国仍处于并将长期处于社会主义初级阶段，改善民生不能脱离这一国情。政府保障和改善民生，主要是保基本民生、重点民生，做那些现实条件下可以做到的事情，而不作过多过高的承诺，决不超前于经济发展水平搞所谓高福利，避免像某些西方国家和一些发展中国家那样掉入福利陷阱。

吸取西方国家生态环境方面"先污染、后治理"所导致的发展代价沉痛教训，尽量处理好经济发展与生态环境保护之间的关系

回顾西方国家现代化历程，其在生态环境保护方面也走了弯路。自工业革命以来，西方国家在推进大规模工业化过程中，普遍走了"先污染、后治理"道路，不仅在资源、环境和生态方面付出了沉重代价，也给人们的身心健康和生命安全造成了无法挽回的损失。从 20 世纪 30 年代至 60 年代，西方国家发生了 8 起震惊世界的公害事件，即比利时马斯河谷烟雾事件、美国多诺拉烟雾事件、伦敦有毒烟雾事件、美国洛杉矶光化学烟雾事件、日本水俣病事件、日本富山骨痛病事件、日本四日市哮喘病事件、日本米糠油事件。特别是 1952 年发生的英国伦敦烟雾事件，5 天内就有 4000 多人丧命，2 个月内又因事

故得病而死亡 8000 多人，后果极其惨烈。1952 之后间断发生的日本水俣病事件，受害者多达 1 万人，死亡人数超过 1000 人。

正是由于上述环境公害事件的惨痛教训，西方国家纷纷投入巨资治理污染问题，同时又逐步将重污染企业转移到发展中国家，生态环境明显好转。一方面，这种"先污染、后治理"的艰难历程使西方国家自身付出巨额的治理成本。比如，在整个水俣病公害事件中，日本政府和企业付出了极其高昂的代价。日本政府花了 14 年时间，总计投入达 485 亿日元治理水俣湾生态环境，涉事企业赔偿给受害者的经费累计超过 300 亿日元。日本政府在回顾工业化历程时承认，"先污染、后治理"给社会和公众造成的损害是惨痛的，所付出的代价比事前防治投资高 10 倍以上。另一方面，西方国家又通过产业转移把生态环境成本转嫁给别的国家，有损人利己之嫌。

对于当代中国而言，这种生态环境治理的老路显然是行不通的。一方面，我国的资源、环境和生态无法承受"先污染、后治理"的沉重代价；另一方面，我们作为有着 14 亿多人口的社会主义大国，不可能也不应该把生态环境成本转嫁给别的国家。我国在推进工业化过程中，尽管党和国家一再强调我们绝不走"先污染、后治理"弯路，但由于一些地方对经济发展和生态环境保护关系问题的认识出现一定偏差，生态环境破坏也一度达到比较严重的地步，付出了很大代价。面对资源约束依然趋紧、环境污染依然严重、生态系统依然脆弱的严峻形势，我们别无选择，唯一能走的道路是加强生态文明、建设美丽中国。

党的十九届五中全会审议通过的《中共中央关于制定国民经济和社会发展第十四个五年规划和二〇三五年远景目标的建议》，把"生态文明建设实现新进步"作为"十四五"时期经济社会发展主要目标之一，将"广泛形成绿色生产生活方式，碳排放达峰后稳中有降，生态环境根本好转，美丽中国建设目标基本实现"作为到 2035 年基本实现社会主义现代化远景目标之一,这为新发展阶段进一步做好生态环境保护工作提供了目标指引。

加强生态文明建设必须坚持"人与自然和谐共生"的科学自然观,坚持"绿水青山就是金山银山"的绿色发展观,坚持"良好生态是最普惠的民生福祉"的生态民生观,坚持"山水林田湖草是生命共同体"的整体系统观,坚持"用最严格制度保护生态环境"的严密法治观,坚持"共谋全球生态文明建设之路"的全球共赢观。在习近平生态文明思想指导下,我们一定能走出一条人与自然和谐共生的现代化之路。

我国在推进社会主义现代化过程中,较为成功地避免了西方发达国家在现代化进程中走过的经济发展、社会发展和生态环境保护等方面的一些弯路。究其原因,除了充分发挥后发优势之外,更根本的还在于中国特色社会主义制度和国家治理体系的优越性。我国国家制度和国家治理体系的十三个显著优势是我们保持经济社会稳步前行、少走或不走弯路的密码所在。

(原文发表于《人民论坛》2021年第8月下期。)

正确认识和把握中国式现代化的社会主义性质

黄锟[*]

---

[*] 中共中央党校（国家行政学院）中国式现代化研究中心副主任、教授。

2022年7月26日，习近平总书记在省部级主要领导干部"学习习近平总书记重要讲话精神，迎接党的二十大"专题研讨班上强调，我们推进的现代化，是中国共产党领导的社会主义现代化，必须坚持以中国式现代化推进中华民族伟大复兴，明确指出了中国式现代化的社会主义性质。科学认识和把握中国式现代化的社会主义性质，对于深刻理解中国式现代化、保证中国式现代化行稳致远具有重要意义。

坚持以中国式现代化推进中华民族伟大复兴，明确了只有社会主义才能救中国，只有社会主义才能发展中国

探索民族复兴道路，自近代以来中华民族面临西方列强入侵之时就已开始，表现为仁人志士为了拯救羸弱的中国，从器物、制度、思想等多方面进行了艰辛探索。囿于阶级属性、历史局限性等，这些探索最终都以失败告终。民族复兴道路的真正开辟，肇始于中国共产党的成立并为民族独立、人民解放而斗争。中国共产党从诞生以来，便致力于为国家谋富强，为人民谋幸福，为民族谋复兴，复兴梦、现代化梦贯穿整个百年党史，成为中国共产党百年奋斗的最大主题。

新民主主义革命时期，中国共产党为争取民族独立、人民解放，经过艰苦卓绝的武装斗争，团结带领全国人民推翻了帝国主义、封建主义、官僚资本主义"三座大山"，建立了新中国，为实现中国式现代化、推进中华民族伟大复兴创造根本社会条件。社会主义革命和建设时期，党领导人民战胜政治、经济、军事等方面一系列严峻挑战，成功完成了社会主义改造，实现了从新民主主义到社会主义的转变，在古老的中华大地上确立了崭新的、具有强大生命力的社会主义制度，为实现中国式现代化、推进中华民族伟大复兴奠定根本政治前提和制度基础。改革开放和社会主义现代化建设新时期，党团结带领全党全国各族人民，作出把党和国家工作中心转移到经济建设上来、实行改革开放的历史性决策，成功开创了中国特色社会主义，为实现中国式现代化、推进实现中华民族伟大复兴提供充满新的活力的体制保证和快速发展的物质条件。党的十八大以来，中国特色社会主义进入新时代，我们党以伟大的历史主动精神、巨大的政治勇气、强烈的责任担当，为实现中国式现代化、推进实现中华民族伟大复兴提供了更为完善的制度保证、更为坚实的物质基础、更为主动的精神力量，中华民族伟大复兴展现出前所未有的光明前景。

正是在百年不懈奋斗和探索中，我们找到了实现中华民族伟大复兴的正确道路，这条道路就是中国特色社会主义和中国式现代化道路。"以中国式现代化推进中华民族伟大复兴"是我们事业取得成功的重要经验。从本质上讲，中国式现代化就是社会主义现代化，是中国特色社会主义在发展道路的具体化，是中华民族伟大复兴的现实路径。中国式现代化与中国特色社会主义一样，都是近代以来中国人民长期奋斗历史逻辑、理论逻辑、实践逻辑的必然结果，具有深厚的历史渊源和广泛的现实基础。历史事实表明，封闭僵化的老路是一条死路，改旗易帜的邪路是一条绝路，唯有中国特色社会主义道路和中国式现代化道路才是一条发展壮大中国、繁荣稳定中国的新路、正路、大路。只有社会主义才能救中国，只有社会主义才能发展中国。中国特色社会主义和中国式现代化，既为实现民族复兴中国梦指明了方向，又是实现民族复兴中国梦的根本保障。中国特色社会主义和中国式现代化伟大实践，不仅使我们国家快速发展起来，使我国人民生活水平快速提高起来，使中华民族大踏步赶上时代前进潮流、迎来伟大复兴的光明前景，而且使中国人民和中华民族为世界和平与发展作出了重大贡献。事实证明，要全面建设社会主义现代化强国，实现中华民族伟大复兴，必须坚定不移坚持和发展中国特色社会主义和中国式现代化。

坚持中国共产党的领导，明确了中国式现代化的本质特征和根本保证

党的领导是党和国家的根本所在、命脉所在，是全国各族人民的利益所系、命运所系。中国共产党领导是中国特色社会主义最本质的特征，同时也是中国式现代化最本质的特征。坚持党对中国式现代化的领导，从根本上关乎中国式现代化的前途命运，是中国式现代化坚持社会主义方向的根本保障。

中国式现代化是一个既不同于西方发达国家，又不同于其他发展中国家的，具有特定发展过程、发展阶段和社会属性的现代化，其任务更艰巨、历程更复杂、性质更特殊。从发展过程看，中国式现代化是"并联式"现代化。不同于西方发达国家的"串联式"现代化发展过程，工业化、城镇化、农业现代化、信息化顺序发展，我国的现代化则是工业化、信息化、城镇化、农业现代化"并联式"的叠加发展，多种现代化进程协同发展，多重现代化目标同步实现。从发展阶段看，中国式现代化是追赶型现代化。作为发展中国家，我国现代化是在发达国家现代化取得成功后才发动的，所遇到的问题与国际环境具有很大的不同，甚至面临着发达国家的阻挠和遏制，面临的任务具有更大的艰巨性和特殊性，发展环境具有更大的复杂性和不确定性。特别是当今世界正经历百年未有之大变局，我国社会主义现代化建设面临更加严峻的国内外形势，风险挑战明显增多。从社会属性看，中国式现代化是社会主义现代化。社会主义性质是我国现代化不同于西方现代化最显著、最根本的社会属性。我国社会主义现代化不能走西方发达国家对内压迫剥削、对外侵略掠夺和制造不平等的国际政治经济秩序的现代化道路，而是更加强调以人民为中心的发展思想和人类命运共同体的国际关系理念，走出一条中国特色的社会主义现代化道路。

中国特色社会主义的本质要求和中国现代化的独特性艰巨性，使得坚持党的领导显得尤为重要。我们必须坚持和加强党的全面领导，为中国现代化引领方向，创造安定团结的政治局面，保持国家大政方针的稳定性和持续性，调动人民参与国家建设和国家治理的积极性和创造性，集中全党全社会的力量接续奋斗，实现社会主义现代化强国和中华民族伟大复兴的中国梦。

坚持人民至上的根本宗旨，明确了以人民为中心的发展思想和以人的现代化为核心的现代化本质属性

我国现代化是人口规模巨大的现代化，是全体人民共同富裕的现代化，这表明了中国式现代化的社会主义性质。中国式现代化在根本宗旨上坚持人民至上，在根本立场上坚持以人民为中心，不断促进人的全面发展，实现全体人民共同富裕，集中体现了中国式现代化以人的现代化为核心的本质属性和社会主义的社会性质。

人民至上是中国共产党百年奋斗的宝贵经验，是中国式现代化取得巨大成就的根本所在。中国式现代化的根基在人民、主体在人民、力量在人民。中国式现代化始终坚持发展为了人民、发展依靠人民、发展成果由人民共享。习近平总书记指出："人民既是历史的创造者、也是历史的见证者，既是历史的'剧中人'、也是历史的'剧作者'"①。中国共产党干革命、搞建设、抓改革，都是在与人民群众保持血肉联系、紧紧依靠人民的过程中实现，人民是中国式现代化的主体和力量源泉。党的十八届五中全会鲜明提出要坚持以人民为中心的发展思想，把增进人民福祉、促进人的全面发展、朝着共同富裕方向稳步前进作为经济发展的出发点和落脚点。中国式现代化以人民为中心，强调人民立场，始终将推动人的自由全面发展置于现代化建设的首要位置，是中国式现代化最根本的价值取向。

中国式现代化强调人民立场，坚持以人民为中心的发展思想，从

---

① 《习近平谈治国理政》（第二卷），外文出版社2017年版，第314页。

根本上打通了人的现代化与人民至上的根本宗旨的一致性。马克思主义认为，人是社会实践的主体，既被现实社会所塑造，又在推动社会进步中实现自身发展。建设什么样的现代化、实现什么样的目标，人是决定性因素。社会整体现代化离不开人的现代化，人的现代化是社会整体现代化的核心内容，人既是现代化实践主体，也是现代化价值主体，更是现代化终极目的。世界现代化的实践证明，相对于物的现代化，人的现代化更为重要。人的现代化一旦被忽视或在这一问题上有所迟疑、滞后，必然带来巨大的危害与祸患。中国特色社会主义，不仅承载着社会整体现代化建设的时代重任，同时也承载着持续推进人的现代化、促进人的全面发展的历史使命。习近平同志在《之江新语》中写道："人，本质上就是文化的人，而不是'物化'的人；是能动的、全面的人，而不是僵化的、'单向度'的人。"① 中国式现代化确立的人民主体的价值追求与马克思关于人的全面发展学说本质相通，是对无产阶级作为解放主体这一马克思主义解放思想的再次确认和创造性发展，更是我们党全心全意为人民服务根本宗旨的生动体现。

坚持中国特色社会主义的根本制度、基本制度和重要制度，明确了中国式现代化的制度保障和制度优势

中国特色社会主义制度是由根本制度、基本制度和重要制度组成的科学制度体系，是中国式现代化最为重要的制度规定、制度保障和制度优势。中国特色社会主义根本制度包括党的领导根本制度、人民民主专政根本制度、人民代表大会根本制度、马克思主义在意识形态领域指导地位根本制度、党对人民军队的绝对领导根本制度，在我国国家制度和国家治理体系"四梁八柱"中起着"主梁"和"顶梁柱"

---

① 习近平：《之江新语》，浙江人民出版社 2007 年版，第 150 页。

作用，从根本上体现了中国特色社会主义的制度优势。中国特色社会主义基本制度是那些体现我国社会主义性质，规定着国家政治生活、经济生活基本原则，对国家经济社会发展具有重大影响的制度。中国特色社会主义重要制度，是由中国特色社会主义根本制度、中国特色社会主义基本制度派生的国家治理各领域各方面的主体性制度，具体讲就是建立在根本制度、基本制度之上的关于法律法治、行政管理、文化建设、民生保障、社会治理、生态文明、"一国两制"、对外事务、党和国家监督等方面的主体性制度。这些根本制度、基本制度和重要制度是中国式现代化的制度保障，也是中国式现代化的显著制度优势，是中国式现代化保持社会主义性质、取得巨大成就的根本原因。

经过新中国 70 多年的丰富实践，党带领人民开创和发展了中国特色社会主义制度。党的十八大以来，中国特色社会主义制度得到进一步巩固和完善，中国特色社会主义制度优势得到进一步彰显和加强。新中国成立 70 多年取得的历史性成就充分证明，中国特色社会主义制度是中国式现代化取得巨大成就的根本保证。中国特色社会主义制度是党和人民在长期实践探索中形成的科学制度体系，既反映了中国共产党自成立以来，在建立和完善社会主义制度、形成和发展各方面制度中不断探索实践、不断改革创新所取得的历史性成就，更反映了新中国成立 70 多年来，我们党团结带领人民之所以能够推进和拓展中国式现代化，为中华民族伟大复兴奠定物质基础、生成精神力量、创造社会条件，迎来从站起来、富起来到强起来伟大飞跃的内在逻辑。要走好全面建设社会主义现代化国家的新征程，如期实现第二个百年奋斗目标，必须加强根本制度、基本制度和重要制度之间的衔接联动，推动中国特色社会主义制度更加成熟定型，不断为中国式现代化注入新动能，以高效能国家治理推动中国式现代化。

坚持人类文明新形态的全球视野，明确了中国式现代化在中国现代化史、世界现代化史、世界社会主义发展史、人类文明发展史上的划时代意义

中国式现代化是一场文明延续、迭代与创新的巨变，它不仅集中刻画了中华五千年文明赓续的特殊规律，更在多个维度上探寻着人类文明特别是发展中国家文明复兴的普遍规律，以及不同文明在同一时空环境下交流互鉴的普遍格局，创造了人类文明新形态，展现了中国特色社会主义的显著优势和强大生命力，从根本上超越了"文明冲突论"、"西方中心论"和"零和博弈论"，为推动人类文明进步和历史发展贡献了中国智慧。

一方面，中国式现代化是民族国家的独立自主道路。人类历史上没有一个民族、一个国家可以通过依赖外部力量、照搬外国模式、跟在他人后面亦步亦趋实现现代化。中国式现代化坚持把国家和民族发展放在自己力量的基点上、把中国发展进步的命运牢牢掌握在自己手中，始终坚持从我国国情出发，探索并形成符合中国实际的正确道路。

另一方面，中国式现代化是开放包容而不是封闭排他的现代化，彰显文明的开放性、世界性。中国式现代化以社会主义为本质属性，以和平、发展、公平、正义、民主、自由的全人类共同价值为导向，坚持合作共赢、互惠互利的基本理念，既紧紧扎根中国土壤，立足中华文明发展逻辑，又牢牢遵循现代文明建构规律，在顺应时代发展潮流的基础上，坚持文明交流互鉴，在交流中找到共识，在互鉴中实现发展，展现出鲜明的开放性、包容性和强大的涵化力。

中国式现代化立足我国基本国情和发展实践，顺应时代发展趋势，为中华民族伟大复兴开辟出一条成功道路，完成了对西方现代性逻辑的超越，破除了西方现代化模式的唯一性，带动着发展中国家实现"群体性崛起"，提升了社会主义形象，促进了人类文明进步，在中国现代化史、世界现代化史、世界社会主义发展史、人类文明发展史上，都具有重大意义。在中国现代化史上，中国式现代化道路破解了近代以来中国走向现代化道路的茫然失措、曲折反复的难题，把中国特色社会主义和中国式现代化道路结合在一起，中华民族伟大复兴展现出前所未有的光明前景。在世界现代化史上，中国式现代化道路超越西方现代化模式，提供了不同于西方现代化模式的新选择，开辟了发展中国家走向现代化的新道路。在世界社会主义发展史上，中国式现代化道路克服了传统社会主义模式的缺陷，开辟了社会主义现代化道路的新境界，使社会主义在世界范围内的复兴繁荣和持续发展成为可能。在人类文明发展史上，中国式现代化道路为人类对现代化道路的探索作出新贡献，创造了人类现代文明新形态，彰显了人类文明发展的多样性。

（原文发表于《国家治理》周刊 2022 年第 15 期。）

以制度建设引领和推进中国式现代化

马雪松[*]

---

[*] 吉林大学行政学院教授、博导。

2022年7月，习近平总书记在省部级主要领导干部"学习习近平总书记重要讲话精神，迎接党的二十大"专题研讨班上发表重要讲话，为迎接党的二十大、奋进新征程提供思想指引，他强调，世界上既不存在定于一尊的现代化模式，也不存在放之四海而皆准的现代化标准。中国式现代化以中国特色社会主义制度自我完善和发展为动力与保障，根据中国国情与最广大人民群众的真实意愿，保障人民群众的根本利益和主体地位。

制度建设对于中国式现代化的重要意义

中国式现代化是中国共产党领导的社会主义现代化，坚持以国家和民族发展作为演进基点，兼具理论与实践、回顾与创新、协调与突破、持续与适应多重特质，其中制度建设不仅构成中国式现代化的内在要素与基本内容，而且为中国式现代化的推进与拓展提供有力保障。

中国式现代化新道路需要科学理论和丰富实践的共同支撑，二者均同制度紧密联系。中国式现代化遵循马克思主义中国化科学理论的指导。进入新时代以来，以习近平同志为主要代表的中国共产党人，坚持把马克思主义基本原理同中国具体实际相结合、同中华优秀传统文化相结合，从新的实际出发，创立了习近平新时代中国特色社会主义思想。习近平新时代中国特色社会主义思想的立场、观点、方法为新时代10年来的伟大变革提供了理论指引，用理论创新的最新成果指导制度实践，深入回答了一系列重大理论和实践问题。中国式现代化是党领导人民开拓的走向现代化的途径，制度要素在其中居于关键位置，可为马克思主义的理论创新、范式更新、方法革新蓄力增能。新时代中国特色社会主义制度的自我完善和发展形成了层次分明、系统完备、职能明确、彼此衔接的制度格局，积累了由基层探索到顶层设计层层递进的治理经验和愈益丰硕的制度成果，这些宝贵经验与创新成果促进了相关职能部门工作方式、履职机制、治理理念的推陈出新。

中国式现代化是党和国家结合党的百年奋斗历程与新中国的改革进程，对社会主义现代化新道路和人类文明新形态作出的务实判断与准确总结。一方面，中国式现代化是党和国家总体战略和中长期规划的具体发展策略，承袭了党在革命、建设、改革不同历史阶段的制度建设经验，融入并体现了新时代国内国际形势新变化和制度实践新发展，反映了党在长期执政过程中稳妥连贯的治国理念。另一方面，新时代的制度建设可为更好实现中国式现代化的任务目标强基固本、聚力铸魂。党的二十大在新中国社会主义制度建设史中具有里程碑意义，将明确宣示党在新征程上举什么旗、走什么路、以什么样的精神状态、朝着什么样的目标继续前进。过去10年的制度建设进程充分表明，党的领导是社会主义现代化建设取得成功的根本保证，在党的全面领导和长期执政前提下积蓄改革发展稳定的动力资源，将为未来的工作开展、任务完成、决策落实筑牢根基。

中国式现代化是经济、政治、社会、文化、生态多个领域协调发展且重点突破的统一布局，坚持将制度体系的系统完备及科学规范、重点领域的矛盾化解及目标实现贯穿社会主义现代化的建设全局。一方面，中国特色社会主义制度体系的完备与健全，是全面建设社会主义现代化国家新征程的有力依托。新中国成立至今，党的全面领导为开展现代化的国家治理提供根本保证，人民当家作主制度体系全方位体现人民群众利益、维护人民群众权利，法治建设将增进人民福祉、实现公平正义落实到依法治国的全过程，民生保障制度不断满足人民群众对美好生活的追求，这些共同构筑了社会主义制度均衡运行与合力汇聚的良好局面，成为开启新征程、开拓新局面的基石。另一方面，新时代社会主要矛盾的转变以及特定领域出现的新状况与新挑战，需要通过制度途径有效应对。党的十八大以来，党中央统筹中华民族伟大复兴战略全局和世界百年未有之大变局，团结带领人民群众贯彻落实全面建成小康社会、全面深化改革、全面从严治党、全面依法治国战略布局，在取得显著成效的基础上进一步部署全面建设社会主义现代化国家的战略任务，坚持以人民为中心的发展理念来提高应对风险挑战的治理能力，加快机制改革创新与利益格局调整以完善现代化的治理体系。

中国式现代化是持续应对挑战与不断适应形势的进程，党团结带领全党全军全国各族人民建设新时代中国特色社会主义，完善党和国家的制度体系。首先，在长期实践探索与理论创新基础上加强制度建设，是党成功推进中国式现代化的宝贵经验。世界上不存在固定的现代化模式与标准，进入新时代，我们党科学把握战略机遇、有效应对严峻挑战、牢牢掌握自身发展命运，深化体制机制改革推动国家治理体系的现代化发展。其次，提升中国式现代化建设的制度化水平，是党和国家各项事业抵抗风险与应对挑战的必要基础。党的历史是波澜壮阔的不懈奋斗史、理论探索史、自身建设史，国家治理体系在不断解决实际问题中完善发展，在扎实完成党和国家各项目标任务中彰显适应能力与协调能力。在全面建设社会主义现代化国家、向第二个百年奋斗目标进军的新征程上，要进一步增强各方面制度的适应能力。党的二十大要对全面建成社会主义现代化强国两步走战略安排进行宏观展望，重点部署未来 5 年的战略任务和重大举措，事关党和国家事业继往开来，事关中国特色社会主义前途命运，事关中华民族伟大复兴。

新时代中国式现代化进程中的制度建设经验

在新时代 10 年的伟大变革中，党和国家进一步丰富了中国式现代化的实质要义，拓宽了中国式现代化的覆盖领域，谋划复兴伟业、擘画强国蓝图，形成了全面建设社会主义现代化国家的丰富实践经验。

第一，马克思主义中国化的最新理论成果指引了中国式现代化建设的基本方向，统筹了理论与实践、历史与现实、国际与国内，指明了制度建设的目标。在以习近平同志为核心的党中央坚强领导下，全党不断开辟马克思主义中国化时代化的新境界，结合我国社会主义现代化建设过程中的新实践促进理论创新，运用马克思主义中国化的最新理论成果指引实践发展。新时代以来，党和国家深刻把握习近平新时代中国特色社会主义思想的世界观和方法论，坚持好、运用好贯穿其中的立场观点方法，同新时代进行伟大斗争、建设伟大工程、推进伟大事业、实现伟大梦想的丰富实践联系起来。党中央注重从中华优秀传统文化中汲取制度建设和现代化建设的动力，以原创性理论贡献标注了马克思主义发展的新高度，实现了马克思主义中国化新的飞跃，习近平新时代中国特色社会主义思想是中华文化与中国精神的时代精华。此外，党中央统筹中华民族伟大复兴战略全局和世界百年未有之大变局，坚持以马克思主义为指导，深刻彰显了我国制度建设的时代特质与世界意义。

第二，党的长期执政和全面领导确立了制度建设的根本动力，中国式现代化建设拥有坚强有力的领导核心。在革命、建设和改革的不同阶段，中国共产党始终是坚持和发展中国特色社会主义、引领中华民族伟大复兴的核心力量。一方面，党确立了民主集中制的根本组织原则和领导制度，全体党员旗帜鲜明讲政治，坚决服从党中央的部署与安排，确保中国式现代化的有力、有序、有效。民主集中制强调既充分发扬民主又善于集中统一，调动广大党员积极性，激发全党创新活力，提高决策的科学性，确保全党思想和行动的统一，充分发挥巨大的政治优势与制度优势。另一方面，党勇于开展自我革命，加强自身先进性、纯洁性建设，带动社会改革与全面进步。勇于自我革命是我们党区别于其他政党的显著标志，以习近平同志为核心的党中央以彻底的自我革命精神开展全面从严治党，把全面从严治党贯穿党的建设各方面,一体推进不敢腐、不能腐、不想腐,保障党和国家事业的稳步发展。

第三,制度的人民性彰显了中国式现代化的价值底蕴,展示了尊重人民主体地位、维护人民合法权益、实现人民利益诉求的价值导向。一切为了人民,一切依靠人民,从群众中来、到群众中去,是中国共产党一以贯之的坚定信念,也是社会主义现代化与制度建设获得群众支持、取得优异成绩的依据。一方面,在成功走出中国式现代化道路的过程中,党始终保持同人民群众的血肉联系,将是否实现最广大人民群众的根本利益作为衡量和判断制度执行力的重要指标,将人民群众的获得感、幸福感、安全感作为制度建设的关键目标,将持续改善民生作为保障人民当家作主的必要途径,赢得人民衷心拥护与全力支持。另一方面,社会主义制度所蕴含的人民性是全方位、全覆盖、全链条的,中国式现代化也广泛涵盖了经济、政治、社会、文化、生态多个领域,涉及民生保障、社会治理、分配改革、环境保护等关乎国计民生的重大事项。党和国家明确了新发展阶段高质量发展的重大意义,满足了人民群众多层次需要,提升了人民群众获得感。

第四,走好中国式现代化新道路,坚持和发展中国特色社会主义,推动制度优势更好转化为治理效能。党的十九大以来的5年,是极不寻常、极不平凡的5年。国际形势不断变化,风险挑战愈益增加,各项事业面临更多新任务与新要求,党和国家坚持和发展中国特色社会主义,在全面建设社会主义现代化国家伟大征程中准确识变、积极应变,促进制度优势向治理效能的充分转化。一是党和国家充分彰显中国特色社会主义制度的显著优势,提高全面建设社会主义现代化国家的治理效能,推动14亿多人口的发展中大国的发展与中华民族的伟大复兴。二是党和国家面临新的战略机遇、新的战略任务、新的战略阶段、新的战略要求、新的战略环境,保持制度执行与改革的稳中求进。党和国家将发挥制度优势与应对风险挑战相结合,增进改革的系统性、整体性和协同性，在把握社会主义现代化建设基本规律、保持战略定力的基础上坚持稳字当头、务实进取，推动党和国家事业蓬勃发展。

进一步巩固中国式现代化的制度优势

在党和人民长期的实践探索过程中，形成了具有显著优势的中国特色社会主义制度和国家治理体系，体现了中国特色社会主义的巨大优越性和强大生命力，创造了人类制度文明发展史和现代化建设史上新的文明形态。

坚持党的领导、人民当家作主和依法治国的有机统一，从制度层面为中国式现代化建设提供动力源泉。中国式现代化的探索与开展离不开党中央的科学谋划、人民群众的广泛参与和宪法法律的坚实支撑，在新的历史发展阶段推动中国式现代化、践行全面建设社会主义现代化国家的要求，需要继续在制度建设中全过程坚持党的领导、人民当家作主和依法治国的有机统一。首先，各职能部门及其工作人员应理解并把握党的领导、人民当家作主、依法治国的内在联系。党的领导是党和国家的根本所在、命脉所在，通过发挥党统揽全局、协调各方的作用，为中国特色社会主义事业提供方向指引；人民当家作主是社会主义民主政治的本质特征，人民通过各级人民代表大会行使国家权力、管理国家事务，可为中华民族伟大复兴赋予强大根基；依法治国是党领导人民治理国家的基本方式，可不断规范党和国家各项工作的开展进程。党的领导和人民当家作主相辅相成，法治则可确保权力运行不逾矩、不越界，保护权利行使的广泛性、真实性和有效性，三者统一于中国特色社会主义民主政治伟大实践，其有机结合是中国特色社会主义政治发展的重要遵循。其次，各治理主体在履行自身职责的过程中，要坚持以党的全面领导为根本保证，以维护人民根本利益为最终目标，以全面依法治国为制度保障。充分发挥民主政治的独特优势,要在社会主义现代化建设的全局坚持党的领导,建立巩固党的自身建设成果的长效机制;也需在制度建设全程贯彻人民利益诉求,完善制度安排;还需健全完善法律法规体系,在制度建设进程中确立法律权威,监督相关部门的权力运行、利益协调、决策执行。

正确认识新发展阶段的改革形势与高质量发展需求,坚定中国式现代化的务实导向。更好推动中国式现代化,需要对当前社会主义现代化建设所处的时代背景与客观实际加以综合考察,发挥制度体系突出的适应能力与改革能力。一方面,我国制度体系可灵活适应环境形势的新变化、应对新挑战,精准识别并及时解决政策执行过程中出现的状况,提升制度的执行力。各职能部门及其工作人员要将各个领域环节与层次的新情况、新案例汇集起来,科学论证具体问题的解决思路,把特定的、局部的、地区性的治理经验转化为具有推广意义的、普遍适用性的可行方案。新阶段国内国际形势的深刻变化也需要各部门增进彼此之间的协同合作,破除观念与机制壁垒,建立沟通、决策、协商、监督环环相扣的机制与程序。另一方面,我国制度体系具有持续创新、与时俱进、求细求实的特质,走好中国式现代化新道路需要巩固制度创新的成果,汲取制度创新的不竭动力,促进制度、政策、规范的精细化。各职能部门及其工作人员需要依据本地区经济社会发展的实际情况,在坚定党的路线、方针、政策不动摇的前提下,制定并执行体现地方特色且反映部门实际的发展策略,以规范、规则、程序等形式推动治理机制的成熟定型。

切实增强制度建设的体系化与集成化,推动中国式现代化迈上新的台阶。制度建设的系统化与整体化,有益于发挥制度系统的综合优势、汇聚各方面力量,其不仅表现在多个任务、不同领域的协同配合,而且反映在纵向维度上顶层设计与基层探索的有序衔接。一方面,社会主义初级阶段的基本国情和发展中国家的客观实际,是我国现代化新道路的现实情境。相较于发达国家多采取的以工业化带动现代化的道路,我国社会主义现代化建设开辟了现代化建设的新思路、新路径,为广大后发国家提供了结合自身国情迈向现代化的优秀范本。社会主义现代化是工业化、信息化、城镇化、农业现代化等任务并行推进,经济、政治、社会、文化、生态多个领域协调共进的过程,需要进一步实现各项制度之间的互补与配合。这要求相关治理主体具备全局意识和系统思维,全面思考各自领域工作事项的治理举措,并有重点地处理关系人民群众切身利益的议题。另一方面,制度的体系化建设还需注重基层实践与顶层制度设计的衔接。基层实践中的丰富案例需要通过必要的机制与程序加以汇集与分析,顶层设计的想法和理念需要具体部门来执行与落实,二者之间的畅通程度直接关系到制度优势的发挥与治理效能的巩固。因此需要继续探索基层创新与顶层设计良性互动的有效措施,既在优化职能分工的基础上完善整体规划与统筹指导,又在贯通配合的过程中调动基层单位改革创新示范的积极性,激发社会成员与社会组织广泛参与治理过程。

[本文系国家社科基金重大项目"坚持和完善人民当家作主制度体系研究"、吉林省教育厅社会科学研究项目"中国共产党制度建设的历史进程和经验研究"的阶段性成果。原文发表于《人民论坛》2022年第9月上期。]

坚持以中国式现代化推进中华民族伟大复兴

王一鸣*

* 中国国际经济交流中心副理事长。

在省部级主要领导干部"学习习近平总书记重要讲话精神,迎接党的二十大"专题研讨班上,习近平总书记强调,必须坚持以中国式现代化推进中华民族伟大复兴,既不走封闭僵化的老路,也不走改旗易帜的邪路,坚持把国家和民族发展放在自己力量的基点上、把中国发展进步的命运牢牢掌握在自己手中。

中国式现代化是我们党长期探索实践和创新突破取得的成果

习近平总书记在省部级主要领导干部"学习习近平总书记重要讲话精神,迎接党的二十大"专题研讨班上指出,在新中国成立特别是改革开放以来的长期探索和实践基础上,经过党的十八大以来在理论和实践上的创新突破,我们成功推进和拓展了中国式现代化。中国式现代化是我们党从自身国情出发,对建设社会主义现代化国家进行长期探索实践和创新突破取得的成果,也是我国实现第二个百年奋斗目标、实现中华民族伟大复兴的必由之路。

新中国成立之初,我国经济基础薄弱,百废待兴。当时的情况正如毛泽东同志所指出的那样:"现在我们能造什么?能造桌子椅子,能造茶碗茶壶,能种粮食,还能磨成面粉,还能造纸,但是,一辆汽车、一架飞机、一辆坦克、一辆拖拉机都不能造。"[①] 为改变这种状况,我们党提出实现国家工业化的任务,肩负起把落后的农业大国建设成为社会主义工业化国家的历史使命。由于缺乏社会主义建设的经验,中国的工业化是从学习苏联模式起步的。在完成恢复国民经济的任务后,我国从1953年开始实施第一个五年计划,确立了优先发展重工业的指导方针。随着计划的实施,苏联模式的缺陷也暴露出来。毛泽东同志提出要以苏联经验教训为鉴戒,独立探索适合中国国情的社会主义建设道路,进行马克思主义与中国具体实际的"第二次结合",找

[①]《毛泽东文集》(第六卷),人民出版社1999年版,第329页。

出在中国建设社会主义的道路。以毛泽东同志发表《论十大关系》《关于正确处理人民内部矛盾的问题》为主要标志，我们党对怎样建设社会主义有了自己新的重要认识。这个阶段的探索虽然经历了曲折和艰辛，但仍取得了令人鼓舞的成就。我国初步建立起独立的、比较完整的工业体系和国民经济体系，从一个农业大国转变为一个初具规模的工业化国家，为改革开放后推进社会主义现代化建设提供了宝贵经验和物质基础。

1978年召开的党的十一届三中全会开创了中国改革开放和社会主义现代化建设新的历史进程。党带领人民进行改革开放新的伟大革命，极大地激发了广大人民群众的积极性、主动性、创造性，成功开辟了中国特色社会主义道路。在科学分析国际国内形势、深刻总结历史经验教训的基础上，我们党对我国社会主义现代化建设进行新的部署。1987年8月党的十三大召开前夕，邓小平同志明确阐述了"三步走"发展战略：第一步，实现国民生产总值比1980年翻一番，解决人民的温饱问题。第二步，到20世纪末，使国民生产总值再增长一倍，人民生活达到小康水平。第三步，到21世纪中叶，人均国民生产总值达到中等发达国家水平，人民生活比较富裕，基本实现现代化。我们党创造性地用"小康"这一充分吸收中华优秀传统文化精髓的概念来诠释中国式现代化，在开创中国式现代化道路上迈出重要一步。党的十四大明确了我国经济体制改革的目标是建立社会主义市场经济体制。党的十五大对第三步目标作出新部署，提出21世纪的第一个10年实现国民生产总值比2000年翻一番，使人民的小康生活更加宽裕。党的十六大进一步提出全面建设小康社会的目标，在优化结构和提高效益的基础上，国内生产总值到2020年力争比2000年翻两番，综合国力和国际竞争力明显增强。党的十七大提出在优化结构、提高效益、降低消耗、保护环境的基础上，实现人均国内生产总值到2020年比2000年翻两番。这个阶段，中国经济发展进入快车道，国内生产总值先后超过意大利、法国、英国、德国、日本，成为世界第二大经济体，实现了从生产力相对落后到经济总量跃居世界第二的历史性突破，为推进中国式现代化提供了体制保障和物质基础。

党的十八大提出到2020年全面建成小康社会，实现国内生产总值和城乡居民人均收入比2010年翻一番。党的十八大以来，以习近平同志为核心的党中央顺应我国经济社会发展新要求和广大人民群众新期待，为确保全面建成小康社会目标如期实现，从坚持和发展中国特色社会主义的全局出发，提出"四个全面"战略布局，将全面建成小康社会置于引领位置，把全面深化改革、全面依法治国、全面从严治党作为确保实现全面建成小康社会的战略举措。党中央提出全面建成小康社会要突出抓重点、补短板、强弱项，把脱贫攻坚作为全面建成小康社会的标志性工程，并采取许多具有原创性、独特性的重大举措，打赢了人类历史上规模最大、力度最强的脱贫攻坚战，现行标准下9899万农村贫困人口全部脱贫，困扰中华民族几千年的绝对贫困问题得到历史性解决，为全面建成小康社会奠定基础。2021年7月1日，习近平总书记在庆祝中国共产党成立100周年大会上庄严宣告："经过全党全国各族人民持续奋斗，我们实现了第一个百年奋斗目标，在中华大地上全面建成了小康社会"[①]。在中华大地上全面建成小康社会，标志着中华民族伟大复兴向前迈出新的一大步，在我国社会主义现代化建设进程中具有里程碑意义。党的十八大以来，在以习近平同志为核心的党中央坚强领导下，党和国家事业取得历史性成就、发生历史性变革，成功推进和拓展了中国式现代化，为实现中华民族伟大复兴提供了更为完善的制度保证、更为坚实的物质基础、更为主动的精神力量。

历史和实践充分证明，中国式现代化是党和人民历经艰辛探索、

---

① 习近平：《在庆祝中国共产党成立100周年大会上的讲话》，人民出版社2021年版，第2页。

创新突破取得的宝贵成果，必须倍加珍惜，始终坚守，坚持以中国式现代化推进中华民族伟大复兴。

中国式现代化是中国共产党领导的社会主义现代化

习近平总书记在省部级主要领导干部"学习习近平总书记重要讲话精神，迎接党的二十大"专题研讨班上深刻指出，世界上既不存在定于一尊的现代化模式，也不存在放之四海而皆准的现代化标准。现代化通常指的是人类从传统社会向现代社会转化的历史进程。由于西方率先推进工业革命基础上的现代化，以至于有人把西方化、工业化作为现代化的代名词和同义语。但不同国家、不同民族在推进现代化过程中所处历史方位不同，现代化也应有不同的模式和标准。一个国家或民族选择什么样的现代化模式，归根结底要看是否符合自身实际，能否解决现代化建设面临的突出问题。中国式现代化是在特定历史条件下展开的，是中国共产党领导的社会主义现代化。中国式现代化不仅为中国发展繁荣进步创造了重要条件，而且从根本上打破了现代化等同于西方化的思维定式，改变了长期以来西方现代化模式占主导的世界现代化格局，展现了世界现代化模式的多样性，为世界现代化模式多元发展开辟了广阔前景。

中国式现代化之所以取得成功，关键是中国共产党的领导。近代以来中华民族孜孜以求的梦想就是实现民族复兴，中国的仁人志士认识到，要使中华民族自立于世界民族之林，实现民族复兴，就必须推进国家现代化。但经过一次又一次尝试，最终都没有取得成功。以民族复兴为己任的中国共产党一经登上历史舞台，就把实现民族复兴作为不懈奋斗的目标。中国共产党带领中国人民建立新中国，确立社会主义基本制度，探索和成功推进中国式现代化，中华民族迎来了从站起来、富起来到强起来的伟大飞跃。中国仅用几十年时间就走完发达国家几百年走过的工业化历程，创造了世所罕见的经济快速发展奇迹和社会长期稳定奇迹,证明了中国式现代化是符合中国国情的成功之路,完全走得通,也走得远。

中国式现代化具有鲜明的中国特色。习近平总书记指出:"我国现代化是人口规模巨大的现代化,是全体人民共同富裕的现代化,是物质文明和精神文明相协调的现代化,是人与自然和谐共生的现代化,是走和平发展道路的现代化。"①

中国式现代化是人口规模巨大的现代化。中国拥有14亿多人口,是世界上人口规模最大的发展中国家,如此巨大规模人口的国家实现现代化,在世界上没有先例可循。现代化的本质是人的现代化。中国式现代化就是要从人口规模巨大的基本国情出发,开发人力资源,释放人口红利,在不断实现人的现代化过程中推进国家现代化。中国巨大规模人口迈入现代化,将彻底改写世界现代化版图,重塑世界现代化格局。

中国式现代化是全体人民共同富裕的现代化。共同富裕是社会主义的本质要求。中国式现代化坚持以人民为中心的发展思想,扎实推进共同富裕,自觉主动解决地区差距、城乡差距、收入差距等问题,让发展成果更多更公平惠及全体人民,满足人民日益增长的美好生活需要,推动人的全面发展、全体人民共同富裕取得更为明显的实质性进展。

中国式现代化是物质文明和精神文明相协调的现代化。现代化不仅是物质财富的积累,更是精神文明的发展。中国式现代化就是要在发展经济、促进物质全面丰富的同时,不断加强精神文明建设,坚持社会主义核心价值体系,弘扬中华优秀传统文化,不断增强人民精神力量,实现物质文明和精神文明相互促进、相得益彰。

中国式现代化是人与自然和谐共生的现代化。人与自然和谐共生

---

① 习近平:《论把握新发展阶段、贯彻新发展理念、构建新发展格局》,中央文献出版社2021年版,第474页。

的现代化，是对传统现代化道路的超越，是可持续发展的现代化。中国式现代化就是要推进经济社会发展全面绿色转型，形成绿色发展方式和生活方式，坚定走生产发展、生活富裕、生态良好的文明发展道路，建设美丽中国，为人民创造良好生产生活环境，为全球生态安全作出贡献。

中国式现代化是走和平发展道路的现代化。中国式现代化就是要坚持同世界各国合作共赢，推动建设新型国际关系，推动形成更加公正合理的全球治理体系，推动构建人类命运共同体，以中国的新发展为世界提供新机遇。走和平发展道路的中国式现代化，改变了西方现代化模式内含的殖民扩张基因，创造了人类文明新形态。

习近平总书记在庆祝中国共产党成立100周年大会上的重要讲话中指出："走自己的路，是党的全部理论和实践立足点，更是党百年奋斗得出的历史结论。"[1]中国式现代化既遵循现代化建设的一般规律，又具有鲜明的中国特色，是物质文明、政治文明、精神文明、社会文明、生态文明协调发展的现代化。中国式现代化，在政治上，坚持中国共产党领导，发展全过程人民民主，保证人民当家作主；在经济上，坚持以人民为中心的发展思想，坚持和完善社会主义基本经济制度，推动有效市场和有为政府更好结合；在文化上，坚持社会主义核心价值体系，加强社会主义精神文明建设，不断增强人民精神力量；在社会上，坚持公平正义，扎实推动共同富裕，促进人的全面发展和社会全面进步；在生态上，推动绿色发展，构建生态文明体系，建设人与自然和谐共生的现代化。总之，中国式现代化，是中国实现社会主义现代化的必由之路，是创造人民美好生活的必由之路，是实现中华民族伟大复兴的必由之路。

---

[1] 习近平：《在庆祝中国共产党成立100周年大会上的讲话》，人民出版社2021年版，第13页。

坚持以中国式现代化迈向第二个百年奋斗目标

习近平总书记在省部级主要领导干部"学习习近平总书记重要讲话精神，迎接党的二十大"专题研讨班上强调，必须坚持以中国式现代化推进中华民族伟大复兴，既不走封闭僵化的老路，也不走改旗易帜的邪路，坚持把国家和民族发展放在自己力量的基点上、把中国发展进步的命运牢牢掌握在自己手中。面对世界百年未有之大变局，我们要坚持中国共产党领导，坚持中国特色社会主义，坚持以人民为中心的发展思想，完整、准确、全面贯彻新发展理念，加快构建新发展格局，着力推动高质量发展，坚持以中国式现代化推进中华民族伟大复兴。

当前，世界百年未有之大变局加速演进，中华民族伟大复兴进入关键时期。全面建成社会主义现代化强国、实现中华民族伟大复兴，绝不是轻轻松松、敲锣打鼓就能实现的，必须付出更为艰巨、更为艰苦的努力。习近平总书记指出："我们现在所处的，是一个船到中流浪更急、人到半山路更陡的时候，是一个愈进愈难、愈进愈险而又不进则退、非进不可的时候。"[①] 我们要以不畏艰险、攻坚克难的精神，坚持以中国式现代化推进中华民族伟大复兴。

坚持以中国式现代化推进中华民族伟大复兴，必须坚持党的领导。习近平总书记在省部级主要领导干部"学习习近平总书记重要讲话精神，迎接党的二十大"专题研讨班上指出，党的十九大对全面建成社会主义现代化强国作出了战略部署，总的战略安排是分两步走：从 2020 年到 2035 年基本实现社会主义现代化；从 2035 年到本世纪中叶把我国建成富强民主文明和谐美丽的社会主义现代化强国。党的二十大要对全面建成社会主义现代化强国两步走战略安排进行宏观展望，重点部署未来 5 年的战略任务和重大举措。未来 5 年是全面建设

---

① 习近平：《在庆祝改革开放 40 周年大会上的讲话》，人民出版社 2018 年版，第 42 页。

社会主义现代化国家开局起步的关键时期,搞好这 5 年的发展对于实现第二个百年奋斗目标至关重要。我们要按照全面建成社会主义现代化强国两步走战略安排,按照党的二十大对未来 5 年的战略任务的决策部署,实现新时代新征程各项目标任务,把中国式现代化继续推向前进。

坚持以中国式现代化推进中华民族伟大复兴,必须坚持中国特色社会主义。人类历史上没有一个民族、一个国家可以照搬别国现代化模式,跟在他人后面亦步亦趋实现国家强盛和民族振兴。中国特色社会主义是中国人民的选择,中国特色社会主义道路是当代中国大踏步赶上时代的光明之路。中国的发展实践已经证明,中国特色社会主义道路为中国式现代化创造了根本前提,是符合中国国情的成功发展道路。只有坚持中国特色社会主义,坚定不移走中国特色社会主义道路,坚持以中国式现代化推进中华民族伟大复兴,才能把我国建设成为富强民主文明和谐美丽的社会主义现代化强国。

坚持以中国式现代化推进中华民族伟大复兴,必须坚持以人民为中心的发展思想。马克思主义政党同其他政党的根本区别,是始终同人民在一起,为人民利益而奋斗。我们要始终把满足人民日益增长的美好生活需要作为中国式现代化的出发点和落脚点,不断实现"人民生活更加美好,人的全面发展、全体人民共同富裕取得更为明显的实质性进展"的目标,让发展成果更多更公平惠及全体人民。

坚持以中国式现代化推进中华民族伟大复兴,必须完整、准确、全面贯彻新发展理念。新发展理念回答了关于发展的目的、动力、方式、路径等一系列理论和实践问题,阐明了我们党关于发展的政治立场、价值导向、发展模式、发展道路等重大问题。我们要完整、准确、全面贯彻新发展理念,真正做到崇尚创新、注重协调、倡导绿色、厚植开放、推进共享,不断开创中国式现代化新局面。

坚持以中国式现代化推进中华民族伟大复兴,必须加快构建新发展格局。构建新发展格局,关键在于经济循环的畅通无阻,最本质特征是实现高水平自立自强。我们要坚持扩大内需这个战略基点,使生产、分配、流通、消费更多依托国内市场,形成强大的国内经济循环体系和稳固的基本盘,并以此形成对全球要素资源的强大吸引力,塑造我国参与国际合作和竞争的新优势。加快推进科技自立自强,提高产业链、供应链自主可控能力,牢牢把握发展的战略主动。

坚持以中国式现代化推进中华民族伟大复兴,必须着力推动高质量发展。以推动高质量发展为主题,坚持质量第一、效益优先,推动质量变革、效率变革、动力变革,坚持以供给侧结构性改革为主线,提高供给体系质量和效率,使供给体系更好适应需求结构的变化,努力实现更高质量、更有效率、更加公平、更可持续、更为安全的发展,不断拓展中国式现代化的发展内涵。

我们已经踏上全面建设社会主义现代化国家新征程,我们比历史上任何时期都更接近、更有信心和能力实现中华民族伟大复兴的目标。在新征程上,我们要坚持以中国式现代化推进中华民族伟大复兴,不懈奋斗,勇毅前行,向着第二个百年奋斗目标迈进。

(原文发表于《人民论坛》2022年第9月上期。)

中国式现代化文明新形态的世界意义

王宇航[*]

---

[*] 对外经济贸易大学法学院比较法与欧盟法研究所研究员、马克思主义学院教授。

习近平总书记在庆祝中国共产党成立100周年大会上的重要讲话中指出:"中国特色社会主义是党和人民历经千辛万苦、付出巨大代价取得的根本成就,是实现中华民族伟大复兴的正确道路。我们坚持和发展中国特色社会主义,推动物质文明、政治文明、精神文明、社会文明、生态文明协调发展,创造了中国式现代化新道路,创造了人类文明新形态。"[1]中国要实现的现代化是基于中国国情的现代化,是以人民为中心的现代化,是物质文明、制度文明、精神文明全面协调的现代化,是与其他文明的现代化交流互鉴的现代化,是人与自然和谐共生的现代化。这不仅是对中华文明的传承和赓续,更是对近现代工业文明的超越和创新。

从西方文明观念与国际意识形态斗争中观瞻中国式现代化

殖民主义和工业革命从欧洲走向世界的19世纪,文明观念问题曾经是国际法理论和实践中的核心问题。欧洲人通过主导国际法制定和全球殖民体系,将世界各国划分为文明人的国家、不完全文明人的国家、野蛮人的国家和未开化人的国家,不同文明等级的国家分别具有国际法上的整全人格和非整全人格,并分别对应不同的国际法权利。欧洲列强不仅通过工业革命释放的巨大生产力人为将全球各国作出"文明"与"野蛮"之别,也通过知识生产和文化输出制造了"文明与进步"的知识和话语体系。后者通过人的观念传承和教育体系影响全球,更为深远和隐秘的是,以至殖民体系瓦解后西方文明观念都顽固存在于欧美文明以外的其他地区,并产生了诸多如"民主国家"、市场经济国家、自由化等一系列"文明国家"的话语变体。

两极格局解体后,美国学者弗朗西斯·福山的《历史的终结及最后之人》、塞缪尔·亨廷顿的《文明的冲突与世界秩序的重建》等著

---

[1] 习近平:《在庆祝中国共产党成立100周年大会上的讲话》,人民出版社2021年版,第13—14页。

作再次引起学术界对文明问题的持久而巨大的争论。一方面，福山等认为随着冷战结束，西方文明及其价值观取得了决定性胜利，历史将终结于欧美的自由民主制度；另一方面，亨廷顿则认为，冷战结束意味着意识形态斗争不再是国际冲突的根源，取而代之是文明差异及其不可避免的冲突。尽管二人在这两本书中的观点针锋相对，但立场都是维护西方价值观合法性和政治经济整体利益，强调所谓美国对全球秩序的领导责任。"911"事件发生以后，美国对外发动的多次战争似乎都带有"文明冲突"的影子，而且这些地区的形势因为美国等外部力量介入更加尖锐复杂，战后重建和难民问题更加激化了地区矛盾并引发局势动荡。2008年发源于美国的国际金融危机严重冲击了国际金融秩序和全球经济合作，也客观宣告了新自由主义模式的破产，西方世界主导国际社会的"文明"话语体系面临巨大挑战和现实悬浮。

改革开放40多年来，在中国共产党的领导下，中国式现代化新道路不仅逐步实现了国家富强、人民幸福，也为世界和平与发展贡献了中国力量，为广大发展中国家探索适合自身国情的发展道路作出了典范。2010年，中国成为世界第二大经济体；2020年，中国取得抗击新冠肺炎疫情斗争的重大战略成果，率先恢复经济社会正常秩序，人均国民总收入成功跨过1万美元大关。中国是爱好和平的国家，从来没有侵略过其他任何国家，发展起来的中国更不会走西方国家全球扩张的老路，而是始终不渝做世界和平的建设者、全球发展的贡献者、国际秩序的维护者。但是西方国家不甘于国际话语权式微，使用自己的"文明"逻辑审视中国发展，将中国发展视为威胁和挑战，将疫情政治化、病毒标签化，对中国内政指手画脚，将中国推动国际合作视作"地缘扩张"，并以政治小集团企图"围堵"中国，以多边之名行单边之实，国际舆论场的意识形态对立再次凸显和日益尖锐化。习近平总书记指出："靠冷战思维，以意识形态划线，搞零和游戏，既解决不了本国问题，更应对不了人类面临的共同挑战。"① 因此，面对波谲云诡的国际形势和斗争形势，我们要更加坚定中国特色社会主义道路，坚持推动文明交流互鉴，努力扩大各国共同利益汇合点，为探索人类现代化文明多元实现路径作出中国贡献。

中国式现代化为世界文明创新哲学基础

中国建设现代化的过程，既是社会文明程度逐步提升的发展变迁，也是融入世界发展大潮、与世界各国命运与共的历史进程。进入新时代以来，中国特色社会主义呈现出前所未有的道路自信、理论自信、制度自信、文化自信，中国式现代化具备了一种人类文明新形态应有的历史厚度、现实依据、科学内涵和价值意蕴。随着中国全球影响力的显著提升，越来越多的国外学者注意到中国不仅逐步实现现代化，而且正以一种文明国家形态在国际社会大家庭中与各国和谐共处。中国式现代化不仅演绎了中华文明的现代序曲，也印证了实现现代化的多元之路，对人类探索现代文明真谛具有重大的原创意义，对正在追寻现代化的世界其他国家也有重要的借鉴价值。

近现代西方文明观脱胎于世俗观念，但宗教信仰的心理机制仍然深刻影响和塑造着人们的心灵秩序。受启蒙运动的理性主义思潮和社会达尔文主义影响，西方国家把自身现代化路径视作人类社会进步的唯一客观真实来把握，并上升为社会发展的"文明真理"去信仰，在哲学基础上排斥了其他文明产生现代化观念的可能性。中国式现代化体现了马克思主义唯物论和辩证法，是唯物史观和科学社会主义与中国具体实际相结合的社会实践。中国共产党引领中国式现代化的百年实践证明了"马克思主义行"，为世界其他国家和民族探索现代化提供了一套不同于西方资产阶级哲学的科学理论和实践哲学。

---

① 《习近平在联合国成立 75 周年系列高级别会议上的讲话》，人民出版社 2020 年版，第 4 页。

中国式现代化为世界文明丰富精神谱系

几百年来,西方国家对世界的主宰不仅是疆域的占领和控制,更重要的是"思想殖民"和主体性扼杀。美国著名学者萨义德的"东方学"、美国新锐学者络德睦的"法律东方主义"等都是东方主体缺席下的有关东方的话语体系。中国共产党成立百年,经过筚路蓝缕、艰辛探索,走向成熟的标志就是将马克思主义普遍原理同中国具体实际相结合,并经过理论提升成为马克思主义中国化理论,由此完成"理论—实践"循环互动。百年来,中国共产党不断铸造主体精神,形成了包括建党精神在内的革命精神谱系,中国特色社会主义"四个自信"归根结底是建立了一个屹立于东方的世界最大政党的主体自信和执政能力。"中国已经可以平视这个世界了",是新时代中国共产党和中国人民自觉自信的生动写照。

中国式现代化为世界文明探索发展道路

现代化建设是系统工程,是政治、经济、文化、科技等方面全面协调发展进步的结果,各国历史文化传统不同,资源禀赋有别,相对优势各异,这就决定了建设现代化的路径千差万别,在全球产业链和价值链的分工和地位也不一样。中国经过长期艰辛探索,才找到了中国特色社会主义的发展道路,因此,必须坚持四项基本原则,坚持改革开放,坚持"两手抓、两手都要硬"。新时代,我们深化改革开放,统筹推进"五位一体"总体布局和协调推进"四个全面"战略布局,充分体现了党中央治国理政的总体思路,是中国式现代化通往民族复兴的规划总图。中国共产党治国理政的成功经验为广大发展中国家提供了可资借鉴的宝贵经验,也为丰富和完善人类探索现代文明、建立现代政党制度和国家治理体系贡献了中国智慧。

中国式现代化为世界文明提供实践力量

中国式现代化是融入世界体系的过程,也是为人类作出更大贡献的过程。中国不仅以世界 7% 的耕地养活了世界 1/5 的人口,还通过粮食增产、出口和外援等多种方式促进了世界粮食安全。在社会主义市场经济的推动下,中国已成为全球最大的出口国和第二大进口国,其经济拉动了全球贸易的增长和繁荣。尤其是 2008 年国际金融危机中,中国经济对全球经济增长的拉动作用甚至超过 50%,对全球贸易及其他发展中国家的贸易恢复起到重要拉动作用。同时,中国积极参与全球治理体系改革,通过"一带一路"倡议、二十国集团等机制促成多边合作。截至 2021 年 8 月 17 日,在全球抗击新冠肺炎疫情的斗争中,中国凭借自身体制优势和治理效能,率先恢复生产生活秩序,不仅保障了全球医疗物资的生产供应,也向全球 100 多个国家和国际组织提供了超过 8 亿剂新冠疫苗,中国力量助力世界共渡难关。

中国式现代化为世界文明描绘共同愿景

中国共产党是世界最大政党,"大就要有大的样子",立党百年为本国人民福祉接力奋斗,为世界人民福祉作出巨大贡献。世界处于百年未有之大变局,第二次世界大战以来的世界秩序面临深度调整,新的科技革命蓄势待发,人类文明将在新技术的影响下深刻变革。在人类社会和人类文明面临选择的十字路口,中国提出推动构建人类命运共同体倡议和共建地球生命共同体理念,破解全球面对的和平、发展、治理、信任"四大赤字"。一是维护现行国际体系和多边机制,树立全球命运与共意识,反对单边主义、保护主义和霸权主义。二是坚持共商共建共享的全球治理观,零和博弈、赢者通吃的国际规则已经不得人心,国际秩序和全球治理创新应该更多地反映广大发展中国家的意愿和利益。三是国际社会应该秉持风险共担精神,共同应对人类面临的全球风险和挑战,气候变化、恐怖主义、难民危机、网络安全、重大传染性疾病等都需要国际协作。四是坚持人类文明进步的总体方向，经历现代文明的洗礼，人类从各自的民族历史走向了全球融合和普遍交往的世界历史阶段，各种文明都生发出不同形态但兼具全人类共同价值的现代文明，"各美其美、美美与共"才是文明相处之道。同时，现代工业文明经历了环境之殇，支撑绿色发展的新科技更加成熟，人类完全可以走向与自然的和解之路，在共建地球生命共同体的实践中找到实现人的自由发展的必由之路。

[文本系北京市习近平新时代中国特色社会主义思想研究中心重点项目、北京市社会科学基金重点项目"新发展阶段提高社会文明程度研究"（项目编号：21LLMLB014）阶段性成果。原文发表于《人民论坛》2021年第8月下期。]

大历史观视域下中国式现代化道路的内涵及世界历史意义

龚云[*]

---

[*] 中国社会科学院马克思主义研究院副院长、二级研究员、博导。

大历史观是一种研究和分析社会历史的方法与视角，它强调要从社会历史的整体结构和长远发展出发，通过大视野、长时间的方式来揭示出历史发展的内在逻辑，探究历史发展的规律及未来走向。习近平总书记多次强调树立大历史观的重要意义。2021年2月20日，在党史学习教育动员大会上，习近平总书记强调："从历史长河、时代大潮、全球风云中分析演变机理、探究历史规律，提出因应的战略策略，增强工作的系统性、预见性、创造性。"[1] 在《关于〈中共中央关于党的百年奋斗重大成就和历史经验的决议〉的说明》中，习近平总书记强调："要坚持正确党史观、树立大历史观，准确把握党的历史发展的主题主线、主流本质，正确对待党在前进道路上经历的失误和曲折，从成功中吸取经验，从失误中吸取教训，不断开辟走向胜利的道路。"[2] 大历史观不仅是我们理解和学习百年党史的路径和方法，也为我们理解和阐释中国式现代化道路提供了理论指南。

现代化是从传统农业社会向现代工业社会演进的过程。它是人类有史以来，最广泛、最深刻、最剧烈的一场变革，引发了人类在经济、政治、社会、文化等领域的深刻变化。从18世纪60年代西方开启了工业革命以来，人类社会的现代化已经进行了两百多年的时间。在这两百多年的时间中，西方国家长期走在现代化的前沿，因而将自身视为人类现代化的样板和唯一路径，并强制推向其他国家。广大后发国家能否摆脱对西方的依附、走出一条独立的现代化路径，一直是人类现代化历程中饱受争议的命题。从新中国成立以来，中国共产党领导中国人民在马克思主义的指导下进行了70多年的艰辛探索，走出了一条不同于西方的现代化新路径。正如党的十九届六中全会在总结党的百年奋斗的历史意义时所指出的："党领导人民成功走出中国式

---

[1] 《习近平谈治国理政》（第四卷），外文出版社2022年版，第511页。
[2] 《习近平谈治国理政》（第四卷），外文出版社2022年版，第20页。

现代化道路，创造了人类文明新形态，拓展了发展中国家走向现代化的途径，给世界上那些既希望加快发展又希望保持自身独立性的国家和民族提供了全新选择。"要正确认识、准确把握这条现代化新路的内涵及历史意义，就需要从大历史观的视角出发，将它置于人类现代化历史的"长时段"以及东西方关系的"宽视野"中，进行科学的分析与阐释。

西方现代化道路的本质及其消极后果

17、18世纪，随着资本主义经济发展和工业革命的到来，资产阶级走上了历史舞台，英国、法国和美国爆发了资产阶级革命。工业革命与资产阶级革命的"双元革命"，推动了西方国家实现了从传统到现代的转换，同时也推动了全球的革命性变革。在资本主义的推动下，人类社会的科技与生产力取得了突飞猛进的发展。"资产阶级在它的不到一百年的阶级统治中所创造的生产力，比过去一切世代创造的全部生产力还要多，还要大"[①]。与此同时，发展壮大的资产阶级突破了欧洲中世纪的神权统治，将人的精神和思想从宗教的束缚与奴役中解放出来，并通过资产阶级革命废除了封建特权和封建统治，建立了资产阶级民主政治制度。西方资产阶级推动的这一系列变革，极大地促进了人类的现代化，实现了人类社会的历史性进步。正因为如此，西方资本主义现代化道路一度被视为现代化的唯一路径，把西方资本主义文明视为"人类文明的终极形态"。一切背离这条路径的现代化尝试和探索，都被视为背离了人类历史的发展主线而遭到了批判与指责。如弗朗西斯·福山认为："尽管现代化理论家对于线性的历史演进会如何展开，是否存在着取代现代性的道路存在分歧，但是，没有人怀疑历史是有方向的，而在历史的尽头矗立的，则是发达工业

---

① 《马克思恩格斯文集》(第二卷)，人民出版社2009年版，第36页。

国家的自由民主制度。"① 但事实上，由于西方现代化道路是在资本主义生产关系的推动和主导下实现的，它在推动人类社会的工业化和现代化发展的同时，也逐渐带来了很多灾难性的后果，成为人类发展的桎梏。

第一，西方现代化是一种以资本为中心的现代化，造成了资本对人民群众的普遍奴役。西方国家的现代化转型是西方资本主义发展的历史后果。资本的形成与积累既是西方现代化转型的驱动力，也是这种现代化的价值旨归。在资本主义生产关系之下，资本作为一种物化的死劳动统治着作为活劳动的工人。"资本家对工人的统治，就是物对人的统治，死劳动对活劳动的统治，产品对生产者的统治"②。为了追求最大限度的剩余价值，资本在其贪婪本性的强制下不断地剥削与压榨工人阶级，造成了工人阶级的普遍贫困化以及社会两极分化的扩大。尽管在工人运动和社会主义运动的压力之下，西方国家在第二次世界大战后对工人阶级进行了一些让步与妥协，通过强化政府干预、国有化以及建立福利制度等方式来缓和社会的阶级矛盾，但资本主义生产关系的本质并没有发生变化，工人阶级被剥削、被压迫的地位并没有根本上改变。在20世纪80年代后的新自由主义浪潮中，工人阶级一度所获得的诸多权益又逐步丧失，形成了越来越严重的贫富差距与阶级分化。习近平总书记指出："一些发达国家工业化搞了几百年，但由于社会制度原因，到现在共同富裕问题仍未解决，贫富悬殊问题反而越来越严重。"③ 与此同时，社会化大生产与生产资料私有制之间的矛盾，使得资本主义社会频繁发生周期性的经济危机，这是西方现代化道路所永远无法解决的痼疾。2008年发生的全球金融危机，就是这种痼疾的集中体现。这场危机极大地加剧了西方社会的阶级、种族

---

① [美] 弗朗西斯·福山：《历史的终结与最后的人》，广西师范大学出版社2014年版，第89页。
② 《马克思恩格斯文集》（第八卷），人民出版社2009年版，第469页。
③ 习近平：《扎实推动共同富裕》，《求是》2021年第20期。

和文化矛盾，使得西方社会日益陷入动荡的局面而无法自拔。

第二，西方现代化是一种以西方为中心的现代化，造成了东方对西方的依附性状态。在资本主义制度形成之后，竞争的压力以及不断扩大产品销路的需要，使得资产阶级不断向全球扩张，推动了普遍的世界历史的形成。在《共产党宣言》中，马克思和恩格斯指出："资产阶级，由于开拓了世界市场，使一切国家的生产和消费都成为世界性的了。"[①] 但是，建立在这种现代化路径之上的世界历史，并不是全球和平发展、共同进步的历史，而是带来了全球范围内的殖民主义、侵略扩张以及广大东方国家对西方世界的依附性状态。马克思和恩格斯指出，西方资产阶级在全球强制推行资本主义生产方式，不仅使得"农村从属于城市"，而且"使未开化和半开化的国家从属于文明的国家，使农民的民族从属于资产阶级的民族，使东方从属于西方"[②]。西方国家通过不断地对外侵略与扩张，将广大亚非拉国家纳入其殖民体系，并通过商品输出与资本输出从这些国家掠夺财富。尽管在第二次世界大战结束以后，以领土占领为主要方式的传统西方殖民帝国彻底瓦解，但西方国家对第三世界国家的经济殖民和政治控制依然长期存在。他们控制了这些国家的经济命脉，通过不平等交换等方式从这些国家中掠夺超额剩余价值。

第三，西方现代化是一种过度以人类为中心的现代化，造成了对生态环境的破坏性后果。建立在资本主义生产关系基础上的西方现代化道路，是一种竭泽而渔式的发展路径。在追求剩余价值的内在驱动与竞争的外在压力下，资本的无限扩张逐渐超过了自然环境的承载能力，从而引发了严重的环境污染与生态破坏。西方现代化的历史，就是一部人类不断侵蚀自然、破坏生态环境的历史。它所造成的大气污

---

① 《马克思恩格斯选集》(第一卷)，人民出版社2012年，第404页。
② 《马克思恩格斯选集》(第一卷)，人民出版社2012年，第405页。

染、土壤污染、水资源污染、全球变暖以及土地沙漠化等问题,严重威胁到人类的可持续发展。据统计,自工业革命以来的 200 多年的时间里,全球排放的温室气体以及各类环境污染物绝大部分来自西方国家。① 尽管当代西方国家内部的生态环境在某些方面得到了较大的治理和改善,但这种治理是通过污染产业转移、洋垃圾出口等方式来实现的。这种做法的本质是让西方国家享受经济发展的成果,而将环境污染与生态破坏的后果转嫁到发展中国家。

中国式现代化道路的内涵及对西方现代化道路的超越

自 1840 年鸦片战争以来,西方殖民主义的入侵使得中华民族被动地卷入了世界历史的洪流,逐步沦为半殖民地半封建社会,遭受到了前所未有的劫难。自此之后,无数仁人志士为实现拯救民族危亡、把中国建设成为现代化国家的梦想,进行了艰辛的奋斗和探索。但由于时代、历史和阶级的局限,这些探索相继失败。1921 年中国共产党成立后,毅然把为中国人民谋幸福、为中华民族谋复兴作为自己的初心使命,把实现中国的现代化作为自己孜孜以求的奋斗目标,并为此进行了长达百年的探索。

在 1921 年成立后,中国共产党团结带领中国人民推翻了三座大山,取得了新民主主义革命的伟大胜利,结束了半殖民地半封建社会的屈辱历史,建立了人民当家作主的新中国。这是中国实现现代化的根本社会条件和政治保障。在新中国成立后,中国共产党领导中国人民创造性地完成了从新民主主义到社会主义道路的过渡,对农业、手工业和资本主义工商业进行了社会主义改造,从根本上消灭了生产资料私有制和剥削制度,建立了社会主义的经济基础,为中国的现代化建设奠定了根本的政治前提和制度基础。在改革开放和社会主义现代

---

① 参见何爱平:《西方发达国家转移环境灾害的途径、原因及对策》,《灾害学》2000 年第 3 期。

化建设新时期，党和国家的领导人认识到要推进现代化建设，必须吸取新中国前30年正反两方面的经验教训，并结合中国实际和特殊国情，走出一条自己的现代化新路。1979年3月，邓小平同志在党的理论工作务虚会上首次提出了"走出一条中国式的现代化道路"命题，并指出要实现中国式的现代化必须从中国的特点出发。在以邓小平同志为主要代表的中国共产党人带领下，我们党确立了社会主义初级阶段的基本路线，建立了社会主义市场经济制度，为中国式现代化道路奠定了物质条件和体制保证。党的十八大以来，在习近平新时代中国特色社会主义思想指导下，开拓了中国道路的新境界，成为新时代中国共产党人推进中国式现代化的行动指南。这条崭新的现代化道路，在不同层面超越了西方的现代化路径。

第一，在实现路径上，中国式现代化是中国共产党领导下的社会主义现代化。习近平总书记在省部级主要领导干部"学习习近平总书记重要讲话精神，迎接党的二十大"专题研讨班上指出，我们推进的现代化，是中国共产党领导的社会主义现代化。中国共产党的领导，是中国式现代化道路的最本质特征与显著优势，也是中国式现代化区别于西方现代化的根本之处。一方面，中国共产党的领导保证了中国式现代化的性质和方向。中国共产党是中国特色社会主义事业的领导核心，党的性质和宗旨决定了党"没有任何自己特殊的利益，从来不代表任何利益集团、任何权势团体、任何特权阶层的利益"[①]。中国共产党的领导决定了中国的现代化建设是一条在马克思主义指导下的社会主义现代化道路。只有在中国共产党的领导下，才能确保中国式现代化建设的社会主义方向。另一方面，中国共产党的领导提供了中国式现代化的动力和保证。习近平总书记指出："党政军民学，东西南

---

① 习近平：《在庆祝中国共产党成立100周年大会上的讲话》，人民出版社2021年版，第11—12页。

北中，党是领导一切的。"① 中国共产党是中国式现代化道路的开创者、领导者和践行者。在中国式现代化道路的建设过程中，中国共产党充分调动了广大人民群众的积极性和主动性，最大限度地团结了一切可以团结的力量，汇聚成建设中国式现代化的不可战胜的磅礴力量。

第二，在价值选择上，中国式现代化是以人民为中心的现代化。人民群众既是中国式现代化建设的历史主体，也是其价值旨归。中国共产党领导的中国式现代化道路，始终坚持发展为了人民、发展依靠人民、发展成果由人民共享。全体人民共同富裕，是以人民为中心的现代化道路的集中体现，是中国式现代化相比于西方现代化的优越性所在。建立在社会主义经济基础上的中国式现代化道路，避免了西方现代化模式所带来的资本奴役、压迫和社会两极分化等问题，使得广大人民群众能够共享现代化发展的成果，实现共同富裕。改革开放之初，邓小平同志就强调了共同富裕的重要性，指出："社会主义的目的就是要全国人民共同富裕，不是两极分化。"② 进入新时代以后，我国社会主要矛盾已经转化为人民日益增长的美好生活需要和不平衡不充分的发展之间的矛盾。促进全体人民共同富裕，更好地满足人民群众美好生活的需要，成为党和政府所要着力解决的问题。习近平总书记突出强调了共同富裕的重要意义，指出共同富裕是中国特色社会主义的根本原则，也是中国式现代化的重要特征，强调要"让发展成果更多更公平惠及全体人民，不断促进人的全面发展，朝着实现全体人民共同富裕不断迈进"③。在中国共产党的坚强领导和全国各族人民的努力奋斗下，我们成功在党的百年诞辰之际实现了第一个百年奋斗目标，历史性地解决了绝对贫困问题，全面建成了小康社会，为推进实现共同富裕创造了良好条件。

---

① 《习近平谈治国理政》（第三卷），外文出版社 2020 年版，第 16 页。
② 《邓小平文选》（第三卷），人民出版社 1993 年版，第 110—111 页。
③ 习近平：《在纪念马克思诞辰 200 周年大会上的讲话》，人民出版社 2018 年版，第 21 页。

第三，在东西方关系上，中国式现代化摆脱了对西方的依附，探索出了一条独立自主的现代化路径。作为一个社会主义国家，中国的现代化道路不能建立在其他民族和国家人民苦难的基础上，也不能为了实现快速工业化而陷入对西方国家的依赖和依附。因此，中国选择了一条独立自主、自力更生的现代化道路。新中国成立初期，毛泽东同志就提出了建立独立、完整的工业体系的工业化战略目标，并探索出了一条以工农业产品"剪刀差"为基础的内向型积累模式。在这种模式下，国家以较低的价格从农民手中取得农产品，同时又以较高的价格向农民销售工业品，剩余产品通过这种方式从农业部门转入工业部门，完成了社会主义工业化的资金积累，进而建立了一套独立完整的工业体系。改革开放后，在积极融入全球市场的过程中，中国共产党依然继续坚持独立自主的发展路径。习近平总书记指出："独立自主是我们党从中国实际出发、依靠党和人民力量进行革命、建设、改革的必然结论。不论过去、现在和将来，我们都要把国家和民族发展放在自己力量的基点上，坚持民族自尊心和自信心，坚定不移走自己的路。"[①]

第四，在人与自然关系上，中国式现代化是人与自然和谐共生的现代化。相较于资本主导下的西方现代化路径，中国式现代化能够发挥社会主义的制度优势，超越资本逻辑与人类中心主义的观念，实现人与自然的和谐共生。当然，在社会主义市场经济发展的过程中，我们曾经在生态文明建设方面走过一些弯路。一些企业和地方政府的环保意识相对不足，片面地把经济的增长视为唯一的发展目标，盲目地追求利润的最大化而忽视了对环境和生态的保护，造成了一定程度的环境污染和生态破坏。党的十八大以来，习近平总书记纠正了将经济发展与环境保护二者对立起来的错误认识，强调绝不能以牺牲生态环

[①]《习近平谈治国理政》，外文出版社2014年版，第29页。

境为代价换取经济的一时发展,要求构建人与自然和谐发展的现代化建设新格局。在这一发展理念的指导下,中国找到了经济发展和生态环境保护的共赢点,探索出了一条生产发展、生活富裕、生态良好的文明发展新路,展现了人与自然和谐共生,生产发展、生活富裕、生态良好相互促进的光明前景。

大历史观视域下中国式现代化道路的三重意义

在中国式现代化道路的指引下,中国用几十年的时间走过了西方国家数百年的现代化历程,从一个"一穷二白"的国家发展为世界第二大经济体,堪称当代世界最伟大、最成功的现代化实践。中国共产党团结带领中国人民通过艰辛探索所创造的这条现代化新路,既为中国社会的发展繁荣进步奠定了基础,也为世界其他国家树立了榜样。这条道路的成功实践,用事实宣告了"历史终结论"、"西方中心论"和"文明冲突论"的终结,在深刻改变了世界格局的同时,也影响了世界历史的发展趋势。

第一,对世界社会主义的意义:破解了"历史终结论"。东欧剧变发生后,国际共产主义运动遭受到了重大挫折。社会主义阵营不复存在,15个社会主义国家只剩下5个。原苏东地区的共产党丧失了执政地位,他们或者改旗易帜,沦为社会民主主义政党,或者作鸟兽散,自行宣布解体。其他发达或不发达资本主义国家的共产党也大多陷于危机。与此同时,西方的社会民主主义政党也纷纷转向,他们彻底放弃了工人阶级的政治立场和对资本主义进行社会改造的政治目标,而沦为了新自由主义霸权的同谋。正是在这样的历史背景下,"社会主义失败论""历史终结论"一度甚嚣尘上。然而,中国共产党人顶住了巨大的压力,高举科学社会主义的伟大旗帜,借鉴世界社会主义正反两方面的历史经验,带领中国人民开创了中国特色社会主义道路,探索出了中国式现代化新道路。中国式现代化是唯一一条经过实践检验的非资本主义的现代化路径，它体现了中国共产党对共产党执政规律、社会主义建设规律以及人类社会发展规律的认识和把握。中国式现代化道路的成功以铁的事实证明了，资本主义不是实现现代化的唯一路径，通过社会主义的方式同样也可以实现现代化。它展现出了科学社会主义在21世纪的强大生命力，宣告了"历史终结论"的终结。

第二，对发展中国家的意义：破解了"西方中心论"。在第二次世界大战结束后，尽管一大批第三世界国家纷纷摆脱了帝国主义的殖民统治，实现了国家独立和民族解放，但是如何走出一条适合本国实际的现代化道路，仍然是第三世界国家普遍面临的课题。许多第三世界国家在西方的鼓吹下，片面地模仿西方的现代化道路，最终陷入一种"依附性发展"的陷阱。事实证明，西方现代化道路是一条"西方国家压榨发展中国家、用广大发展中国家的'廉价资源'支撑西方国家发展的不平等道路"[1]，是一条"西方中心主义"的发展陷阱。因此，发展中国家要实现现代化，必须要摆脱对西方模式的迷信，找到一条符合自身国情的发展道路。中国式现代化新道路的成功，最主要的因素就在于结合中国的国情和历史文化、坚定不移地走自己的发展道路，充分彰显了现代化发展的"共性"与中国的现代化"个性"的统一，从而为占世界总人口3/4的发展中国家探索出了一条新路。正如习近平总书记所指出的，中国式现代化道路"拓展了发展中国家走向现代化的途径，给世界上那些既希望加快发展又希望保持自身独立性的国家和民族提供了全新选择，为解决人类问题贡献了中国智慧和中国方案"[2]。尽管中国式现代化道路取得了举世瞩目的成就并得到了全球社会的认可，但中国也不会将自身的发展道路和模式强加给其他国

---

[1] 连广宇：《破解传统现代化困境的"中国方案"——略论习近平同志治国理政思想的东方智慧与全球视野》，《学习与探索》2017年第1期。
[2] 《习近平谈治国理政》（第三卷），外文出版社2020年版，第8—9页。

家，而是尊重和鼓励不同国家依据自身的国情，探索自身独立的发展道路。

第三，对全球社会的意义：破解了"文明冲突论"。西方现代化道路建立在对外扩张侵略的基础上，是一条殖民主义、霸权主义和零和博弈的发展之路。亨廷顿所提出的"文明冲突论"，就是这种零和博弈思维和对抗思维的集中体现。与西方国家不同，中国自古以来就是一个爱好和平的国度，没有穷兵黩武的文化基因。中国从鸦片战争以来的百年屈辱史，也决定了中国不会重走侵略扩张的老路。新中国成立后，我们就提出了和平共处五项原则，与各个国家开展平等互助的友好合作。改革开放后，我们继续坚持独立自主的和平外交政策，强调要走不侵略、不称霸的和平发展道路，维护世界和平、促进共同发展。党的十八大以来，习近平总书记提出推动构建相互尊重、公平正义、合作共赢的新型国际关系，推动构建人类命运共同体，力图走出一条共同发展、和平发展的现代化道路。习近平同志指出："中华民族的血液中没有侵略他人、称王称霸的基因。中国共产党关注人类前途命运，同世界上一切进步力量携手前进，中国始终是世界和平的建设者、全球发展的贡献者、国际秩序的维护者！"[①]因此，中国式现代化道路始终坚持平等互利、合作共赢的原则，抛弃了西方的零和博弈思维与对外扩张的现代化老路，是和平发展的现代化，是构建人类命运共同体的现代化。这条现代化道路克服了"文明冲突论"的陷阱，推动了不同国家、不同文明之间的沟通、对话和合作共赢，开启了人类文明新形态。

结语

中国式现代化道路的本质是在中国共产党领导下的社会主义现代

[①] 习近平：《在庆祝中国共产党成立100周年大会上的讲话》，人民出版社2021年版，第16页。

化。它不是建立在对外侵略殖民、对内剥削压迫的基础上，也没有盲目照搬、模仿其他国家的现代化路径，而是中国共产党在革命、建设和改革的伟大实践中，在科学把握中国历史文化与国情、把握现代化建设的客观规律的基础上，独立自主开辟的一条新型现代化道路。这条现代化新路径，一方面，破除了西方所制造出来的"现代化＝资本主义化"的思维定式，超越了西方现代化道路所带来的资本至上、两极分化、生态破坏、对外侵略扩张等痼疾；另一方面，破除了"现代化＝西方化"的神话，证明了现代化道路的多元性。在全面建设社会主义现代化国家的新征程上，要继续推进中国式现代化建设，既不走封闭僵化的老路，也不走改旗易帜的邪路，凝聚起实现第二个百年奋斗目标的历史合力，把我国建设成为富强民主文明和谐美丽的社会主义现代化强国。

（原文发表于《学术前沿》2022年第9月下期。）

第三部分

开创中国之治全新境界

新时代的伟大成就与中华民族伟大复兴的推进

陈志刚[*]

---

[*] 中国社会科学院马克思主义研究院习近平新时代中国特色社会主义思想研究部主任、研究员、博导。

"一百年来,中国共产党团结带领中国人民进行的一切奋斗、一切牺牲、一切创造,归结起来就是一个主题:实现中华民族伟大复兴。"① 中国特色社会主义进入新时代,中华民族伟大复兴进入了关键阶段。以习近平同志为核心的党中央,提出一系列重大原创性思想,推进一系列变革性实践,实现一系列突破性进展,取得一系列标志性成果,攻克了许多长期没有解决的难题,办成了许多事关长远的大事要事,经受住前所未有的风险挑战考验,党和国家事业取得历史性成就、发生历史性变革。这些重大的历史性成就和历史性变革对于实现中华民族伟大复兴,具有重大的意义。

确立习近平同志在党中央和全党的核心地位,确立习近平新时代中国特色社会主义思想的指导地位,为实现中华民族伟大复兴确定了领路人和行动指南

党的十八届六中全会确立习近平同志为党中央的核心、全党的核心,党的十九大确立了习近平新时代中国特色社会主义思想在全党的指导地位。两个确立,是新时代10年最重要的政治成果,"反映了全党全军全国各族人民共同心愿,对新时代党和国家事业发展、对推进中华民族伟大复兴历史进程具有决定性意义"②。提出"两个确立",是历史的选择和人民的选择,是深刻总结党的百年奋斗及党的十八大以来伟大实践得出的重大历史结论。新时代所取得的一切历史性成就,发生的一切历史性变革,根本在于有以习近平同志为核心的党中央领航掌舵,有习近平新时代中国特色社会主义思想指引航向。

维护党的领袖的权威和集中统一领导,是马克思主义政党的一条基本原则。恩格斯明确指出:"没有权威,就不可能有任何的一致行动","而没有这种统一的和指导性的意志,要进行任何合作都是不可

---

① 习近平:《在庆祝中国共产党成立100周年大会上的讲话》,人民出版社2021年版,第3页。
② 《中共中央关于党的百年奋斗重大成就和历史经验的决议》,人民出版社2021年版,第26页。

能的"①。毛泽东同志指出:"要建立领导核心,反对'一国三公'。"②邓小平同志也强调:"任何一个领导集体都要有一个核心,没有核心的领导是靠不住的。"③习近平总书记指出:"党的历史、新中国发展的历史都告诉我们:要治理好我们这个大党、治理好我们这个大国,保证党的团结和集中统一至关重要,维护党中央权威至关重要。"④"保证党的团结和集中统一是党的生命,也是我们党能够成为百年大党、创造世纪伟业的关键所在。"⑤中国特色社会主义进入新时代,改革发展稳定任务之重、矛盾风险挑战之多、治国理政考验之大都前所未有,世界百年未有之大变局之深刻变化前所未有,我们比任何时候都更需要一个坚强的领导核心。党的十八大以来,习近平总书记以马克思主义政治家、思想家、战略家的恢宏气魄、远见卓识、雄韬伟略,从容驾驭各种复杂局面,解决了许多长期想解决而没有解决的难题,办成了许多过去想办而没有办成的大事,有效应对国内外各种风险挑战,充分展现了卓越的政治智慧、坚强的战略定力、强烈的使命担当、深厚的人民情怀、高超的领导艺术,成为众望所归、当之无愧的党的核心、人民领袖、军队统帅,是民族复兴的领路人。

不断完善维护党中央权威和集中统一领导的各项制度。首先,健全党中央对重大工作的领导体制。习近平总书记亲自担任一系列中央重大决策议事协调机构负责人,全面加强党对深化改革、依法治国、经济发展等重大工作的领导。从2015年起,习近平总书记每年年初听取全国人大常委会、国务院、全国政协、最高人民法院、最高人民检察院党组工作汇报,成为坚持和加强党中央权威和集中统一领导的重要制度安排。其次,2017年10月27日,十九届中共中央政治局

---

① 《马克思恩格斯文集》(第十卷),人民出版社2009年版,第372页。
② 《毛泽东文集》(第三卷),人民出版社1991年版,第69页。
③ 《邓小平文选》(第三卷),人民出版社1993年版,第310页。
④ 《习近平谈治国理政》(第二卷),外文出版社2017年版,第188页。
⑤ 《习近平谈治国理政》(第四卷),外文出版社2022年版,第49页。

召开会议，审议通过《中共中央政治局关于加强和维护党中央集中统一领导的若干规定》，建立中央政治局委员向总书记述职制度。再次，2019年中共中央印发了《中国共产党重大事项请示报告条例》，促进请示报告工作的制度化、规范化和科学化。最后，健全贯彻党中央重大决策部署督查问责机制，确保中央对重大决策定于一尊的权威和令行禁止。

创立习近平新时代中国特色社会主义思想，不断推进马克思主义中国化时代化。"中国共产党为什么能，中国特色社会主义为什么好，归根到底是因为马克思主义行！"[①]"马克思主义之所以行，就在于党不断推进马克思主义中国化时代化并用以指导实践。"[②]党的十八大以来，习近平总书记对新时代党和国家事业发展的一系列重大理论和实践问题进行了深邃思考和科学判断，深刻回答了中国之问、世界之问、人民之问、时代之问，提出一系列原创性的治国理政新理念新思想新战略，是习近平新时代中国特色社会主义思想的主要创立者。习近平新时代中国特色社会主义思想，是当代中国马克思主义、21世纪马克思主义，是中华文化和中国精神的时代精华，实现了马克思主义中国化新的飞跃，为实现中华民族伟大复兴提供了行动指南。

加强党的全面领导，深入推进全面从严治党和自我革命，党在革命性锻造中更加坚强，为实现中华民族伟大复兴提供了更为坚强的政治保证

加强党的全面领导，使党始终成为中国特色社会主义事业的领导核心。中国的问题关键在党。党的十八大以来，面对党的领导弱化、虚化、淡化、边缘化问题，特别是对党中央重大决策部署执行不力的问题，以习近平同志为核心的党中央旗帜鲜明提出："中国特色社会主义最本质的特征是中国共产党领导，中国特色社会主义制度的最大

---

① 《习近平谈治国理政》(第四卷)，外文出版社2022年版，第10页。
② 《习近平谈治国理政》(第四卷)，外文出版社2022年版，第29页。

优势是中国共产党领导。坚持和完善党的领导,是党和国家的根本所在、命脉所在,是全国各族人民的利益所在、幸福所在。"① 习近平总书记强调,党的领导是全面的、系统的、整体的,不限于政治、思想和组织的领导,而必须坚持"纵向到底、横向到边",覆盖经济、政治、文化、社会、生态文明建设和国防军队、祖国统一、外交、党的建设等各个领域,覆盖企业、机关、学校、社区、群团组织等各个单位组织。而且,党的领导必须是实实在在的领导,必须发挥总揽全局、协调各方的作用,而不是空洞抽象的领导。10 年来,"坚持党对一切工作的领导"作为坚持和发展中国特色社会主义必须坚持的第一条基本方略,被贯彻到治国理政的各个方面各个环节,党中央权威和集中统一领导得到有力保证,党的领导制度体系不断完善,党的领导方式更加科学,全党思想上更加统一、政治上更加团结、行动上更加一致,从根本上扭转了党的领导弱化、虚化、边缘化问题,党的政治领导力、思想引领力、群众组织力、社会号召力显著增强。

以全面从严治党推进自我革命,找到跳出历史周期率的成功路径。十八大以来,面对世情国情党情的新变化新挑战,针对管党治党宽松软的状况,以习近平同志为核心的党中央,提出了全面从严治党的战略方针,深入推进党的自我革命。党中央把全面从严治党贯彻于党的建设各个方面,从制定和贯彻八项规定为切入点,以政治建设为统领,以坚定理想信念宗旨为根基,深入贯彻新时代党的组织路线,强化监督执纪问责,坚持把权力放进制度的笼子里,坚持不敢腐、不能腐、不想腐一体推进,探索出一条依靠党的自我革命跳出历史周期率的成功路径。党的十八大以来,截至 2022 年 4 月底,全国纪检监察机关共立案审查调查 438.8 万件、470.9 万人。② 经过坚决的斗争,

---

① 习近平:《在庆祝中国共产党成立 95 周年大会上的讲话》,人民出版社 2016 年版,第 22 页。
② 参见刘廷飞、段相宇:《全面从严治党勇毅前行成就辉煌》,中央纪委国家监委网 2022 年 7 月 1 日。

党的自我净化、自我完善、自我革新、自我提高能力显著增强，管党治党宽松软状况得到根本扭转，反腐败斗争取得压倒性胜利并全面巩固，消除了党、国家、军队内部存在的严重隐患，党在革命性锻造中更加坚强。2020年底，国家统计局调查显示，95.8%的群众对全面从严治党、遏制腐败充满信心，比2012年提高16.5个百分点。勇于自我革命是我们党区别于其他政党的显著标志，是党跳出治乱兴衰历史周期率、历经百年沧桑更加充满活力的成功秘诀。

坚持和完善中国特色社会主义制度，积极推进国家治理体系和治理能力现代化，为实现中华民族伟大复兴提供了更为完善的制度保证

改革开放是实现中华民族伟大复兴的关键一招。实践发展永无止境，解放思想永无止境，改革开放也永无止境，改革只有进行时、没有完成时，停顿和倒退没有出路。党的十八大以来，为了解决我国发展面临的一系列突出矛盾和问题，实现经济社会持续健康发展，不断改善人民生活，习近平总书记作出了全面深化改革的重大部署，并确定了完善和发展中国特色社会主义制度，积极推进国家治理体系和治理能力现代化的总目标。

10年来，以习近平同志为核心，坚持改革的正确方向，加强顶层设计和整体谋划，增强改革的系统性、整体性、协同性，紧紧围绕经济、政治、文化、社会、生态文明、党建六大改革主线，审议通过500多个重要改革文件，推出2000余项改革方案，推动改革全面发力、多点突破、蹄疾步稳、纵深推进，许多领域实现历史性变革、系统性重塑、整体性重构。以习近平同志为核心的党中央，紧紧围绕使市场在资源配置中起决定性作用深化经济体制改革，不断完善社会主义基本经济制度；紧紧围绕坚持党的领导、人民当家作主、依法治国的有机统一深化政治体制改革，积极发展全过程人民民主，不断完善人民当家作主的制度体系；紧紧围绕建设社会主义核心价值体系、社会主义文化强国深化文化体制改革，不断完善文化管理体制和文化生产经营机制，建立健全现代公共文化服务体系、现代文化市场体系；紧紧围绕更好保障和改善民生、促进社会公平正义深化社会体制改革，改革收入分配制度，促进共同富裕，推进社会领域制度创新，推进基本公共服务均等化，完善共建共治共享的社会治理制度；紧紧围绕建设美丽中国深化生态文明体制改革，建立健全生态文明制度，推动形成人与自然和谐发展的现代化建设新格局；紧紧围绕提高科学执政、民主执政、依法执政水平深化党的建设制度改革，加强了民主集中制建设，完善了党的全面领导的制度体系。

新时代10年来，中国特色社会主义制度更加成熟更加定型，国家治理体系和治理能力现代化水平不断提高，党和国家事业焕发出新的生机活力，国家制度和治理体系的显著优势充分彰显，续写了社会长期稳定的奇迹。

完成全面建成小康社会，开启全面建设社会主义现代化国家的新征程，为实现中华民族伟大复兴提供了更为坚实的物质基础

实现全面小康，为实现中华民族伟大复兴奠定基础。党的十八大以来，面对最后的9899万贫困人口这一全面小康最难啃的"硬骨头"，习近平总书记在深刻总结扶贫经验的基础上，提出了"精准扶贫"的新方略，发起了声势浩大的脱贫攻坚战，历史性地解决了绝对贫困问题，提前10年实现《联合国2030年可持续发展议程》减贫目标，创造了人类减贫史上的奇迹，走出了一条中国特色减贫道路，为人类减贫事业作出了历史性贡献。10年来，人民生活水平持续提高，城镇新增就业年均1300万人以上，居民人均可支配收入超过3.5万元，中等收入群体规模超过4亿人[①]；构建了世界上规模最大、覆盖人口最多的、

---

① 参见国家发展改革委：《完整、准确、全面贯彻新发展理念 谱写社会主义现代化建设新篇章》，《求是》2022年第16期。

包括就业、教育、医疗、低保、养老、住房等民生领域的社会保障体系。全面小康社会的如期建成，实现了中国共产党的第一个百年奋斗目标，为进入新发展阶段、朝着第二个百年奋斗目标进军奠定了坚实基础。

开启新征程，擘画全面建设社会主义现代化强国的目标。当前，我们已经开启了全面建设社会主义现代化国家的新征程，党中央在十九届五中全会擘画了全面建设社会主义现代化强国第二个百年奋斗目标的宏伟蓝图，并进行了科学的规划部署。党中央把促进全体人民共同富裕摆在更加重要的位置，明确地把"全体人民共同富裕取得更为明显的实质性进展"作为2035年基本实现社会主义现代化远景目标，提出了一些重要要求和重大举措。共同富裕是社会主义的本质要求，是人民群众的共同期盼，是中国式现代化的重要特征。从消除贫困，到推进共同富裕，充分证明了中国特色社会主义坚持了科学社会主义的基本原则，它本质上是科学社会主义，不是别的什么主义。

国家经济实力、科技实力、综合国力跃上新台阶。党的十八大以来，党中央深刻把握经济发展新常态，深入贯彻新发展理念，积极构建以国内大循环为主体、国内国际双循环相互促进的新发展格局，我国经济发展平衡性、协调性、可持续性明显增强。10年来，我国经济总量由2012年的53.9万亿元上升到2021年的114.4万亿元，实现了年均6.6%的中高速增长，占世界经济比重从11.3%上升到超过18%，人均国内生产总值从6300美元上升到超过1.2万美元。① 国家经济实力、科技实力、综合国力跃上新台阶，我国经济迈上更高质量、更有效率、更加公平、更可持续、更为安全的发展之路。根据国际货币基金组织的统计数据，2021年中国大陆GDP为17.5万亿美元，稳居世界第二，大约相当于3个日本、4个德国、5个英国、6个法国、8个

---

① 参见《十年来中国经济发展既保持了量的合理增长，也实现了质的稳步提升》，人民网2022年6月28日。

意大利、9 个加拿大、10 个韩国和俄罗斯、11 个澳大利亚。

深入实施自主创新驱动战略，创新能力不断提升。创新是一个民族进步的灵魂，是一个国家兴旺发达的不竭动力。10 年来，党中央坚持把国家和民族发展放在自己力量的基点上、把中国发展进步的命运牢牢掌握在自己手中，深入实施自主创新驱动战略，创新能力不断提升。一批重大创新成果竞相涌现，在中微子震荡、铁基超导、脑科学等前沿方向上取得一批重大原创成果，北斗导航全球组网，超导量子计算原型机"祖冲之号"成功问世。创新创业创造活力竞相迸发，北京、上海、粤港澳大湾区跻身全球科技创新集群前 10 位；新技术新业态新模式蓬勃发展，新一代信息技术、生物技术、高端装备、绿色环保等战略性新兴产业发展迅速。"我国创新驱动发展成效明显，科技实力正在从量的积累迈向质的飞跃，从点的突破迈向系统能力提升。创新投入大幅增长，全社会研发投入占国内生产总值比重（GDP）由 1.91% 提高到 2.44%，接近经济合作与发展组织（OECD）国家平均水平，全球创新指数排名由第 34 位上升至第 12 位。"[①] 这为我们进入创新型国家打下了基础。

辉煌的成绩充分证明，中国特色社会主义是实现中华民族伟大复兴的必由之路，是实现人民美好生活的必由之路，贯彻新发展理念是新时代我国发展壮大的必由之路。新时代的巨大成功表明，中国共产党在中国式现代化道路的基础上创造了人类文明新形态，打破了现代化只有西方一条路的神话，"拓展了发展中国家走向现代化的途径，给世界上那些既希望加快发展又希望保持自身独立性的国家和民族提供了全新选择"[②]。

---

① 国家和发展改革委员会：《完整、准确、全面贯彻新发展理念 谱写社会主义现代化建设新篇章》，《求是》2022 年第 16 期。
② 《中共中央关于党的百年奋斗重大成就和历史经验的决议》，人民出版社 2021 年版，第 64 页。

坚定文化自信,强化马克思主义在意识形态领域中的指导地位,为实现中华民族伟大复兴凝聚了更为主动的精神力量

文化自信,是更基础、更广泛、更深厚的自信,是更基本、更深沉、更持久的力量。党的十八大以来,以习近平同志为核心的党中央高度重视文化建设,把文化自信与道路自信、理论自信、制度自信并列为"四个自信"。围绕着举旗帜、聚民心、育新人、兴文化、展形象的任务,党中央积极推动建设具有强大凝聚力和引领力的社会主义意识形态,建设社会主义文化强国,提升文化软实力,取得了重大的历史性成就。"党的十八大以来,我国意识形态领域形势发生全局性、根本性转变,全党全国各族人民文化自信明显增强,全社会凝聚力和向心力极大提升,为新时代开创党和国家事业新局面提供了坚强思想保证和强大精神力量。"[1]

首先,党着力解决意识形态领域党的领导弱化问题,确立和坚持马克思主义在意识形态领域指导地位的根本制度。党的十八大以来,党中央高度重视宣传思想工作,先后召开全国宣传思想工作会议,分别召开文艺工作、党的新闻舆论工作、网络安全和信息化工作、哲学社会科学工作座谈会和全国高校思想政治工作会议,就一系列根本性问题阐明原则立场,廓清了理论是非,校正了工作导向,深入推动了对习近平新时代中国特色社会主义思想的学习研究宣传,牢牢掌握马克思主义在意识形态领域的领导权管理权话语权,积极构建中国特色哲学社会科学学科体系、学术体系、话语体系、知识体系,切实整治网络空间,使马克思主义阵地更加巩固,主旋律更加响亮。其次,坚持以社会主义核心价值观引领文化建设。通过积极推动理想信念教育常态化制度化,坚持完善思想政治工作体系,建立健全党和国家功勋荣誉表彰制度,深化群众性精神文明创建,中国精神、中国价值得到

---

[1]《中共中央关于党的百年奋斗重大成就和历史经验的决议》,人民出版社2021年版,第46页。

弘扬。再次,坚持把社会效益放在首位,社会效益和经济效益相统一,推进文化事业和文化产业全面发展,先后推出了电影《我和我的祖国》《长津湖》和电视剧《觉醒年代》《山海情》等一批精品力作,人民群众文化需求得到更好满足。最后,强化文明认同,加强文化传播、文化交流,提升文化软实力。深入推进中华优秀传统文化传承发展工程,推动中华优秀传统文化创造性转化、创新性发展,激活中华优秀传统文化,增强文化自信;讲好中国故事,传播好中国声音,促进人类文明交流互鉴,中华文化影响力明显提升。

毛泽东同志曾说:"自从中国人学会了马克思列宁主义以后,中国人在精神上就由被动转入主动。"[1]今天,在习近平新时代中国特色社会主义思想的指导下,脚踏中华大地,传承中华文明,走符合中国国情的正确道路,党和人民就具有无比广阔的舞台,具有无比深厚的历史底蕴,具有无比强大的前进定力。中国人民对马克思主义、中国特色社会主义、中华民族、中国共产党的认同显著增强。"今天,中国人民更加自信、自立、自强,极大增强了志气、骨气、底气,在历史进程中积累的强大能量充分爆发出来,焕发出前所未有的历史主动精神、历史创造精神,正在信心百倍书写着新时代中国发展的伟大历史。"[2]

新时代10年,除了上述五个方面外,其他方面也都取得了显著的成就,特别是中华民族伟大复兴的安全保障得到极大加强。比如,在维护国家安全上,党中央坚持总体国家安全观,统筹发展与安全,国防实力大大提升,国家安全得到全面加强,经受住了各方面的风险挑战考验,为实现中华民族伟大复兴提供了有力的安全保障。在推进"一国两制"和祖国统一上,党中央不断完善"一国两制"制度体

---

[1] 《毛泽东选集》(第四卷),人民出版社1991年版,第1516页。
[2] 《中共中央关于党的百年奋斗重大成就和历史经验的决议》,人民出版社2021年版,第62页。

系,坚决落实"爱国者治港""爱国者治澳","推动香港局势实现由乱到治的重大转折,为推进依法治港治澳、促进'一国两制'实践行稳致远打下了坚实基础"[①];在台湾问题上,"我们坚持一个中国原则和'九二共识',坚决反对'台独'分裂行径,坚决反对外部势力干涉,牢牢把握两岸关系主导权和主动权"[②]。在外交上,党中央积极推动构建人类命运共同体,深入推进"一带一路"高质量发展,获得了国际社会的广泛认同,为解决世界问题贡献了中国方案、中国智慧、中国力量,为实现中华民族伟大复兴营造了一个更为有利的外部环境。

总之,新时代10年,党和国家事业取得历史性成就、发生历史性变革,为实现中华民族伟大复兴提供了卓越的领导核心和科学的理论,提供了更为坚强的政治保证,提供了更为完善的制度保证,提供了更为坚实的物质基础,提供了更为主动的精神力量,从而使得中华民族伟大复兴进入一个不可逆转的历史进程!新时代中国特色社会主义的成功,不仅使我们比以往任何时候都更接近、更有能力、更有信心实现中华民族伟大复兴,进入了向终点线冲刺的最关键阶段,而且使得科学社会主义展示了强大的生机与活力,"使世界范围内社会主义和资本主义两种意识形态、两种社会制度的历史演进及其较量发生了有利于社会主义的重大转变"[③],开辟了社会主义振兴的新阶段。正是在这个意义上,习近平总书记2022年7月26日在省部级主要领导干部"学习习近平总书记重要讲话精神,迎接党的二十大"专题研讨班上发表重要讲话时指出,新时代10年的伟大变革,在党史、新中国史、改革开放史、社会主义发展史、中华民族发展史上具有里程碑意义。新征程上,虽然风险挑战之多前所未有,但中华民族的伟大复兴

---

① 《中共中央关于党的百年奋斗重大成就和历史经验的决议》,人民出版社2021年版,第58页。
② 《中共中央关于党的百年奋斗重大成就和历史经验的决议》,人民出版社2021年版,第59页。
③ 《中共中央关于党的百年奋斗重大成就和历史经验的决议》,人民出版社2021年版,第63—64页。

是任何力量不可阻挡的,中华文明、中华民族、中国共产党、中国人民必将创造新的更大辉煌!

[本文系国家社科基金重大项目"中国共产党领导人民创造的人类文明新形态研究"(项目编号:22ZDA020)的阶段性成果。原文发表于《学术前沿》2022年第9月上期。]

全面把握新时代 10 年伟大变革的里程碑意义

何虎生[*]

---

[*] 中国人民大学马克思主义学院教授、博导,北京高校思想政治理论课高精尖创新中心副主任。

2022年7月，习近平总书记在省部级主要领导干部"学习习近平总书记重要讲话精神，迎接党的二十大"专题研讨班上发表重要讲话，全面回顾了新时代党和国家事业取得的历史性成就、发生的历史性变革。习近平总书记指出，新时代10年的伟大变革，在党史、新中国史、改革开放史、社会主义发展史、中华民族发展史上具有里程碑意义。在全面建设社会主义现代化国家的新征程上，我们要从"五史"的不同维度来学习和领会新时代10年的伟大变革的里程碑意义，以新的精神状态和奋斗姿态推进中华民族伟大复兴历史进程。

党史维度：新时代是党的百年奋斗历程中具有划时代意义的重大里程碑

党的十八大以来，以习近平同志为核心的党中央牢牢把握新时代新的历史方位，以伟大自我革命引领伟大社会革命，开创了党和人民事业发展的新局面。中国特色社会主义新时代成为党史上具有划时代意义的重大里程碑。

新时代是中国共产党百年奋斗历史的重要组成部分，新时代10年的伟大变革在党史上具有里程碑意义。新时代是我们党推进社会革命、实现民族复兴的接续奋斗，是百年党史的一个重要组成部分。从党的十八大开始，中国特色社会主义进入新时代，这是我国发展新的历史方位。10年来，以习近平同志为核心的党中央统筹中华民族伟大复兴战略全局和世界百年未有之大变局，在科学把握社会主要矛盾的基础上采取一系列战略性举措，推进一系列变革性实践，实现一系列突破性进展，取得一系列标志性成果。我们实现了第一个百年奋斗目标，继续向着第二个百年奋斗目标迈进。

新时代我们党全面贯彻党的基本理论、基本路线、基本方略，提出了一系列原创性的治国理政新理念新思想新战略。党的十九大报告指出，全党同志必须全面贯彻党的基本理论、基本路线、基本方略，更好引领党和人民事业发展。10年来，一是贯彻党的基本理论，以习近平同志为主要代表的中国共产党人,坚持把马克思主义基本原理同中国具体实际相结合、同中华优秀传统文化相结合,坚持毛泽东思想、邓小平理论、"三个代表"重要思想、科学发展观,深刻总结并充分运用党成立以来的历史经验,从新的实际出发,创立了习近平新时代中国特色社会主义思想。这是我们党在新时代社会实践基础上推进理论创新的智慧结晶,为奋进新征程提供了科学的理论指导。二是坚持党的基本路线,以习近平同志为核心的党中央牢牢把握"变"与"不变"的辩证关系,既深刻认识到我国社会主要矛盾已经发生转化,又明确指出我国仍处于并将长期处于社会主义初级阶段的基本国情没有变。社会主义初级阶段依然是我们的"基本国情"和"最大实际",要牢牢坚持党的基本路线不动摇,在着力推动经济高质量发展的同时更好地处理主要矛盾的阶段性变化,解决事业发展中出现的各种问题。三是丰富党的基本方略,在深刻总结党的百年奋斗特别是新时代伟大实践的基础上,党对治国理政的重大方针、政策和原则进行了新的概括。"十四个坚持"构成新时代坚持和发展中国特色社会主义的基本方略,为实现党的奋斗目标提供了"路线图"和"方法论"。

新时代我们党深入推进全面从严治党,锻造了始终走在时代前列的中国共产党,开辟了百年大党自我革命的新境界。中国共产党是高度重视自身建设的马克思主义政党,一部党的百年奋斗史,就是一部在推动社会革命的同时进行彻底自我革命的历史。党的十八大以来,以习近平同志为核心的党中央始终保持正视问题的自觉和刀刃向内的勇气,将全面从严治党纳入"四个全面"战略布局,使全面从严治党的政治引领和政治保障作用充分发挥,党的自我净化、自我完善、自我革新、自我提高能力显著增强。在党的百年建设史上,新时代全面从严治党具有重大意义:一是在政治上坚持加强党的全面领导和党中央集中统一领导,确保党在复杂严峻的斗争中保持了政治本色,促进"两个确立"的决定性意义深入人心,全体党员干部不断增强"四个意识"、坚决做到"两个维护";二是在理论上提出了一系列关于加强和改进党的建设的新思想新观点新论断;三是在制度上形成了一套比较完善的自我革命制度规范,充分健全党统一领导、全面覆盖、权威高效的监督体系;四是在实践上表现为党在革命性锻造中更加坚强,作为全体人民最可靠主心骨的地位和作用充分彰显。

新中国史维度:新时代 10 年的伟大变革造就国家事业发展的历史性成就

立足国家发展的历史视域,新时代 10 年我们党领导人民进行伟大斗争、建设伟大工程、推进伟大事业、实现伟大梦想的丰富实践所带来的伟大变革,在中华人民共和国的历史进程中具有至关重要的里程碑意义。

新时代 10 年伟大变革造就了中华人民共和国事业发展的历史性成就,极大促进了我国综合国力的进步与提升。党的十八大以来,以习近平同志为核心的党中央采取了一系列战略性举措,推进了一系列变革性实践,为国家事业和民族发展作出了巨大贡献。一是统筹推进"五位一体"总体布局、协调推进"四个全面"战略布局、不断促进国家治理体系和治理能力现代化,在顶层设计方面为国家整体性发展勾画出蓝图;二是带领人民取得了积极发展全过程人民民主、补齐民生保障短板、加强生态环境保护等方面的成就,真实有效地改善了人民生活;三是从基层实际和人民利益出发,积极建设共建共治共享的社会治理格局,注重提高基层自治水平、转变政府职能,力求最大程度实现政策落地。整体来看,中国共产党在新时代 10 年实现的突破性进展和取得的标志性成果汇聚成国家事业发展的每一步,在新的历史环境之中创造了历史性成就,成为新中国史上的重要里程碑。

新时代 10 年伟大变革推动了中国人民自身命运的历史性改变,使得以人民为中心、全过程人民民主、共同富裕的价值理念深入人心。新时代的伟大变革是党团结带领中国人民坚持和发展社会主义现代化国家的成果，也是我们党坚持人民至上、以人民利益为出发点和落脚点统筹国家发展全局的体现。新中国史既是一部党团结人民推进新中国建设的历史，也是一部党引领人民参与国家发展、改变自己前途命运的历史。党的十八大以来，以习近平同志为核心的党中央不断强调要满足人民对美好生活的向往，满足人民日益增长的美好生活的需要。社会主义中国的人民性，一方面内化为人民主体性的发挥，即人民参与国家治理的思想意愿愈加高涨、现实通路愈加畅通；另一方面外化为各项以人民为中心的方针、制度和政策的提出和实施，最有代表性的成果便是实现了全面建成小康社会的奋斗目标。

新时代 10 年伟大变革推动中华民族实现了从站起来、富起来到强起来的伟大飞跃，向着全面建设社会主义现代化强国奋进。对于一个国家和民族来说 10 年或许谈不上长久，但新时代 10 年来的伟大变革却赋予其非同一般的意义，展现出历史与现实贯通、现实与未来联结、正在发展着的鲜活历史面貌。如今，要建成富强民主文明和谐美丽的社会主义现代化强国，既面临难得的发展机遇，也面临许多严峻复杂的风险和挑战。以习近平同志为核心的党中央对新时代中国特色社会主义发展作出的战略安排，描绘了社会主义现代化强国建设的时间表和路线图。这实际上回答了"中国向哪里去"这一国史研究的重要论题，在奋力谱写全面建设社会主义现代化国家崭新篇章的同时，翻开了新中国史的新篇章。

改革开放史维度：新时代在更高起点上坚定不移全面深化改革开放

改革开放是决定当代中国前途命运的关键一招，是坚持和发展中国特色社会主义的必由之路。党的十八大以来，我们党以无与伦比的勇气、信心和智慧坚持推进改革开放，妥善应对改革开放过程中所遇到的各种风险挑战，蹄疾步稳推动全面深化改革、全面扩大开放向广度和深度进军，开辟出社会主义现代化建设的崭新局面，使党和国家事业焕发出新的生机活力。新时代10年的伟大变革既源于改革开放又促进改革开放，成为改革开放史上一座永远矗立的丰碑。

新时代坚持全面深化改革、坚持扩大对外开放，并通过坚定不移推进改革开放来坚持和发展中国特色社会主义。党的十八大以来，以习近平同志为核心的党中央以巨大的政治勇气和高超的政治智慧持续深化和推进改革开放。一方面注重其系统性、整体性、协同性，另一方面鼓励要大胆试验、大胆突破，不断把改革开放的伟大实践引向深入。在对内改革方面，党深刻把握全面深化改革的关联性和互动性，注意到各方面改革的相互促进、良性互动，基本确立了各领域的基础制度框架，实现了许多领域的历史性变革、系统性重塑、整体性重构。经济上，以供给侧结构性改革为主线，立足新发展阶段、贯彻新发展理念、构建新发展格局，推动经济高质量发展，充分展现出社会主义市场经济体系的澎湃内生动力；政治上，推动中国特色社会主义制度更加成熟和更加定型，充分显示出我国国家制度和国家治理体系的显著优势。在对外开放方面，党统筹国际国内两个大局，坚持全方位对外开放战略，构建完善互利共赢、多元平衡、安全高效的开放型经济体系，形成陆海内外联动、东西双向互济的开放格局；同时坚定不移实行更加积极主动的开放战略，以开放促改革、促发展、促创新，积极参与全球治理体系改革和建设，推动构建人类命运共同体。

在全面建设社会主义现代化国家新征程上，我们要继续推进全面深化改革开放，沿着中国特色社会主义道路阔步前进。我国过去40多年的快速发展靠的是改革开放，未来发展也必将继续依靠改革开放。不论世界发生什么样的变化，中国改革开放的信心和意志都不会动摇，中国将以一往无前的奋斗姿态、风雨无阻的精神状态，在更高起点上推进改革开放。在推动全面深化改革的进程中，一是要继续使市场在资源配置中起决定性作用，更好发挥政府作用，毫不动摇巩固和发展公有制经济，毫不动摇鼓励、支持、引导非公有制经济发展；二是要建设高效规范、公平竞争、充分开放的全国统一大市场，建立全国统一的市场制度规则，促进商品要素资源在更大范围内畅通流动；三是要建设统一开放、竞争有序的市场体系，确保所有企业在法律面前地位平等、在市场面前机会平等。在继续扩大对外开放的过程中，一是要构建以国内大循环为主体、国内国际双循环相互促进的新发展格局，更好利用国际国内两个市场、两种资源，建设更高水平开放型经济新体制；二是要对标国际高标准经贸规则，实现从要素流动型开放向制度型开放的转型，增创国际合作和竞争新优势；三是要继续推动共建"一带一路"高质量发展，坚持共商共建共享，加强全球经济治理，推动建设开放型世界经济。

社会主义发展史维度：新时代续写中国特色社会主义新篇章

科学社会主义在历史发展中自证了其理论的科学性和实践的生命力。中国特色社会主义作为世界社会主义版图中的重要组成部分，在科学社会主义的发展中发挥着中流砥柱的作用。党的十八大以来，中国特色社会主义进入新时代，科学社会主义也在21世纪的中国再次续写出恢宏篇章。

习近平新时代中国特色社会主义思想是当代中国马克思主义、21世纪马克思主义，实现了马克思主义中国化新的飞跃。恩格斯指出，我们的理论"是一种历史的产物，它在不同的时代具有完全不同的形式，同时具有完全不同的内容"[①]。一方面，习近平新时代中国特色社会主义思想是马克思主义中国化最新成果，实现了马克思主义中国化新的飞跃。统筹中华民族伟大复兴战略全局和世界百年未有之大变局，一系列原创性的治国理政新理念新思想新战略，对新时代坚持和发展什么样的中国特色社会主义、怎样坚持和发展中国特色社会主义

---

① 《马克思恩格斯选集》（第三卷），人民出版社2012年版，第873页。

的时代课题进行了科学研判,并以"十个明确"为代表集中体现了我们党对中国特色社会主义建设规律的认识深化和理论创新。另一方面,习近平新时代中国特色社会主义思想是当代中国马克思主义、21世纪马克思主义,实现了科学社会主义理论逻辑和中国社会发展历史逻辑的辩证统一,中国共产党领导、共同富裕、"五位一体"总体布局和"四个全面"战略布局等战略思想和创新理论具有鲜明的中国特色、民族基因和文化传统,彰显出中国特色社会主义基于新的时代条件和历史实践的与时俱进。

新时代中国特色社会主义深刻改变了世界社会主义发展趋势,以中国式现代化道路的伟大开创为其他国家现代化事业贡献了新的方案。党的十九大报告深刻指出,中国特色社会主义进入新时代,意味着"在世界上高高举起了中国特色社会主义伟大旗帜"。首先,中国特色社会主义引领了21世纪世界社会主义的发展振兴。自苏联解体、东欧剧变后,世界社会主义运动陷入低谷,"历史终结论""社会主义失败论"甚嚣尘上。中国特色社会主义创造的"中国之治""中国奇迹",充分彰显出社会主义制度的优越性。其次,党的十八大以来,我们成功推进和拓展了中国式现代化,走出了一条中国式现代化道路。这一道路坚持科学社会主义基本原则,奠基于新中国成立特别是改革开放以来的长期探索,形成发展于党的十八大以来的创新突破。不同于西方以资本为中心、两极分化、物质主义膨胀以及对外扩张掠夺的现代化老路,中国式现代化道路为世界提供了探索社会制度的中国方案,拓展了发展中国家在新的时代条件下走向现代化的途径,极大地推动了世界社会主义现代化进程。

在新征程上要坚持深化马克思主义基本原理同中国具体实际相结合、同中华优秀传统文化相结合,继续推动新时代中国特色社会主义向前发展。新时代10年的伟大变革充分证明,"两个结合"蕴涵着马克思主义中国化的内在规律,是坚持和发展中国特色社会主义的内在要求和基本遵循。一方面，要在深化马克思主义基本原理同中国具体实际相结合的过程中发展新时代中国特色社会主义。在新征程上，我们面临愈加错综复杂的风险和挑战、矛盾和问题，以马克思主义理论为行动指南就是要坚持科学社会主义的基本原则，结合新的战略机遇、新的战略任务、新的战略阶段、新的战略要求、新的战略环境不断推进理论创新，使新时代中国特色社会主义在实践中直面现实、回答时代之问。另一方面，要在深化马克思主义基本原理同中华优秀传统文化相结合的过程中发展新时代中国特色社会主义。习近平总书记强调："只有把科学社会主义基本原则同本国具体实际、历史文化传统、时代要求紧密结合起来，在实践中不断探索总结，才能把蓝图变为美好现实。"① 中华优秀传统文化源远流长、博大精深，是新时代中国特色社会主义发展的根和魂。要坚持守正创新，把坚持马克思主义立场观点方法与推动中华优秀传统文化创造性转化、创新性发展相结合，深入挖掘马克思主义思想精髓同中华优秀传统文化的精神特质，不断蓬勃新时代中国特色社会主义的生命力。

中华民族发展史维度：新时代伟大成就积淀了实现伟大复兴不可逆转的底气和力量

　　实现中华民族伟大复兴，是近代以来中华民族最伟大的梦想，也是中国共产党团结带领中国人民百年奋斗最鲜明的主题。进入新时代，党带领人民摆脱贫困，翻开我国全面建成小康社会的历史新篇，推动物质文明、政治文明、精神文明、社会文明、生态文明协调发展，创造了人类文明新形态，走出了中华民族独立实现强国梦的时代新路，为中华民族伟大复兴奠定了坚实基础。站在新时代新起点，中华民族伟大复兴已经进入了不可逆转的历史进程，全党全国人民踔厉

---

① 《习近平谈治国理政》（第三卷），外文出版社2020年版，第76页。

奋发、勇毅前进，必将实现中华民族百年来的复兴梦想。

10年来，党带领人民接续奋斗，实现了全面建成小康社会的第一个百年奋斗目标，在中华民族的文明发展史中写下浓墨重彩的一笔。党的十八大以来，党带领人民向贫困宣战，着力打赢脱贫攻坚战、实现全面建成小康社会，使中国人均国内生产总值从2012年的6300美元提升至2021年的1.2万美元，现行标准下9899万农村贫困人口已经全部脱贫，历史性地解决了困扰中华民族几千年的绝对贫困问题。第一个百年奋斗目标的实现，不仅是中国特色社会主义经济建设的巨大成就，更是中华民族发展史上具有关键意义的伟大丰碑。它深刻改变了中国人民和中华民族的精神面貌，意味着"民亦劳止，汔可小康"已从遥远的理想变成眼前的现实，代表着中华民族以昂扬的姿态、自信的步伐走在伟大复兴的康庄大道上。

10年来，党领导人民接续奋斗，在新中国成立特别是改革开放以来的长期探索和实践基础上，成功拓展和推进了中国式现代化道路，创造了人类文明新形态，成为中华民族文明发展史上的伟大开创。中华文明源远流长、博大精深，形成中华民族独特的文明特征和文化标识，在历史发展的各个阶段都曾为人类文明进步事业作出过巨大贡献。然而，近代以来，中华文明的现代化进程却因为内外障碍而屡屡碰壁，危难之中，历史和人民选择了中国共产党，经过艰苦卓绝的斗争，走出了中国特色社会主义道路，探索了中国的现代化方式。党的十八大以来，党坚持和发展中国特色社会主义，用马克思主义的真理特质激活中华民族的文明基因，使五千多年的中华文明在中国特色社会主义新时代焕发出新的生机与活力。10年来，党和国家事业取得的历史性成就与变革生动地表明，古老的中华文明已经焕然一新，将继续在世界文明舞台上闪耀光辉。在新的历史起点上，党领导中华民族将中华文明五千多年的文明成就、社会主义五百多年的科学探索、我们党一百多年的奋斗征程凝结成人类文明新形态，提供了有别于西方的"中国道路",展现出人类文明发展的光明前景。

10年来,党带领人民顺应时代潮流,掌握历史前进的主动权,使中华民族伟大复兴成为不可逆转的历史趋势。新时代,在以习近平同志为核心的党中央坚强领导下,在习近平新时代中国特色社会主义思想科学指引下,我们比历史上任何时期都更接近、更有信心和能力实现中华民族伟大复兴的目标。首先,新时代10年为中华民族伟大复兴奠定了腾飞基础。党的十八大以来,党领导人民在经济、政治、文化、社会和生态文明建设中创造了伟大成就,积淀了实现伟大复兴不可逆转的底气和力量。中华民族前所未有地提升了振兴中华的能力和信心,前所未有地走近世界舞台中央,前所未有地展现出实现伟大复兴的光明前途。其次,新时代10年为中华民族伟大复兴指明了前进道路。党的十八大以来,我国社会主要矛盾变化带来了新任务新要求,错综复杂的国际环境带来了新矛盾新挑战。面对新的机遇和挑战,我们党不忘初心使命,牢牢把握实现中华民族伟大复兴这一历史主题,立足社会主义初级阶段基本国情进行顶层设计,总揽全局、协调各方,在局势变幻中团结带领人民稳步向前。最后,新时代10年为中华民族伟大复兴凝结了宝贵精神谱系。在百年奋斗的历史积淀中,党构筑起中国共产党人的精神谱系,丰富了中华民族精神根脉的当代枝干,强化了中华民族团结奋进的精神纽带,汇聚起复兴路上的精神力量。这些都充分证明,新时代10年是中华民族复兴路上的界碑,中华民族发展史上最为恢宏的历史画卷已经展开,没有什么能够阻挡中华民族继往开来、走向复兴的坚定步伐。

[本文系中国人民大学马克思主义研究基地项目阶段性成果,受中国人民大学科学研究基金项目(项目编号:22XNQZ01)"坚持和发展中国特色社会主义理论和实践研究"支持。原文发表于《人民论坛》2022年第8月下期。]

新时代共产党员党性修养方法探讨

郭铁城[*]

---

[*] 中国科学技术信息研究所副所长。

党的十九大报告要求，新时代党的建设以加强党的长期执政能力建设、先进性和纯洁性建设为主线。习近平总书记指出："党的百年历史，也是我们党不断保持党的先进性和纯洁性，不断防范被瓦解、被腐化的危险的历史。"[①] 特别是党的十八大以来，党中央根据党情、国情、世情变化的新情况和新特点，坚持全面从严治党、自我革命，一手抓惩治腐败，一手抓党性修养，极大纯洁了党员队伍，增强了党的先进性。习近平总书记对此有一系列重要论述，是深入研究、探讨新时代党性修养方法的指南。

党性内涵及其变化规律

党性就是政党的性质，或政党固有的阶级本性。中国共产党是中国工人阶级的先锋队，同时是中国人民和中华民族的先锋队。中国工人阶级最先进的品性、中国人民最优秀的品质、中华民族最伟大的品格，就是中国共产党的党性。具体地说，中国共产党党性主要包括以下内容：信仰共产主义，坚持中国特色社会主义；全心全意为人民服务；坚持民主集中制；开展批评与自我批评，同各种违纪违法行为作斗争。在中国特色社会主义新时代，党性集中表现为忠诚性、廉洁性和斗争性。

党性既通过党组织的行为表现出来，也通过党员个体的行为表现出来。每个共产党员，都是经过党组织精心教育、培养和严格考察并检验合格后，被批准加入组织的。绝大多数党员是初心纯正的，入党的时候都达到了党员标准，具有共产党员的党性。但是，正如世界上的万事万物一样，党员的党性也不是凝固不变的，而是发展变化的。曾经合格的党员在现实社会中有可能向好的方向发展，变得更好，党性更加光辉，如雷锋、焦裕禄、孔繁森等优秀党员；也有可能向不好

[①] 习近平：《在党史学习教育动员大会上的讲话》，人民出版社 2021 年版，第 18 页。

的方向发展,变得不合格,甚至蜕化变质,丧失党性,如党员领导干部中出现的腐败犯罪分子。那么,党性变化的规律是什么?经过百年奋斗,特别是改革开放以来40多年历程,我们对党性变化规律有了更明确、更清醒的认识。这就是习近平总书记概括的"两不"规律。

一是"不等于"规律。习近平总书记指出:"党的先进性和党的执政地位都不是一劳永逸、一成不变的,过去先进不等于现在先进,现在先进不等于永远先进;过去拥有不等于现在拥有,现在拥有不等于永远拥有。"① 这就是说,无论是党组织整体,还是每一个党员,即使曾经合格、曾经先进,如果躺在功劳簿上止步不前,或者忘记初心随波逐流,先进性就会丧失。在这方面,苏联共产党、东欧诸国共产党的变化,就是最典型的例子。苏共曾是列宁同志亲手缔造的伟大的党,建立了世界上第一个社会主义国家。但在苏联解体前夕,苏联《西伯利亚报》曾以"苏共代表谁"为题在群众中进行调查,结果认为代表党的官僚和干部的竟占85%,认为代表劳动群众的只占7%。这就失去了共产党的先进性了。而我们党坚持自我革命和以人民为中心,特别是党的十八大以来,以习近平同志为核心的党中央发扬钉钉子精神,持之以恒纠治"四风",以刮骨疗毒、壮士断腕的勇气,坚定不移"打虎""拍蝇""猎狐",推进作风建设和反腐败斗争,管党治党宽松软状况得到根本扭转,反腐败斗争取得压倒性胜利并全面巩固,党风政风和社会风气为之一新。

二是"不自然"规律。习近平总书记指出:"干部的党性修养、道德水平,不会随着党龄工龄的增长而自然提高,也不会随着职务的升迁而自然提高,必须强化自我修炼、自我约束、自我改造。"② 这就是说,党性不会随着职务和资历的增长而自然提高,如果不加强自我

---

① 《习近平谈治国理政》(第一卷),外文出版社2018年版,第367页。
② 《习近平谈治国理政》(第三卷),外文出版社2020年版,第521页。

修养,随着党龄长、资格老、功劳大、职位高、权力重,甚至党性退化的风险还可能增大。因为资格老、功劳大容易滋生自满自足情绪,思想放松、行为放逸;职位高、权力重,权力、金钱考验的量级和强度倍增,容易忘乎所以,心无敬畏、恣意妄为。在这方面,因腐败落马的多位省部级以上高官,就是最典型的例子。

"不等于"规律和"不自然"规律,决定了党性修养和作风建设的长期性、复杂性、艰巨性。做合格的共产党员不是一蹴而就、一劳永逸的,而是一个长期的实践过程,必须不断加强党性修养,持之以恒,久久为功。

社会主义初级阶段党性修养面临的风险

党的十九届六中全会通过的《决议》指出,"我们比历史上任何时期都更接近、更有信心和能力实现中华民族伟大复兴的目标",同时"必须清醒认识到,我国仍处于并将长期处于社会主义初级阶段,我国仍然是世界最大的发展中国家"。在社会主义初级阶段,党面临着长期执政考验、改革开放考验、市场经济考验、外部环境考验,面临着精神懈怠的危险、能力不足的危险、脱离群众的危险、消极腐败的危险。全党必须铭记生于忧患、死于安乐,常怀远虑、居安思危,继续推进新时代党的建设新的伟大工程。新时代党员的党性修养,也面临着以下几种风险,需要关注。

思想多元化考验党员理想信念坚定性。

经过改革开放40多年的发展,我国已经从被西方封锁的社会发展为多元化的、开放性的社会。我国经济结构发生了变化,既有国有经济、集体经济,也有个体经济、私营经济和外资经济;社会结构也发生了变化,除了工人、农民、知识分子,还产生了大量新兴的社会阶层。

随着经济结构和社会结构的深刻变动,意识形态结构发生了变化，在主流思想舆论进一步巩固的同时，社会思想多元化了。各种社会思潮都很活跃，人们思想的独立性、多样性、开放性增强，一些错误和具有迷惑性的观点也在滋生。在互联网上，每个人都可以发表意见，微博、微信、视频、音频等新兴媒体使多元化思想在千百万人中即时传播，对人们的思想产生复杂影响。

思想多元化时刻考验着共产党员理想信念的坚定性。有的党员精神懈怠、能力不足，经受不住考验，思想灰度增强，甚至不信马列信鬼神；有的转向信仰封建主义，不讲政治纪律和政治伦理，大搞小圈子；有的转向信仰资本主义、个人主义、利己主义、拜金主义，大搞权力寻租和利益输送；等等。

商品交换原则侵蚀廉洁性。

在社会主义初级阶段，必须坚持以公有制为主体、多种所有制经济共同发展的基本经济制度，大力发展社会主义市场经济，同时也要注意防范商品交换原则对廉洁性的侵蚀。习近平总书记指出："在发展社会主义市场经济条件下，商品交换原则必然渗透到党内生活中来，这是不以人的意志为转移的。社会上各种各样诱惑缠绕着党员、干部，'温水煮青蛙'现象就会产生，一些人不知不觉就被人家请君入瓮了。"[1]

商品交换原则之所以能够侵蚀廉洁性，就在于它具有把权力商品化、资本化的能力。正如货币转化为资本的前提是劳动力成为商品，而权力转化为资本的前提是公共权力成为商品。权力本身并不是资本，只有当它成为私权并进行交换时，才成为资本。在市场经济条件下，公共权力的行使对资本增值具有强化或弱化效应，有的党员干部乘机把公权据为己有并作为"生产要素"进行交换，从而滋生权力寻租、利益输送、借权营生等腐败现象。

---

[1]《习近平关于党风廉政建设和反腐败斗争论述摘编》，中央文献出版社、中国方正出版社2015年版，第22页。

"沉默螺旋"消解斗争性。

沉默螺旋现象，是德国社会学家纽曼概括的，主要内容是：当一种观点在第一轮传播时，如果受到先发制人的攻击，人们即使赞成这一观点，大部分人也会保持沉默；这导致第二轮传播时，赞成这一观点的声音呈几何级数减少，如此循环往复，形成了赞成这一观点的声音越来越小的螺旋式下降过程，直至声音消失。

党的十八大以来的反腐败实践充分证明，当一些单位腐败现象严重、政治生态恶化的时候，就形成了恶劣的"意见气候"，正义的声音被孤立、排挤甚至打压。在这种恶劣的"小气候"里，不少党员害怕被打击报复，失去担当，不敢问、不敢管，更不敢亮剑，甚至完全丧失斗争精神。此外，形式主义、官僚主义、懒政怠政现象及其舆论和意识形态一旦甚嚣尘上，对担当精神、斗争性也会带来风险。

党员代际更替挑战优良作风传承

古希腊有一个传说——雅典国王忒修斯木船上的木板被逐渐替换，直到所有的木板都不是原来的木板，希腊哲学家普鲁塔克问：那这艘船还是原来的那艘船吗？这被称为"忒修斯之船"问题。"忒修斯之船"问题本质上是当系统的构成要素全部更新以后，系统的性能存在改变的风险。

建党百年来，我们的党员队伍经历了几次代际更替。根据 2021 年中共中央组织部《中国共产党党内统计公报》公布的数据，以及根据这些数据计算，截至 2021 年 12 月 31 日，中国共产党党员总数为 9671.2 万名，新中国成立后入党的党员 9659.4 万名，占党员总数的 99.88%；1978 年党的十一届三中全会至 2021 年 12 月 31 日入党的党员 8241.9 万名，约占党员总数的 85%。也就是说，与 1921 年建党时、1949 年新中国成立时相比，党极大地发展壮大了，党员队伍也几乎完全更新了。当前，新中国成立后至改革开放前入党，参加过社会主义革命和建设的同志大多都已退休多年；改革开放时期入党并参加工作的"60后"一代，正在陆续退休。不少"70后""80后"党员走上党政军群重要领导岗位，成为"关键少数"。"60后"退休与"70后""80后"成为社会中坚力量，是一次重大的代际更替。

"40后""50后""60后"具有共同的使命——实现工业化，让中华民族从站起来到富起来；而"70后""80后""90后"与前几代相比，他们的生活环境、工作环境和历史使命发生了重大转换。在小康社会和全球化、数字化时代入党的党员，文化水平高，视野开阔，思想敏锐，具有开拓精神；但他们没有经过革命战争年代血与火的洗礼，很少经过艰苦卓绝斗争的磨炼，一些年轻干部党性不坚定，"前脚刚踏上仕途，后脚就走入歧途"，其中的教训是非常深刻的。

随着党员队伍的代际更替，在多元化、开放性的社会如何保持共产党员本色，继承和发扬革命传统，争取更大荣光，是对党性的重大考验，也是党性修养的重大课题，涉及党和国家后继有人的根本大计。因此，党中央要求不忘初心、牢记使命，学习党史、新中国史、改革开放史、社会主义发展史、中华民族发展史，是完全必要和非常及时的。

新时代党性修养的主要方法

新时代党性修养与惩治腐败之于全面从严治党，犹如鸟之两翼、车之两轮，缺一不可，是党的自我革命机制。始终保持党的纯洁性和先进性，必须掌握党性修养方法；在新的历史条件下，忠诚性、廉洁性和斗争性的修养方法最为重要。

忠诚性修养方法。

对党忠诚是共产党人首要的政治品质。忠诚就是忠于党、忠于人民。忠诚性的修养方法主要有两个：其一是知行合一，其二是深度共情。

知行合一，就是学懂弄通党的思想理论，并在实践中贯彻落实。党员要学习马克思主义的理论和方法，学习习近平新时代中国特色社会主义思想，熟练运用辩证唯物主义和历史唯物主义分析研究中国的经济、政治、文化、社会和生态文明建设实践，分析研究中华民族伟大复兴进程中的新情况、新问题、新特点、新趋势，不断增强工作的原则性、系统性、预见性和创造性。

学习的目的在于应用。首先要在落细、落小、落实上下功夫，把共产主义远大理想、中国特色社会主义的共同理想落实到当前的每一项工作、每一个行动，转化为活生生的现实。其次是针对问题做，重点是了解民情、掌握实情，搞清楚问题是什么、症结在哪里，拿出破解难题的实招、硬招。最后，要发扬"钉钉子"精神，持续做，不停步。

深度共情，就是培养对劳动人民的深厚感情，想人民所想、急人民所急。共产主义不仅是历史规律，而且是工人阶级的理论和人民立场，因此共产党员对劳动人民天然充满感情，始终与劳动人民深度共情。

深度共情之所以是坚定信仰的有效途径，取决于理想信念的结构特点。理想信念是一种理性结构，也是一种情感结构，是理性与情感的统一。在革命战争年代，一些受苦人没有文化，几十个字的入党申请书有好几个错别字，但实践证明这些人很多都是坚定的共产主义战士，经受住了血与火的考验。原因就在于，他们对共产主义信仰的忠诚，一开始不完全是从理论上确立的，更多是从实践上、情感上确立的。正如《国际歌》并不是大部头的理论著作，但它的歌声唤起对"饥寒交迫的奴隶""满腔的热血已经沸腾"的深度共情，坚定了"英特纳雄耐尔就一定要实现"的信念。

与劳动人民深度共情，首先是保持劳动人民本色，永远作为人民的一员，与人民同甘共苦。其次是把人民幸福置于优先位置，用心用情用力解决好群众"急难愁盼"问题，促进改革发展成果更多更公平惠及全体人民，推动共同富裕，不断满足人民美好生活需要。最后是完善人民的诉求表达机制和受理通道，领导人民管理国家事务，管理经济和文化事业，管理社会事务。

廉洁性修养方法。

清正廉洁是共产党人的政治本色，廉洁性是党性的基础性内容。廉洁性修养也有两个方法：其一是以戒为师，其二是见贤思齐。

以戒为师，就是心中有戒，以党的规矩为规范和准则，筑牢共产党人的行为底线。党的规矩，主要包括党章、党的纪律、国家法律，以及党在长期实践中形成的优良传统和工作惯例。以戒为师，筑牢底线，有四个重点，这就是做人、处事、用权、交友。

在做人上守住底线，就是说老实话、办老实事、做老实人。习近平总书记在2021年秋季学期中共中央党校（国家行政学院）中青年干部培训班上指出，要坚持以党性立身做事，把说老实话、办老实事、做老实人作为党性修养和锻炼的重要内容，敢于坚持真理，善于独立思考，坚持求真务实。

在处事上守住底线，就是以人民为中心，利为民所谋。始终保持艰苦奋斗的精神和锐意进取的激情，努力创造出经得起实践检验的业绩，造福一方群众。

在用权上守住底线，就是权为民所用，情为民所系。解决好为了谁、依靠谁、我是谁的问题，时刻自重、自省、自警、自励，不断增强是非面前的辨别能力、诱惑面前的自控能力、警示面前的醒悟能力，始终把握权力行使的正确方向，时刻警惕权力的滥用，依法依纪用权，民主监督用权。

在交友上守住底线，就是不能因迁就人情而放弃原则。中国是个人情社会，党员干部都有亲戚、朋友、同事等，推进工作、解决问题时时都会面对原则和人情的选择。原则跟人情能够统一当然最好，但二者不能统一时我们要毫不犹豫坚持原则，决不能迁就人情。

见贤思齐，就是坚持"看齐意识"，对标先进标准，改正自己的不足，学习别人高尚的思想、道德和行为。见贤思齐，首先，向党中央看齐。向党中央看齐，就是向党的理论和路线方针政策看齐，向党中央改革发展稳定、内政外交国防、治党治国治军各项决策部署看齐。其次，向先进榜样看齐。将历史楷模、时代楷模、先锋模范作为参照系，按先进标准去做。最后，向同志的优点和长处看齐。善于发现别人的优点和长处，生活上、待遇上向低标准的同志看齐，政治上、工作上向高标准的同志看齐；对于别人做得好的方面，就要从思想上和行为上立即跟进。

斗争性修养方法。

敢于斗争是我们党的鲜明品格，斗争性是党性不可缺少的内容。斗争性就是讲原则、负责任、肯担当，敢于同不良现象、腐败现象和错误倾向、错误行为作斗争。斗争性的修养方法，主要也有两种：其一是磨砺自强，其二是正道直行。

磨砺自强，就是到大风大浪中锻炼意志品质，形成强大的抗打击能力和韧性斗争能力。这是共产党员加强斗争性修养的基础内容。要斗争就会有牺牲，如果意志品质脆弱，不仅无法战胜歪风邪气和腐恶势力，而且必定会被打垮。

艰难困苦，玉汝于成，厚重强健的品格只能通过艰苦历练形成，重点是历练心理素质、意志品质和精神状态。习近平总书记指出，"要历练宠辱不惊的心理素质，坚定百折不挠的进取意志，保持乐观向上的精神状态"[①]。无论是得到荣誉还是受到委屈，都从容处之，稳如泰山；无论经受多少曲折、坎坷，仍然不屈不挠，勇猛精进；无论经受多少打击、苦难，精神上永远积极乐观，豪迈奔放。只有多吃苦、多

---

① 《习近平谈治国理政》(第一卷)，外文出版社2018年版，第54页。

摔打、多磨炼，才能够愈挫愈勇，获得强大的承受力、自制力和持续力。

正道直行，就是在大是大非面前坚持原则，不因个人好恶和利益得失而改变方向。所谓大是大非，就是涉及国家安全、利益和荣誉，涉及集体利益、公共利益、社会利益，涉及人民群众根本利益、长远利益、切身利益的事。在这些大事上，必须无条件维护国家、集体和人民的利益，不怕得罪任何人，不计较个人的任何得失。

正道直行的难点，是不徇私情、不讲私利，特别是要反机会主义和好人主义。机会主义者有利可图时能按原则办事，捞不到好处时就放弃原则。还有的人私心重，凡事都打自己的小算盘，为使个人利益最大化而采取好人主义。习近平总书记深刻指出："现在，一些干部错误理解'和为贵'，一味讲'宽容'、讲'和气'，当老好人，对政治原则问题含含糊糊，对大是大非问题做'开明绅士'，对不良现象听之任之，还有的八面玲珑、左右逢源，说话办事看来头、看风向，随波漂，随风倒，这同党性原则是背道而驰的，必须坚决纠正。"① 正道直行并不是不近人情、不讲风格。大事要讲原则，这是丝毫不能含糊的。但小事则要讲同志情谊，要发扬风格，不能斤斤计较。这里所谓小事，是指个人之间的事。当个人利益与他人利益发生矛盾时，能谦让就谦让，能吃亏就吃亏，能帮助就帮助，能奉献就奉献。在这方面，毛泽东同志是最好的榜样，对于帮助过自己的乡亲和朋友，过了几十年他都不忘答谢，经常自掏腰包接济；但从不动用公权和个人威望给予特殊照顾。毛泽东同志因此永远赢得人民的无限爱戴。

党的十八大以来，中国特色社会主义进入新时代，以习近平同志为核心的党中央明确全面从严治党的战略方针，提出新时代党的建设

---

① 习近平：《努力成为可堪大用能担重任的栋梁之才》，《求是》2022年第3期。

总要求。只要我们坚持从严治党和自我革命，不断加强党性修养，确保党的先进性和纯洁性，新时代的中国共产党就必将在新征程上赢得更加伟大的胜利和荣光，带领中国人民实现中华民族伟大复兴的中国梦。

（原文发表于《国家治理》周刊2022年第10期。）

新时代赓续伟大建党精神的实践重点和基本路径

徐明[*]

---

[*] 中国社会科学院大学国家治理现代化与社会组织研究中心主任,北京市习近平新时代中国特色社会主义思想研究中心特约研究员。

2021年7月1日，在庆祝中国共产党成立100周年大会上，习近平总书记首次将伟大建党精神明确归结为"坚持真理、坚守理想，践行初心、担当使命，不怕牺牲、英勇斗争，对党忠诚、不负人民"[①]。这32字集中体现了伟大建党精神的红色基因和丰富内涵。从嘉兴南湖的红船起航，中国共产党走过了波澜壮阔的100年，伟大建党精神在百年峥嵘岁月的磨砺中，越发显示出其强大的思想力量和矢志不渝的为民情怀，谱写了感天动地的历史伟业。站在新的历史起点上，赓续伟大建党精神，传承红色基因，从伟大精神中汲取克服困难、敢于胜利的不竭前行动力，对新时代更好地坚持和发展中国特色社会主义具有重大的实践和理论意义。

灵魂、宗旨、基石、承诺——伟大建党精神的科学内涵

坚持真理、坚守理想，这是伟大建党精神的政治灵魂。习近平总书记指出："对马克思主义的信仰，对社会主义和共产主义的信念，是共产党人的政治灵魂，是共产党人经受住任何考验的精神支柱。"[②]回望近代中国历史，自鸦片战争以后，国人进行了太平天国运动、洋务运动、义和团运动、戊戌变法、辛亥革命等各种探索，然而无一例外均以失败告终。俄国十月革命的炮声，给苦苦求索救亡图存的中国先进分子送来了马克思列宁主义，这一人类探索历史规律寻求解放的真理！随之一个以马克思主义为指导思想的政党中国共产党诞生了！

在百年的风雨历程中，一代代中国共产党人无论经历怎样的艰难困苦和大灾大难，都从未放弃对马克思主义真理的执着，对共产主义理想的坚守。陈延年说："革命者只有站着死，没有跪着生！"肖华说："风雨浸衣骨更硬，野菜充饥志越坚；官兵一致同甘苦，革命理想高于天。"方志敏说："敌人只能砍下我们的头颅，决不能动摇我们

[①] 习近平：《在庆祝中国共产党成立100周年大会上的讲话》，人民出版社2021年版，第8页。
[②] 《习近平谈治国理政》（第一卷），外文出版社2018年版，第15页。

的信仰！因为我们信仰的主义，乃是宇宙的真理！"焦裕禄说："面对着当前严重的灾害，我们有革命的胆略，坚决领导全县人民苦战三五年，改变兰考面貌，不达目的，我们死不瞑目。"雷锋说："为人类的解放事业共产主义贡献自己的一切，这才是最幸福的。"革命先辈用实际行动写就了一个个感人至深、催人奋进的真实故事，用鲜血和生命、用坚定的革命意志捍卫真理、坚守理想。真理之光一经点燃，在中国共产党人的心中就成为永不熄灭的火炬；理想之花一经播种，在峥嵘岁月的磨砺中就绽放得愈发绚烂夺目。

践行初心、担当使命，这是伟大建党精神的根本宗旨。关于青春和青年，李大钊在《青春》中写道："本其理性，加以努力，进前而勿顾后，背黑暗而向光明，为世界进文明，为人类造幸福"[①]。我们党的初心和使命，就是与人民心连心、同呼吸、共命运，就是建设一个人民当家作主的青春中国，就是使中华民族自立于世界民族之林，就是带领人民完成中华民族伟大复兴的中国梦。

一百年风雨无阻，一百年初心不改，我们党把"全心全意为人民服务"写入党章，把"人民"作为一切行动的根本出发点和落脚点，把"人民对美好生活的向往"作为奋斗目标，让人民成为国家和自己命运的主人，让人民享有安全、尊严和幸福。一百年使命在肩，我们党矢志为中国人民谋幸福，为中华民族谋复兴。在极端严峻的困难挑战和艰难险阻面前，我们党始终勇担民族复兴的历史使命，团结带领全国各族人民生死相依、患难与共，自力更生、艰苦奋斗，解放思想、实事求是，自我革命、守正创新，中华民族迎来了从站起来、富起来到强起来的伟大飞跃，使中华民族伟大复兴进入不可逆转的历史进程。

不怕牺牲、英勇斗争，这是伟大建党精神的基石底座。不怕牺

---

① 《李大钊全集》（第一卷），人民出版社2013年版，第318页。

牲、英勇斗争的精神贯穿于革命、建设、改革和新时代的各个时期，熔铸成我们党历经百年风雨而风华正茂、饱经磨难而生生不息的红色基因。"贫贱忧戚，庸玉汝于成也。"从红军时期大战娄山关、飞夺泸定桥，到抗日战争中"同室操戈，相煎何急"的皖南事变；从解放战争中董存瑞的"为了新中国，前进！"到抗美援朝战争中，用"钢少气多"战胜不可一世的"钢多气少"美帝国主义；从一穷二白毫无工业化基础，到"一桥飞架南北，天堑变通途"，再到"宁可少活二十年，拼命也要拿下大油田"的大庆精神；从改革开放之初国内生产总值仅占到世界生产总值的1.8%，到取得脱贫攻坚战全面胜利，稳居世界第二大经济体，全面参与全球治理。中国共产党人在任何的艰难险阻、风险危机面前从未低过头，从未折过腰，磨砺锻造了不畏艰难、不怕牺牲、无惧风险、排除万难，勇于斗争、敢于胜利的革命风骨和斗争品质，创造了一个个气壮山河的人间奇迹，展现了一幕幕波澜壮阔的历史画卷，谱写了一首首威武雄壮的壮丽史诗。

对党忠诚、不负人民，这是伟大建党精神的核心和承诺。对党忠诚、不负人民，是中国共产党对于全体党员的纪律要求和对于全国人民的庄严承诺。对党忠诚，是中国共产党人首要的政治品质和政治纪律。我们党一路走来，经历了无数艰险和磨难，但任何困难都没有压垮我们，任何敌人都没能打倒我们，靠的就是千千万万党员的忠诚。

邓颖超1925年的入党誓词是："我一定遵守党章，服从党的纪律，保守党的秘密，不惜流血牺牲，为共产主义奋斗终身！"[1]1926年王树声的入党誓词为："我自愿加入中国共产党，服从党的纪律，为共产主义奋斗终生，严守秘密，誓不叛党。"在井冈山革命博物馆里，珍藏着一份饱经血与火洗礼的入党誓词，这是一位叫贺页朵的贫苦农民投身革命的入党誓词："牺牲个人，严守秘密，阶级斗争，努力革

---

[1] 金凤:《邓颖超传》(上)，人民出版社1993年版，第82页。

命,服从党纪,永不叛党。"从 1931 年入党以来,这份誓词一直成为他投身共产主义事业的不竭精神动力。

这些誓词虽然在不同历史时期有所差异,但是对党忠诚、不负人民是对每一位矢志共产主义事业的党员铁的纪律要求,也是党员们将人民装在心中,坚守永远为人民服务的人民至上立场的庄严政治承诺。习近平总书记指出:"江山就是人民、人民就是江山,打江山、守江山,守的是人民的心。"① 中国共产党人打下江山,建设国家不是为其他任何特殊阶级、任何利益集团服务,而是为人民服务、为全中国老百姓服务。贺页朵珍藏的写有入党誓词的红布虽已褪色,可共产党人全心全意为人民服务,守人民、爱人民的心却永不褪色。

党的建设新的伟大工程——新时代赓续伟大建党精神的根本保证

习近平总书记指出:"我们是革命者,不要丧失了革命精神。昨天的成功并不代表着今后能够永远成功,过去的辉煌并不意味着未来可以永远辉煌。"② 对党忠诚、不负人民是伟大建党精神中对党的建设提出的至高要求,更是新时代赓续伟大建党精神的根本保证。对党忠诚本质上是对共产主义理想、对中华民族复兴伟业的忠诚,忠诚与否的最终考核权是在人民手中,人民是中国共产党工作的最高裁决者和最终评判者。毛泽东同志提出"两个务必"告诫全党,越是胜利的时候,越要保持清醒的头脑,与"糖衣炮弹"和腐败现象作斗争;越是胜利的时候,越要更严格地要求自己,始终把人民放在心中,坚持群众路线。

新时代,中国共产党团结带领中国人民在实现了全面建成小康社会的第一个百年奋斗目标之后,又踏上了实现第二个百年奋斗目标新的"赶考"之路。办好中国的事情,关键在党。党的十八大以来,以

---

① 习近平:《在庆祝中国共产党成立 100 周年大会上的讲话》,人民出版社 2021 年版,第 11 页。
② 《习近平谈治国理政》(第三卷),外文出版社 2020 年版,第 70 页。

习近平同志为核心的党中央将"全面从严治党"纳入"四个全面"的战略布局中，在党的十九大报告中将其作为习近平新时代中国特色社会主义思想和治国方略的重要内容，并写进了党章。在全党开展群众路线教育实践、"两学一做"学习教育、党史学习教育，要求全体党员统一思想，增强"四个意识"、坚定"四个自信"、做到"两个维护"，严守政治纪律和政治规矩。严肃开展大规模巡视工作，严格搜寻发现一切可能存在腐败和作风建设的问题。在全面从严治党的过程中既丰富了自我革命精神的内容，又夯实了红色基因永不褪色的党内基础。只有以不负人民的庄严承诺，才能以刀刃向内、自我革命的政治勇气不断与党内的腐败毒瘤和"四风"问题作坚决的斗争，才能在面对长期复杂的"四大考验"与尖锐严峻的"四种危险"时，坚持一以贯之的全面从严治党。只有以不负人民的责任担当，才能保持中国共产党的人民性、先进性和纯洁性永不褪色，才能跳出"其兴也勃焉，其亡也忽焉"的历史周期率，才能确保伟大建党精神赓续传承、红色江山代代相传。

进行具有时代特点的伟大斗争——新时代赓续伟大建党精神的实践重点

习近平总书记指出："建立中国共产党、成立中华人民共和国、实行改革开放、推进新时代中国特色社会主义事业，都是在斗争中诞生、在斗争中发展、在斗争中壮大的。"[1] 不怕牺牲、英勇斗争是中国共产党从小到大、从弱到强的重要法宝和实践法则。党的历史就是一部革命史、斗争史，也是伟大建党精神内涵不断丰富发展的历史，斗争精神始终是伟大建党精神红色基因的重要特色，是中国共产党人的优良政治品格。新时代赓续伟大建党精神的实践重点就是进行具有许多新的历史特点的伟大斗争。

---

[1]《习近平谈治国理政》（第三卷），外文出版社2020年版，第225页。

在新时代这一发展的新起点上，中国特色社会主义虽然取得了巨大的成就，但所面临的风险挑战也是前所未有的。风险挑战具有多源性、隐蔽性、突发性和不可预见性。我国所处的国内外环境已发生重大变化，在全球治理、国际关系、思想意识形态、治理体系、党内腐败、经济发展、社会稳定、公共安全等领域面临新情况新问题。面对这些具有新的历史特点的新挑战新斗争，积极主动回应这些问题和挑战，不断掌握提升斗争的"技战术"水平，中国特色社会主义事业才能不断推向前进。

提升"技战术"水平，要把握斗争方向。随着新时代改革进入攻坚期、迈进深水区而不断遇到的新变化，必须把握好攻坚期"坚"在何处，深水区"深"在哪里，科学准确地认识问题、实事求是地分析问题、大刀阔斧地解决问题；不断破除一切不合时宜的僵化观念，突破利益固化的藩篱，为改革开放劈波斩浪、保驾护航。

提升"技战术"水平，要发扬斗争精神。坚定对伟大建党精神在历史实践中积淀形成的红色基因的民族认同，同一切试图歪曲党的历史、否定党的领导、否定中国特色社会主义道路的思想与行为作坚决的斗争。

提升"技战术"水平，要讲究斗争策略。抓主要矛盾和矛盾的主要方面，坚持有理有利有节，在原则问题上寸步不让，在策略问题上灵活机动。

提升"技战术"水平，要增强斗争本领。必须增强担当意识、使命意识，敢于触及矛盾，敢于动真碰硬解决矛盾，主动投身到各种斗争的实践中去，经风雨、壮筋骨，摒弃和纠正贪图安逸、消极懈怠、回避矛盾的思想与行为，在斗争中提升政治判断力、政治领悟力和政治执行力，为中国特色社会主义事业接力奋斗，在具有新的历史特点的伟大斗争中成长为一名合格的无产阶级"先锋战士"。

推进中国特色社会主义伟大事业——新时代赓续伟大建党精神的重要指引

习近平总书记指出:"无论过去、现在还是将来,对马克思主义的信仰,对中国特色社会主义的信念,对实现中华民族伟大复兴中国梦的信心,都是指引中国人民和支撑中国人民站起来、富起来、强起来的强大精神力量。"[①] 坚持真理、坚守理想,践行初心、担当使命,既是伟大建党精神的灵魂和宗旨,也是新时代赓续伟大建党精神、推进中国特色社会主义事业的根本要求。百年的历史和实践以铁一般的事实证明,只有社会主义才能救中国!只有社会主义才能发展中国!只有坚持和发展中国特色社会主义才能实现中华民族的伟大复兴!

新时代,坚持真理就是坚持中国特色社会主义,坚守理想就是坚守共产主义和中国特色社会主义共同理想。中国特色社会主义是中国共产党带领中国人民自改革开放以来"踏遍青山",而取得的"风景这边独好"的伟大成就。中国特色社会主义道路是实现社会主义现代化、创造人民美好生活的必由之路,中国特色社会主义理论体系是指导党和人民实现中华民族伟大复兴的正确理论,中国特色社会主义制度是当代中国发展进步的根本制度保障,中国特色社会主义文化是激励全党全国各族人民奋勇前进的强大精神力量。

新时代推进伟大事业,赓续伟大建党精神,必须坚定中国特色社会主义道路自信、理论自信、制度自信、文化自信,对封闭僵化和改旗易帜说不,坚定不移走中国特色社会主义道路。新时代,践行初心、担当使命,就是秉持"实践是检验真理的唯一标准"这一马克思主义的基本准则,从实践中来,到实践中去。在工作中顺应我国社会主要矛盾的变化,全面贯彻党的基本理论、基本路线、基本方略,坚决贯彻党对新时代中国特色社会主义发展的战略安排,统筹推进"五位一体"总体布局,协调推进"四个全面"战略布局,统筹国内国际

---

① 习近平:《在庆祝改革开放40周年大会上的讲话》,人民出版社2018年版,第42—43页。

两个大局,统筹发展和安全,实现高质量发展和高水平安全的良性互动,以新发展理念谋划经济社会发展,着力解决好我国发展不平衡不充分问题,更好满足人民在经济、政治、文化、社会、生态等方面日益增长的需要,更好推动人的全面发展、社会全面进步。

"雄关漫道真如铁,而今迈步从头越。"100年前中国共产党成立时只有50多名党员,如今已发展成长为拥有9600多万党员的世界第一大执政党,历经百年风雨所锻造的伟大建党精神在历史的洗礼中显示出其强大的生命力,正激励鼓舞着当下的中国共产党人,在新的长征路上大步前行,在新的赶考路上砥砺奋进!百年恰是风华正茂,今朝当可挥斥方遒!新时代赓续伟大建党精神,必须坚持和发展马克思主义中国化的最新成果——习近平新时代中国特色社会主义思想,坚守共产主义远大理想和中国特色社会主义共同理想。必须以昂扬的斗志、不懈的努力,用实践和实干去践行初心和使命,以实践之行,去攻破横亘在我们前进道路中的新的"腊子口"和"娄山关",以实干之为,去跨越拦在我们前行道路上的新的"夹金山"和"大渡河",朝着中华民族伟大复兴的宏伟目标奋勇前进,去夺取中国特色社会主义伟大事业的新胜利!

[本文系北京市习近平新时代中国特色社会主义思想研究中心、北京市社会科学基金重大项目"统筹发展和安全研究"(项目编号:21LLMLA009)、中国社会科学院大学卓越研究项目"中国共产党人才思想与人才治理体系创新研究"(项目编号:2021-KYLX02-04)阶段性成果。原文发表于《国家治理》周刊2021年第38期。]

走好新时代赶考之路的强大精神支撑

于化民*

---

* 青岛大学历史学院教授,中国社会科学院近代史研究所研究员。国家民族事务委员会协调推进司副处长马丁对本文亦有贡献。

习近平总书记在庆祝中国共产党成立100周年大会上的讲话中指出:"过去一百年,中国共产党向人民、向历史交出了一份优异的答卷。现在,中国共产党团结带领中国人民又踏上了实现第二个百年奋斗目标新的赶考之路。"① 这是以习近平同志为核心的党中央带领全党踏上新征程的动员令。以民族复兴、人民幸福为初心和使命的中国共产党,将继续团结带领全国各族人民,朝着建设富强民主文明和谐美丽的社会主义现代化强国的宏伟目标,进行新时代的长征。

走好新时代的赶考路,必须牢固树立必胜信念

历史反复证明,在任何困难和挑战面前,信心都是至关重要的。在中共七届二中全会上,面对国内外各种对于中国共产党治国能力的质疑,毛泽东同志充满信心地指出:"中国经济建设的速度将不是很慢而可能是相当地快的,中国的兴盛是可以计日程功的。对于中国经济复兴的悲观论点,没有任何的根据。"② 党带领全国人民仅用了短短几年,不仅消除了长期困扰近代中国的恶性通货膨胀,恢复了正常经济秩序和社会秩序,还实施了社会主义改造和国民经济发展的第一个五年计划,为国家工业化奠定了初步基础。改革开放以来,我国进入快速发展期。党中央带领全国人民贯彻党在社会主义初级阶段的基本路线,专心致志、心无旁骛地搞建设,迎来了从站起来、富起来到强起来的历史飞跃,正朝着实现第二个百年奋斗目标前进。前路迢迢,关山重重,更需要我们克服贪图安逸、畏葸不前、不思进取的情绪,坚定必胜信念和斗争精神。我们的必胜信念并非妄自尊大,盲目乐观,而是来自对中国特色社会主义的道路自信、理论自信、制度自信、文化自信。

坚定道路自信。新中国成立以来,党中央从未停止过对于建设社

---

① 习近平:《在庆祝中国共产党成立100周年大会上的讲话》,人民出版社2021年版,第22页。
② 《毛泽东著作专题摘编》(上),中央文献出版社2003年版,第924页。

会主义道路问题的理论和实践探索。虽然在这几十年里，我们的建设事业也曾经走过一些弯路，遭遇过一些挫折，但是，我们党始终坚持不懈地在实践中总结经验，不断深化对国情、世情的认识，注意学习借鉴但又不照搬照抄别国经验、别国模式，最终成功地走出了一条既不同于苏联、也不同于西方的根植于中国大地的现代化之路，将历史上积贫积弱、饱受欺侮的旧中国，发展成为今天的世界第二大经济体。正如习近平总书记所指出的："我们能够创造出人类历史上前无古人的发展成就，走出了正确道路是根本原因。"[1]走自己的路，是党的全部理论和实践立足点，更是党百年奋斗得出的历史结论。我们党在建设社会主义的长期实践中探索出来的中国特色社会主义道路，根植于中国大地，反映中国人民意愿，适应中国和时代发展进步要求，是实现社会主义现代化的必由之路，是创造人民美好生活的必由之路。坚定道路自信，就是既不走封闭僵化的老路，也不走改旗易帜的邪路，而是坚定不移地沿着中国特色社会主义道路走下去。

坚定理论自信。如何在中国这样一个落后的东方农业大国进行现代化建设，如何深化旨在巩固发展社会主义的诸多改革，是马克思主义发展史上从未遇到过的新考题。几代中国共产党人立足于中国的基本国情，在坚持马克思主义立场、观点、方法的前提下，深刻汲取现代化建设过程中的经验教训，不断推进和实现理论创新，不断深化对共产党执政规律、社会主义建设规律、人类社会发展规律的认识，从理论和实践的结合上回答了坚持和发展什么样的中国特色社会主义、怎样坚持和发展中国特色社会主义的历史性课题，形成了一系列党的指导思想理论创新的重大成果，指导中国特色社会主义建设一步一步地达到新的历史高度。习近平总书记精辟地指出："理论上坚定成熟，

---

[1]《习近平关于实现中华民族伟大复兴的中国梦论述摘编》，中央文献出版社2013年版，第28页。

什么力量也不能动摇我们。"① 坚定理论自信,就是要保持和发扬马克思主义政党与时俱进的理论品格,勇于推进实践基础上的理论创新,把马克思主义中国化的进程持续推向深入,让马克思主义理论永远充满生机与活力。

坚定制度自信。中国经济之所以能够持续快速发展,社会之所以能够长期保持稳定,最根本的原因是党领导人民建立和完善了中国特色社会主义制度。这一制度始终坚持以中国化的马克思主义、发展着的马克思主义为指导,始终着眼于实现好、维护好、发展好最广大人民群众的根本利益,始终坚持用以我为主、为我所用、去其糟粕、取其精华的科学态度学习和借鉴其他国家的治理经验,因此具有无比强大的优越性。坚定制度自信,就是要毫不动摇地坚持和巩固中国特色社会主义制度,尤其是坚持党的领导;就是要与时俱进地坚持和完善中国特色社会主义制度和国家治理体系;就是要各级党委政府和各级领导干部强化制度执行力,加强对制度执行的监督。总之,就是要让中国特色社会主义制度的优越性最大限度地发挥出来。

坚定文化自信。文化自信是一个国家、一个民族发展中更基本、更深沉、更持久的力量。中国特色社会主义文化有着深厚的底蕴和内涵,它源于中华民族五千多年文明历史所孕育的中华优秀传统文化,熔铸于党领导人民在革命、建设、改革中创造的革命文化和社会主义先进文化,植根于中国特色社会主义伟大实践,是顺应新时代中国特色社会主义发展需要的社会主义的先进文化。习近平总书记强调:"我们说要坚定中国特色社会主义道路自信、理论自信、制度自信,说到底是要坚定文化自信。"② 一个社会主义现代化强国,也必然是一个文化强国。坚定文化自信,就是要传承和弘扬中华优秀传统文

---

① 《习近平关于全面从严治党论述摘编》,中央文献出版社 2016 年版,第 67 页。
② 《习近平谈治国理政》(第二卷),外文出版社 2017 年版,第 339 页。

化,坚持和发展社会主义先进文化,大力培育和践行社会主义核心价值观,不断增强全民族的文化自豪感和自信心,促进国家文化软实力和中华文化影响力的大幅提升。"当今世界,要说哪个政党、哪个国家、哪个民族能够自信的话,那中国共产党、中华人民共和国、中华民族是最有理由自信的。"[1]这个自信是我们能够战胜一切困难和挑战,走好新时代赶考之路的巨大精神力量。

走好新时代的赶考路,必须时刻牢记"两个务必"

"事者,生于虑,成于务,失于傲。"100年来,中国共产党在磨砺挫折中成长,在应对挑战中壮大,很重要的一条,就在于始终保持谦虚谨慎、不骄不躁的工作作风和强烈的忧患意识。在党的七大上,毛泽东同志把谦虚谨慎、戒骄戒躁与全心全意为人民服务的根本宗旨联系起来,强调:"我们必须谨慎谦虚,不要骄傲急躁,要戒骄戒躁。谦虚就不骄,就可以戒骄。"[2]中国革命胜利前夕,毛泽东同志又郑重告诫全党,"革命胜利以后的路程更长,工作更伟大,更艰苦"[3]。他提醒全党要防止滋生骄傲情绪、以功臣自居的情绪、停顿起来不求进步的情绪、贪图享乐不愿再过艰苦生活的情绪,提出著名的"两个务必":"务必使同志们继续地保持谦虚、谨慎、不骄、不躁的作风,务必使同志们继续地保持艰苦奋斗的作风。"[4]

"两个务必"思想包含了对我国几千年治乱规律和我党历史经验的借鉴汲取,是对我党成为执政党后永葆先进性、纯洁性、对社会主义国家长治久安的深刻忧思,是我们党的宝贵精神财富。在新的赶考路上,我们不能为已经取得的巨大成就沾沾自喜,骄傲自满,忘乎所以,而是应该保持头脑清醒,强化忧患意识,继承和发扬"两个务

---

[1]《习近平谈治国理政》(第二卷),外文出版社2017年版,第36页。
[2]《毛泽东著作专题摘编》(下),中央文献出版社2003年版,第2126页。
[3]《毛泽东著作专题摘编》(下),中央文献出版社2003年版,第2124页。
[4]《毛泽东选集》(第四卷),人民出版社1991年版,第1438—1439页。

必"的优良传统，永远保持艰苦奋斗的政治本色。

要对困难和挑战有充分估计。中国革命胜利到来的时候，毛泽东同志曾经告诉全党："夺取全国胜利，这只是万里长征走完了第一步。如果这一步也值得骄傲，那是比较渺小的，更值得骄傲的还在后头。在过了几十年之后来看中国人民民主革命的胜利，就会使人们感觉那好像只是一出长剧的一个短小的序幕。"[1] 历史的发展正像毛泽东预见的那样，几十年过去了，中国共产党带领中国人民取得了建设中国特色社会主义的一个又一个伟大胜利，国家的经济实力、科技实力、国防实力和综合国力进入世界前列，今天的中国比历史上任何时期都更接近实现中华民族伟大复兴的目标。但是，我们也必须认清这样一个基本现实，即我国仍处于并将长期处于社会主义初级阶段的基本国情没有变，中国仍是世界最大发展中国家的国际地位没有变。当前正面临着百年未有之大变局，国内主要矛盾发生变化，社会利益趋于多元化，改革已经进入攻坚期和深水区。波谲云诡的国际形势、复杂敏感的周边环境、艰巨繁重的改革发展稳定任务，以及人民日益增长的美好生活需要和不平衡不充分的发展之间的社会主要矛盾，无不对党的执政能力提出了更高要求。对于我们党而言，也客观存在着执政考验、改革开放考验、市场经济考验、外部环境考验这四大考验和精神懈怠的危险、能力不足的危险、脱离群众的危险、消极腐败的危险这四大危险。虽然我们取得了巨大进步，中国人民站起来了，富起来了，但我们面临的挑战和问题依然严峻复杂，党面临的"赶考"远未结束。为此，习近平总书记语重心长地告诫党的各级领导干部："越是取得成绩的时候，越是要有如履薄冰的谨慎，越是要有居安思危的忧患，绝不能犯战略性、颠覆性错误。"[2]

---

[1] 《毛泽东著作专题摘编》(下)，人民出版社2003年版，第2124页。
[2] 《习近平谈治国理政》(第三卷)，外文出版社2020年版，第73页。

筑牢拒腐防变的思想防线。明者防祸于未萌，智者图患于将来。危机从来都是开始于微末之处，最致命的危险和挑战往往来自内部。毛泽东同志在中共七届二中全会上的报告中敲响了警钟："因为胜利，人民感谢我们，资产阶级也会出来捧场。敌人的武力是不能征服我们的，这点已经得到证明了。资产阶级的捧场则可能征服我们队伍中的意志薄弱者。"他反复提及李自成失败的教训，强调"我们共产党人进北平，是要继续革命，建设社会主义，直到实现共产主义"。新中国成立以后，经过40多年的改革开放和经济建设，我国社会面貌发生了深刻变化。与此同时，在现实生活中确实有些党员领导干部，宗旨意识淡化，权力观扭曲，主仆位置颠倒，无视百姓疾苦，高高在上，做官当老爷，追求个人享乐。针对这种现象，习近平总书记强调："坚定理想信念，坚守共产党人精神追求，始终是共产党人安身立命的根本。"[1]他还一再重申："我们的权力是党和人民赋予的，是为党和人民做事用的，只能用来为党分忧、为国干事、为民谋利。"[2]要求全党同志应当牢记初心使命，树立和保持牢固的公仆意识，自觉为党的事业和人民幸福鞠躬尽瘁，始终保持"赶考"的心态，向党和人民交出一份满意的答卷。

要继承和发扬艰苦奋斗的优良传统。艰苦奋斗是共产党人的看家本领和政治本色，是我们党顽强进取，百折不挠，战胜各种艰难险阻的强大精神动力。在西柏坡，毛泽东同志一再提醒全党，革命以后的路程更长，工作更伟大，更艰苦。"我们不但善于破坏一个旧世界，我们还将善于建设一个新世界。"[3]号召全党继续保持和发扬革命战争年代的那种艰苦奋斗精神、拼命精神，为国家的繁荣富强、人民的共同富裕而努力工作。新中国成立后取得的一切成就，都是党带领中国

---

[1]《习近平谈治国理政》(第一卷)，外文出版社2018年版，第15页。
[2]《习近平谈治国理政》(第二卷)，外文出版社2017年版，第147页。
[3]《毛泽东著作专题摘编》(上)，中央文献出版社2003年版，第937页。

人民一步一步脚踏实地干出来的。我们党在人民群众中享有崇高的威望,不但源于强大的真理力量,即党的正确理论,还源于强大的人格力量,集中体现为党的优良作风。艰苦奋斗的优良作风,不仅是我们一路走来、发展壮大的重要保证,也是我们继往开来、再创辉煌的重要保证。习近平总书记高度重视党的优良传统和作风的传承,他强调:"过去我们党靠艰苦奋斗、勤俭节约不断成就伟业,现在我们仍然要用这样的思想来指导工作。"① 2013 年 7 月,习近平总书记在河北调研指导党的群众路线教育实践活动时,专门来到西柏坡参观,他指出,对毛泽东同志提出"两个务必"的深邃思想和战略考虑,我们要不断学习领会。我们要不断向全党严肃郑重地提出这个问题,始终做到谦虚谨慎、艰苦奋斗,使我们的党永远不变质、我们的红色江山永远不变色。在纪念红军长征胜利 80 周年大会上的讲话中,习近平总书记深刻指出:"我们还有许多'雪山'、'草地'需要跨越,还有许多'娄山关'、'腊子口'需要征服,一切贪图安逸、不愿继续艰苦奋斗的想法都是要不得的,一切骄傲自满、不愿继续开拓前进的想法都是要不得的。"② 号召全党一定要保持艰苦奋斗、戒骄戒躁的作风,以时不我待、只争朝夕的精神,奋力走好新时代的长征路。

走好新时代的赶考路,必须坚持党的群众路线

一切为了人民,是中国共产党的终极价值追求。除了中国人民和中华民族的利益,党没有自己的任何私利。这就要求,党的全部努力与工作,共产党员的全部奋斗与牺牲,都必须是为了谋求中国人民的解放和幸福。党的事业就是人民的事业,需要动员、组织人民群众共同参与和推进。这就需要把党的宗旨、路线、方针、政策贯彻到群众中去,转化为群众的思想觉悟和有组织行为。历史经验证明,群众路

---

① 《习近平关于"不忘初心、牢记使命"论述摘编》,党建读物出版社、中央文献出版社 2019 年版,第 245 页。
② 习近平:《在纪念红军长征胜利 80 周年大会上的讲话》,人民出版社 2016 年版,第 11 页。

线是党的生命线和根本工作路线。就像习近平总书记所指出的："时代是出卷人，我们是答卷人，人民是阅卷人。"① 无论前进道路上有什么样的艰难险阻，只要我们坚持全心全意为人民服务的根本宗旨，坚持走群众路线，始终同人民想在一起、干在一起，始终保持同人民群众的血肉联系，就一定能够排除万难，争取新的更大的胜利。

  首先，要相信和依靠人民群众。人民群众是历史的创造者，群众是真正的英雄。推翻三座大山的反动统治，创建人民共和国，要靠最广大的人民群众，建设中国特色社会主义，实现第二个百年奋斗目标，也要靠最广大的人民群众。毛泽东同志将相信和依靠群众作为党的一切工作的基本出发点，提出"人民群众有无限的创造力""共产党基本的一条，就是直接依靠广大革命人民群众"等论断。最广大人民的衷心拥护和坚定支持，是中国共产党领导力和执政力的广大而深厚的基础，是中国共产党胜利前进的不竭力量源泉。毛泽东同志在进北京城之前要求全党谦虚谨慎，不骄不躁，归根结底是一种对待人民群众的态度问题。他还要求新中国的各级政府和政权机关如法院、军队前面都要加上"人民"二字，以此突显人民群众的国家主人公地位。习近平总书记对党与人民群众的关系作了更加深入的思考，反复强调"人民立场是中国共产党的根本政治立场"②，他还强调："中国共产党根基在人民、血脉在人民、力量在人民。"③ 我们党来自人民，为人民而生，因人民而兴。党的十八大以来，以习近平同志为核心的党中央始终把人民放在最高的位置，把人民对美好生活的向往作为奋斗目标，坚持为人民谋幸福、为民族谋复兴的初心使命，极大地彰显"江山就是人民，人民就是江山"的价值理念。我们党的最大政治优势是密切联系群众，党执政后的最大危险是脱离群众。要让群众观点、群

---

① 《习近平谈治国理政》(第三卷)，外文出版社2020年版，第70页。
② 习近平：《在庆祝中国共产党成立95周年大会上的讲话》，人民出版社2016年版，第18页。
③ 习近平：《在庆祝中国共产党成立100周年大会上的讲话》，人民出版社2021年版，第11页。

众路线在全党同志的思想中深深扎根,并真正落实到每个党员的行动上。

其次,要虚心向群众学习,善于发挥群众力量。人民群众是实践的主体,蕴藏着无限的聪明才智和巨大的创造力。毛泽东同志曾经指出:"只要我们依靠人民,坚决地相信人民群众的创造力是无穷无尽的,因而信任人民,和人民打成一片,那就任何困难也能克服"[1]。习近平总书记指出:"在人民面前,我们永远是小学生,必须自觉拜人民为师,向能者求教,向智者问策"[2]。要求领导干部放下架子,甘当小学生,多同群众交朋友,多向群众请教。只有永远保持谦虚谨慎的态度,虚心向群众学习,才能切实提高党的执政能力和领导水平。形势越复杂,困难和问题越多,越是要坚持从群众中来、到群众中去的工作路线。新的赶考路上,一定会遇到许多新的问题、困难和风险,有些难题很可能是以前从未遇到过的。面对更加错综复杂的局面和更多需要解决的问题,就应该摆正执政党与人民群众的关系,切实尊重人民群众的主体地位,充分发扬人民民主的政治优势,将群众的积极性、主动性、创造性充分激发出来,汇聚成实现下一个百年目标的永不枯竭的力量源泉。

最后,切实抓好党风廉政建设。七届二中全会根据毛泽东同志的提议,作出禁止给党的领导者祝寿、不送礼、少敬酒等六项规定。党中央率先垂范,为全党作出了廉洁奉公、一心为民的表率。我们党始终视贪污腐败等侵害人民利益的现象为大敌,早在中央苏区时期就规定凡工作人员贪污公款在 500 元以上者处以死刑。新中国成立初期又毫不手软地处理了刘青山、张子善腐败案,以警示全党切不可被资产阶级的糖衣炮弹所击倒。改革开放带来了经济社会的快速发展,而西

---

[1] 《毛泽东著作专题摘编》(上),中央文献出版社 2003 年版,第 274—275 页。
[2] 《习近平谈治国理政》(第一卷),外文出版社 2018 年版,第 27 页。

方的一些腐朽思想观念和生活方式也乘隙而入。一些党员干部甚至是高级领导干部抵挡不住金钱、美色和奢侈生活的诱惑，被拉下了水，堕落成为腐败分子。党的十八大以来，习近平总书记高度重视反腐败斗争，警告全党如果任凭腐败问题愈演愈烈，最终必然亡党亡国。十八大以来，党中央坚定不移推进党风廉政建设和反腐败斗争，"老虎苍蝇一起打"，取得了显著成效，全党理想信念更加坚定，党的执政基础和群众基础空前稳固。然而，打击腐败是党的建设伟大工程的一项长期任务，须臾不可以放松，稍有松懈就可能前功尽弃。党内没有腐败分子的藏身之地。只有彻底清除党内存在的严重隐患，大大增强党的先进性、纯洁性和凝聚力、战斗力，才能不忘初心和使命，在新时代的赶考路上一往无前，直至到达胜利的彼岸。

（原文发表于《国家治理》周刊2021年第38期。）

统筹推进国家治理现代化与人的全面发展

樊鹏[*]

---

[*] 中国社会科学院政治学研究所研究员。

党的十九届六中全会提出，要推动人的全面发展、全体人民共同富裕取得更为明显的实质性进展。致力实现人的全面发展是马克思主义政党的鲜明特征，是中国特色社会主义制度的崇高追求。

根据马克思主义关于人的发展理论，人是社会实践的主体，既被现实所塑造，又在推动社会进步中实现自身发展。人的发展的内容与人的发展的条件紧密联系，需要构建特定的社会制度并充分发挥制度的优势，为人的实践和人的发展创造现实条件。同时，建设什么样的社会制度、实现什么样的政治目标，人又是决定性因素，也就是说，通过不断促进人的全面发展，可以创建更好的社会。

在著名的《论犹太人问题》一文中，马克思曾经讨论了人的政治解放和社会解放的区别。现代"政治国家"宣称以自己的方式废除了出身、等级、宗教、文化和职业的差别，但是按照马克思的观点，"完成了的政治国家，按其本质来说，是人的同自己物质生活相对立的类生活"。换句话说，在政治国家，人仅仅是想象的主权中虚构的成员，人走向了纯粹形式上的平等和权利，但这并不能掩盖现实中真实存在的不平等。按照这一观点，人的解放和人的全面发展，不能仅仅是思想中的、意识中的抽象的、玄奥的概念，而应具有更加实质性的内涵，特别是应当体现在经济社会发展各个环节，体现在人民的现实生活中。

在中国，避免走向纯粹形式上的平等和权利，实现真正意义上人的自由全面发展，主要依靠的是中国特色社会主义制度与国家治理体系和治理能力现代化。坚持中国特色社会主义制度、推进国家治理体系和治理能力现代化，根本出发点就是着眼于人民现实的物质文化生活需要和不断提高人民素质的需要，促进人的全面发展。其中，国家治理体系作为国家政治制度的具体化和实体化存在，在保障人的广泛真实权利从形式到内容的转变中，在推动人从片面的、畸形的、不自由的和不充分的发展向更加全面的、和谐的、自由而充分的发展过渡的过程中，在将中国特色社会主义致力实现人的全面发展的思想优势和理论优势，转化为不断促进人的全面发展的现实的、具体的制度效能方面，发挥着关键作用。而中国共产党带领人民不断追求人的全面发展的过程，也是中国特色社会主义制度不断完善、国家治理体系和治理能力现代化不断推进的过程。简言之，只有坚持中国共产党领导，坚持中国特色社会主义制度，不断推进国家治理现代化，才能摆脱人的抽象的、单向度的、形式上的发展，实现人的具体的、全面的、实质性的发展。

在促进人的全面发展与推进国家治理现代化过程中，中国的重要经验是坚持二者相互协调、相互统一，融汇于中国式现代化发展道路，致力创造政治文明新形态。从改革开放以来尤其是新时代以来的政治实践经验来看，中国共产党统筹推进国家治理现代化和人的全面发展，主要体现在以下四个方面：通过"有效市场"与"有为政府"相互补充，为人的全面发展提供更加坚实的物质基础和更加完善的社会保障体系；通过"做大蛋糕"和"分好蛋糕"同步推进，构建更加公平正义的社会发展环境；通过充分释放民主效力和社会活力，实现自由活力与良好秩序的有机统一；通过实现物质文明和精神文明协调发展，不断满足人民日益增长的美好生活需要。

"有效市场"与"有为政府"相互补充

根据马克思主义关于人的发展的理论，人的发展依赖于具体的生产条件和物质基础，但更重要的是有目的地联合起来，控制和发展这一物质基础，并消除历史造成的自发性和盲目性，消除和克服人的发展中的矛盾，从而达到人的智力和体力的统一，精神劳动、物质劳动和享受的统一，生存和发展的统一。

在资本主义国家和一般市场经济条件下，经济生产主要依赖其自发性，同人的全面发展的要求形成了内在的矛盾和冲突。无产阶级政党作为人类解放主体，必须依靠政治制度优势消除历史造成的自发性和盲目性。在社会主义条件下发展市场经济，是中国共产党的一个伟大创举。坚持在市场经济前加上"社会主义"这个定语，可以有效防范资本主义市场经济的弊端，致力维护人民根本利益，促进人的全面发展和社会全面进步。

在具体实践中，着力从社会主义基本制度与市场经济的相互补充和有效结合上下功夫，既要"有效的市场"，也要"有为的政府"。一方面，中国积极发挥"有效市场"的作用，充分发挥人民创造力和社会积极性，持续推动经济社会不断向前发展。2020 年，中国人均 GDP 已经从新中国成立之初的 119 元增加到 72000 万元，城镇和农村居民年人均可支配收入分别从不足 100 元、50 元增加到 43834 元、17131 元，从某种角度来看，中国是世界上最具幸福感的国家之一。另一方面，中国充分运用马克思主义政治经济学理论，及时总结新的改革实践，在政府职能、市场机制、民生保障、社会治理等重大问题上不断推动理论创新，积极推进相关领域国家治理体系和治理能力现代化，努力为促进人的全面发展提供坚实的制度基础。积极推进社会领域各项改革，不断完善社会保障体系，夯实人的全面发展的社会基础，就是这一努力的最鲜明体现。

党的十六大以来，在总结前期发展经验教训基础上，强化政府责任，增加财政投入，填补制度空白，社会保险覆盖范围从城镇扩大到乡村，从国有企业扩大到各类企业，从就业群体扩大到非就业群体，成功建立了世界上覆盖人群最多的社会保障制度。中国特色社会主义进入新时代，在坚持"广覆盖、保基本、兜底线"的前提下，以增强公平性、适应流动性、保证可持续性为重点进行了更为系统的改革，同时还根据经济社会发展水平等因素，稳步提高各项社会保障待遇水平。

从人的全面发展的角度来看，我国的社会建设依然面临巨大挑战和难题。这包括社会保障的"差异性"问题——仍然存在着不同程度的地区差异、行业差异、部门差异和收入阶层差异,影响了社会保障的公平性;社会保障的"双轨制"问题——在社会保障方面,城乡之间、地区之间的制度衔接能力和转移接续能力以及适应流动性的能力仍然有待提高;社会保障的"碎片化"问题——社会保障领域各部门各自为政、信息壁垒、政策协调难等问题还时有发生;社会保障的"可持续性"问题——新时代群众对医疗、养老、教育等方面提出更高要求,福利预期增长过高,民生开支增长较快,财政压力持续增大。

针对这些问题,党的十九届四中全会首次提出了"民生保障制度"的概念;党的十九届六中全会进一步指出,"让老百姓过上好日子是我们一切工作的出发点和落脚点,补齐民生保障短板、解决好人民群众急难愁盼问题是社会建设的紧迫任务"。这些新的理念和部署,从人的全面发展和国家治理现代化相互协调的角度,为积极促进社会领域各项制度进一步完善和发展确立了顶层设计。

"做大蛋糕"和"分好蛋糕"同步推进

发展为了人民,这是马克思主义政治经济学的根本立场。马克思主义政治经济学认为分配决定于生产,而又反作用于生产,最能促进生产的是能使一切社会成员尽可能全面地发展并保持和发挥自己能力的分配方式。从国家治理现代化的角度来看,在中国特色社会主义制度框架下,按照经济社会发展水平和社会发展阶段的要求进行分配领域的改革,完善相关制度,既"做大蛋糕"又"分好蛋糕",是促进人的全面发展的重要条件。

我国根据社会主义初级阶段的基本特征和要求,从实际出发,确立了按劳分配为主体、多种分配方式并存的分配制度。党的十九届四中全会明确指出,公有制为主体、多种所有制经济共同发展,按劳分配为主体、多种分配方式并存，社会主义市场经济体制等构成我国的基本经济制度。实践证明，这一制度安排有利于调动各方面积极性，有利于实现效率和公平的有机统一，有利于促进和实现人的全面发展和社会全面进步。

改革开放以来，我国还实施了大规模扶贫开发，使7.7亿农村人口摆脱贫困，谱写了人类反贫困历史上的辉煌篇章。伴随这一过程，我国人均预期寿命不断提升，1981年我国人均预期寿命为67.9岁，根据世界卫生组织（WHO）发布的《世界卫生统计》报告，2019年中国人均寿命预期已经超过77岁。但是从其他一些方面来看，我国的社会分配制度仍然尚未成熟定型。根据中国统计出版社出版的《中国住户调查统计年鉴》，自2002年以来，中国的基尼系数不断升高，2008年达到0.491的顶峰。党的十八大以来，基尼系数有所下降，其中城乡居民收入差距缩小的贡献率较高，但目前基尼系数依然高于0.46。基尼系数的变化，反映了中国改革发展中市场机制的有效性，是"做大蛋糕"的必然结果，但从"分好蛋糕"的角度看，这显然还不是一个合理的收入分配结构。从人的全面发展和国家治理现代化的双重视角来看，我国的分配制度仍然有较长的路程要走。

在改革发展中，我国针对收入分配中存在的收入差距拉大、劳动报酬在初次分配中的比重较低、居民收入在国民收入分配中的比重偏低等问题，不断健全相关体制机制和具体政策，调整国民收入分配格局，持续增加城乡居民收入，不断缩小收入差距。党的十八大以来，我国居民收入的增长同GDP增长的同步性非常强，这意味着居民共享发展成果的成效大大提升。未来，需要着眼于社会公平正义和人的全面发展，从人民最关心最直接最现实的利益问题出发，继续调整国民收入结构，提高居民收入的份额以及劳动报酬的份额，在"做大蛋糕"的同时"分好蛋糕"，让老百姓有更多成就感和获得感。

社会性流动是实现人的全面发展的另一个重要途径。党的十九大报告首次提出"社会性流动"的概念：破除妨碍劳动力、人才社会性流动的体制机制弊端，使人人都有通过辛勤劳动实现自身发展的机会。2021年8月17日召开的中央财经委员会第十次会议研究扎实促进共同富裕问题时再次提出，为人民提高受教育程度、增强发展能力创造更加普惠公平的条件，畅通向上流动通道，给更多人创造致富机会，形成人人参与的发展环境。这些改革方向，体现了以人民为中心的发展思想，对于增进人民福祉、促进人的全面发展、朝着共同富裕方向稳步前进至关重要。

自由活力与良好秩序有机统一

根据马克思"一切人的自由发展"的观点，人的发展不应以牺牲一部分人的发展为代价，相反要构建有利于"一切人的自由发展"的"自由人联合体"。这种"自由人联合体"是人的自由同社会自由的有机统一，是人的个体独立性、创造性同集体的、社会的和谐秩序的相互统一。

保障人民权利，调动人民积极性、主动性和创造性，是人的全面发展的内在要求，也是中国特色社会主义民主的鲜明特征。中国作为一个超大规模国家，促进人的全面发展，发展社会主义民主，既要有利于激发社会创造力，也要有利于维护社会稳定。活力既不等于放任自流也不是凌乱无章，"死水一潭不行，暗流汹涌也不行"，一个现代化的社会，应该既充满活力又拥有良好秩序，呈现出活力和秩序有机统一。

改革开放以来，中国始终坚持将实现国家的总体目标同保障人民的广泛社会权利相结合，将构建和谐稳定的政治秩序同激发社会自由活力相结合，成功创造了经济快速发展和社会长期稳定的双奇迹。在国家治理层面，始终坚持以人民为中心，不断创新民主实现形式，既着眼于充分释放民主政治的效力与活力，也立足于发挥群众路线等中国式社会治理的优势，保持国家团结稳定、促进社会和谐发展。

改革开放以来，中国经历了人类发展史上规模最大、速度最快的城镇化过程，城镇化率从1978年的17.92%上升到2020年的63.89%，社会经济结构出现巨大变化。但是在中国共产党的领导下，中国总体上并没有像其他国家一样，在工业化和现代化过程中经历高犯罪率的严重困扰，相反，中国社会的安全系数在过去40多年来的各阶段都优于其他发展中国家和绝大多数发达国家。国内格局的安全稳定也为中国的发展创造了巨大红利，为人民美好生活的实现奠定了重要基础。毫不夸张地说，中国在过去40多年取得的公共安全成就，是人类工业化历史上影响人群最广泛、时间最为持久的，为促进人的全面发展作出了重大贡献，在世界范围内堪称典范。

不可否认的是，当前我国社会结构正在发生深刻变化，互联网深刻改变人类交往方式，社会观念、社会心理、社会行为发生深刻变化。新形势下着眼于人的全面发展，如何更好适应社会结构、社会关系、社会行为方式、社会心理等深刻变化，继续推进和完善社会领域国家治理体系和治理能力现代化，是摆在眼前的任务和挑战。

在庆祝改革开放40周年大会上的讲话中，习近平总书记强调："前进道路上，我们必须始终把人民对美好生活的向往作为我们的奋斗目标，践行党的根本宗旨，贯彻党的群众路线，尊重人民主体地位，尊重人民群众在实践活动中所表达的意愿、所创造的经验、所拥有的权利、所发挥的作用，充分激发蕴藏在人民群众中的创造伟力。"[①]在具体的国家治理层面，需要实现更加充分、更高质量的就业，健全全覆盖、可持续的社保体系，强化公共卫生和疾控体系，促进人口长期均衡发展；需要尊重劳动、尊重知识、尊重人才、尊重创造，充分释放人的创新激情、创新活力、创新能力，使人人各尽所能、各展其才、各得其所，从而彻底解决发展的持久活力与内在动力问题，真正实现人的自由发展；需要完善共建共治共享的社会治理制度，实

---

① 习近平：《在庆祝改革开放40周年大会上的讲话》，人民出版社2018年版，第24—25页。

现政府治理同社会调节、居民自治良性互动,建设人人有责、人人尽责、人人享有的社会治理共同体;需要加强和创新基层社会治理,使每个社会细胞都健康活跃,将矛盾纠纷化解在基层,将和谐稳定创建在基层;需要更有效地维护社会公平正义,促进人的全面发展和社会全面进步。

物质文明和精神文明协调发展

根据马克思主义理论,物质文明和精神文明是人类认识世界、改造世界全部成果的总括和结晶。人通过生产而发展和改造着自身,通过生产产生新的力量和新的观念,创造新的交往方式、新的需要和新的语言。也就是说,人类在改造世界的过程中,既获得了物质成果,也获得了精神成果。在此意义上,不仅物质文明的发展与精神文明的发展是相互统一的,实现人的现代化与人的自由全面发展也是相互统一的,两者相辅相成。

中国的现代化是社会主义现代化。在社会主义现代化建设中,人是最活跃、最具创造性的因素,提高人民综合素质、促进人的全面发展是中国式现代化的重要内容,这决定了中国式现代化必须推动物质文明和精神文明协调发展,"两个文明"都要搞好。改革开放40余年来,在中国共产党领导下,中国式现代化不仅创造了物质文明发展的世界奇迹,也创造了精神文明发展的丰硕成果,形成了生活富裕富足、精神自信自强、环境宜居宜业、社会和谐和睦、公共服务普及普惠的良好局面。

党的十八大以来,习近平总书记高度重视物质文明和精神文明协调发展,强调"以辩证的、全面的、平衡的观点正确处理物质文明和精神文明的关系"[①],他还强调:"只有物质文明建设和精神文明建设都

---

① 《习近平谈治国理政》(第二卷),外文出版社2017年版,第324页。

搞好，国家物质力量和精神力量都增强，全国各族人民物质生活和精神生活都改善，中国特色社会主义事业才能顺利向前推进。"[1] 无论是在完善社会主义市场经济体制和转变经济增长方式等方面，还是在脱贫攻坚、全面建设小康社会、推进共同富裕过程中，党中央始终高度重视处理好"富口袋"和"富脑袋"的关系，强调既要家家"仓廪实衣食足"，实现物质生活充裕富足，也要人人"知礼节明荣辱"，实现精神文化生活丰富，促进人的全面发展。

今天，精神文化生活的丰富程度已成为衡量人的全面发展的重要标尺，成为衡量人民幸福指数和满足人民对美好生活向往的关键因素，全面建设社会主义现代化国家比以往任何时候都更加需要价值引领、文化滋养和精神支撑。《中华人民共和国国民经济和社会发展第十四个五年规划和二〇三五年远景目标纲要》提出："加强社会主义精神文明建设，培育和践行社会主义核心价值观，推动形成适应新时代要求的思想观念、精神面貌、文明风尚、行为规范。"为此，要不断满足人民群众多样化、多层次、多方面的物质和精神文化需求，使全体人民共享改革发展成果和幸福美好生活。

值得指出的是，中国人民创造了源远流长、博大精深的优秀传统文化，不仅为中华民族生生不息、发展壮大提供了强大精神支撑，而且深刻影响着当代中国的发展进步，深刻影响着当代中国人的精神世界。实现人的全面发展，要注重将马克思主义与中华优秀传统文化相结合，用马克思主义的真理力量激活中华民族历经几千年创造的伟大文明，推动物质文明、政治文明、精神文明、社会文明、生态文明协调发展，创造人类文明新形态。

（原文发表于《国家治理》周刊2021年第47期。）

---

[1] 《习近平谈治国理政》（第一卷），外文出版社2018年版，第153页。

"集中精力办好自己的事情"的战略逻辑

唐任伍[*]

---

[*] 北京师范大学政府管理研究院院长、教授。

习近平总书记在省部级主要领导干部"学习习近平总书记重要讲话精神，迎接党的二十大"专题研讨班开班式上指出，全党必须增强忧患意识，坚持底线思维，坚定斗争意志，增强斗争本领，以正确的战略策略应变局、育新机、开新局，依靠顽强斗争打开事业发展新天地，最根本的是要把我们自己的事情做好。党的十八大以来，面对各种风险挑战，习近平总书记多次强调要保持定力，增强信心，集中力量办好自己的事，集中精力办好自己的事情，无论国际风云如何变幻，我们都要坚定不移做好自己的事情。

马克思主义唯物辩证法告诉我们：内因是变化的根据，外因是变化的条件，外因通过内因才能起作用。因此，一个国家、一个民族要发展壮大和自立于世界之林，走好自己的路、办好自己的事是关键，也是从容应对各种风险、化解外部危机的根本之道。历史和现实经验证明了这一结论的正确性。百年变局和世纪疫情交织，面临第二个百年奋斗目标、中华民族伟大复兴艰巨任务的中国，只有坚定不移集中精力走好自己的路、办好自己的事情，才能"任尔东西南北风""乱云飞渡仍从容"，在危机中育新机、于变局中开新局，赢得主动、赢得优势、赢得未来。

应对各种风险和挑战的关键是"办好自己的事"

习近平总书记指出，当今世界正在经历百年未有之大变局。这场变局不限于一时一事、一国一域，而是深刻而宏阔的世界之变、时代之变。时代之变和世纪疫情相互叠加交织，世界进入新的动荡变革期。如何应对百年变局与世纪疫情交织叠加带来的挑战，这是有14亿多人口的中国必须作出的解答。为此，习近平总书记反复强调："保持定力，增强信心，集中精力办好自己的事情，是我们应对各种风险挑战的关键。"①中国的和平发展,使美国深深陷入了"修昔底德陷阱"的思维范式之中,其对华政策也随之由原本的"接触"政策"质变"调整为"规锁"政策,即把中国从可与美国共同分担国际责任的"利益攸关方"看成是需要被规范行为、锁定经济增长空间和水平的"竞争对手",企图把中国的发展方向和增长极限控制在无力挑战和威胁美国世界主导权的范围内,并不惜一切代价,试图塑造中国的发展路径、锁定中国的发展空间。

苏联解体以后,美国从战略定位上将中国视为"对手",对中国的围堵和遏制成为美国的长期战略,将"不战而胜"转变为公开施压。美国前总统奥巴马在其国情咨文演讲中多次宣称"绝不能让中国制定国际规则",不接受美国成为第二、美国要再领导世界一个世纪。美国对中国进行"和平演变"、期待将中国变为"西方",自觉不可能实现时,于是针对中国实行战略东移的所谓印太战略,实施强硬的围堵打压。特朗普上台后,民粹主义、贸易保护主义甚嚣尘上,大肆对中国进行加征关税、贸易制裁,将中国的科技企业纳入黑名单,对中国进行全方位打压。拜登上台以后,采用组合拳的方式,拉帮结派、纠集盟友,对中国的遏制和打压变本加厉,手段无所不用其极,包括美英澳三个盎格鲁—撒克逊国家组成三边安全伙伴关系(AUKUS)联盟,打造亚洲版"小北约"美日印澳四国对话机制,美国、英国、加拿大、澳大利亚、新西兰组成的"五眼联盟"全球情报系统,不断鼓吹所谓"中国威胁"的G7集团,以及有13国参加的印太经济框架,层层叠叠,对中国从军事、安全到科技、经贸进行全方位围堵遏制,企图把中国踢出全球供应链,阻止中国和平发展。

突如其来的新冠肺炎疫情延续2年多,造成了全球近6亿人感染、600多万人失去生命,产业链、供应链遭到严重破坏,打乱了全

---

① 习近平:《在民营企业座谈会上的讲话》,人民出版社2018年版,第10页。

球经济运行秩序，引发了全球经济衰退。2022年2月乌克兰危机爆发，国际形势中不稳定、不确定、不安全因素更加突出，本来就负重前行、疲惫不堪的世界经济雪上加霜，能源危机、粮食危机、通货膨胀，进一步拉升了百年变局的风险指数，原本就充满不确定性的国际局势更加动荡不安。面对百年变局和世纪疫情交织对中国经济社会发展带来的空前风险和挑战，习近平总书记高瞻远瞩，在2015年7月长春召开部分省区党委主要负责同志座谈会上明确指出，多从内因着眼、着手、着力，找准症结就有的放矢、对症下药。尤其像中国这样体量巨大、充满生机活力、发展后劲十足的国家，外部环境的不稳定、不确定、不安全因素归根结底属于外因，起决定性作用的还是自身内因，集中力量办好自己的事情，疏通自身经脉，努力炼就百毒不侵、金刚不坏之身，是化解一切外部带来的风险的关键。

中华民族伟大复兴的艰巨任务需要"办好自己的事"

实现中华民族伟大复兴是近代以来中华民族最伟大的梦想。但是，这一梦想绝不是轻轻松松、敲锣打鼓就能实现的，必须进行伟大斗争，建设伟大工程，推进伟大事业，付出艰苦的努力。

中华民族历史悠久，在数千年的发展历程中，创造了走在同期人类文明前头的经济发达、科技领先、文化繁荣的古代文明；进入近代以后，外国列强运用坚船利炮，大肆侵占中国的领土，践踏中国的主权，掠夺中国的财富，导致中华文明衰落、民族处于危亡之中；中国共产党领导中国人民，推翻了帝国主义、封建主义、官僚资本主义的剥削和压迫，建立了新中国，承担起延续中华历史、复兴中华文明的重任，保持中华文明发展的延续性。

实现中华民族伟大复兴是中华民族近代以来最伟大的梦想，是一个复杂的系统工程，内容丰富，任务艰巨。一要大力发展生产力，增强科技硬实力，提升综合国力，实现社会主义现代化，使经济总量、人民生活水平居于世界领先水平；二要推进社会全面进步，坚持科教兴国、依法治国，实现公平正义，科技、教育、医疗、社会保障等进入世界先进行列，国民素质全面提高；三要建设新时代中华文明，在传承中华优秀传统文化的基础上，汲取精华，摒弃糟粕，以海纳百川的胸怀，借鉴吸收世界优秀文明成果，在更高的层次上建设立足中国国情，面向世界、面向未来、面向现代化的中华文明；四要构建人类命运共同体，在维护、保障国家主权和领土完整的同时，高举和平发展旗帜，以"各美其美，美人之美，美美与共，天下大同"的理念，积极发展与世界各国的友好合作关系，推动建立公正合理的国际政治经济和文明新秩序，与世界人民一道，共同建设一个和平、安宁、繁荣的新世界。

实现中华民族伟大复兴是一个渐进的过程，不是一朝一夕就能完成的，美好蓝图和伟大梦想要变成现实，是要靠我们用自己的勤劳和智慧，不断推进制度创新、理论创新、方法创新，建构起中国自主的知识体系，用中国之学，更好地回答中国之问、世界之问、人民之问、时代之问，彰显中国之路、中国之治、中国之理。因此，无论发展环境多么复杂，面临的难题如何险重，集中精力走好自己的路、办好自己的事是决定因素。中国一心一意办好自己的事情，既是对自己负责，也是为世界作贡献。

"办好自己的事"是中华民族实现从站起来、富起来到强起来伟大飞跃的一大法宝

中国共产党带领全国各族人民百年奋斗，之所以能历经风霜雨雪，受尽艰难困苦，一路披荆斩棘，战胜一个个艰难险阻，跨过一道道急流险滩，取得无与伦比的伟大成就，深刻改变了近代以来中国人民受剥削受压迫的屈辱历史、中华民族被列强践踏和落后挨打的悲惨

进程，关键在于始终没有放弃"办好自己的事"原则。在党早期实践的相当长时期，共产国际指示和苏联经验被神圣化，事事听命于共产国际和苏联，成为大革命失败、三次"左"倾错误路线形成，最终导致第五次反"围剿"失败、中央革命根据地丧失、红军被迫进行长征的主要原因。党的生死存亡和革命事业兴衰成败的血的教训警醒中国共产党人，中国革命不能处处受制于别人，不能把共产国际指示和苏联经验神圣化，而是必须独立自主走自己的路，集中精力办好自己的事情。遵义会议确立了毛泽东同志在党和红军实际上的领导地位后，开启了党独立领导中国革命的局面。正是因为中国共产党从国情出发，坚持集中精力办好自己的事情，走出一条不同于苏俄的农村包围城市、武装夺取政权的道路，才使得中国革命转危为安，不断从胜利走向胜利。

新中国成立以后，百业待举、百废待兴，中国面对外国资本主义的封锁，开始在一张白纸上描绘社会主义新蓝图，通过对农业、手工业和资本主义工商业的社会主义改造，建立起生产资料公有制和按劳分配为核心内容的社会主义经济制度，确立了人民代表大会制度，为人民当家作主提供了政治保证。中国人民集中精力办好自己的事情，赢得了抗美援朝战争伟大胜利，打出了国威军威和中国人民的精气神；消除了血吸虫病、天花、麻风病等传染病，建立了赤脚医生制度，摘掉了"东亚病夫"的帽子，扫除了文盲；独立建立起了比较完整的工业体系和国民经济体系，农业、教育、科学、文化、卫生、体育事业有了很大发展，"两弹一星"等国防尖端科技取得突破；在国际上坚持独立自主的和平外交政策，坚定维护国家独立、主权、尊严，恢复了在联合国的一切合法权利，向世界作出中国永远不称霸的庄严承诺，赢得了国际社会的尊重和赞誉。

党的十一届三中全会开启了改革开放和社会主义现代化新时期，为了实现小康社会的奋斗目标，中国从农村家庭联产承包责任制改革开始,陆续开始城市经济体制改革,价格体制、财政体制、金融体制、行政体制等经济、政治、文化、社会等各领域体制改革全面展开。对外开放从兴办经济特区开始,延伸到沿海沿边沿江沿线和内陆中心城市的全面对外开放,直到加入世界贸易组织形成了全方位的对外开放新格局。面对 20 世纪 80 年代末 90 年代初苏联解体、东欧剧变的复杂国际形势,中国沉着冷静,集中精力办好自己的事情,顶住了压力,先后实现香港和澳门回归,并于 2008 年成功举办了北京奥运会,战胜了长江等地洪涝、非典疫情和汶川特大地震等各种灾害,实现了从生产力相对落后到经济总量跃居世界第二的历史性突破,人民生活从温饱不足到全面小康。

党的十八大以来,中国特色社会主义进入新时代。面对实现社会主义现代化和中华民族伟大复兴这样艰巨、繁重的任务,尤其是面对美国挑起中美经贸摩擦和各种极限施压,在南海、东海炫耀武力,再加上突如其来的新冠肺炎疫情,中国从容不迫、保持定力、顶住压力,集中精力办好自己的事情,标本兼治,保持国家稳定和发展,疫情防控和经济发展都走在世界前列。历史和现实雄辩地证明,无论面临怎样的风险挑战,只要坚持集中精力办好自己的事情,认准自己的方向、走好脚下的路,就一定能一往无前、战无不胜。正如习近平总书记指出的:"改革开放以来,我们遭遇过很多外部风险冲击,最终都能化险为夷,靠的就是办好自己的事、把发展立足点放在国内。"① 走自己的路,是党的全部理论和实践立足点,更是党百年奋斗得出的历史结论。

中国有能力有信心"办好自己的事"

百年变局前所未有,世界动荡趋势加剧,乌克兰危机进一步激

---

① 《习近平:关于〈中共中央关于制定国民经济和社会发展第十四个五年规划和二〇三五年远景目标的建议〉的说明》,新华社 2020 年 11 月 3 日。

化,新冠肺炎疫情仍将在一段时期内肆虐,通货膨胀在世界众多国家中高企,世界经济衰退成为大概率事件。因此,"办好自己的事",是中国应对一切风险挑战的必然选择。

中国共产党的坚强领导和中国特色社会主义制度优势,是"办好自己的事"的政治保障。

"办好自己的事"既是一种价值观,又是一种方法论,它需要高超的决策力和执行力,需要一种得以实施的优越环境。中国共产党作为领导我们事业和中华民族伟大复兴的核心力量,具有强大的领导力和执政力。历史和现实表明,在面对各种风险和重大挑战的关键时刻,党始终能够总揽全局、协调各方,发挥领导政治优势,围绕共同奋斗目标,集中各方面力量,高效执行,强力推进,集中精力办好自己的事情,化险为夷、转弱为强。

中国特色社会主义实行生产资料公有制,广大人民群众在根本利益上的高度一致,有效避免了各种利益集团、党派纷争带来的决策周期长、相互掣肘、繁冗拖沓、涣散低效的弊端,能够有效整合资源,集中有限人力、物力、财力,组织和动员各方面社会力量,统一指挥和调度,有困难共同克服、有问题共同解决、有风险共同承担,形成齿轮咬合般的全国大协作,全国一盘棋、上下一条心,汇聚干事创业的强大合力。"人心齐、泰山移",中国特色社会主义是"办好自己的事"的重要制度优势。

中国有14亿多勤劳勇敢的人民,建设全国统一的大市场,是"办好自己的事"的坚实基础。

天地之间,莫贵于人。"人多力量大""人多好办事",一定规模的人口数量是一个国家办好自己的事情、立足世界和强大起来的前提条件。毛泽东同志曾指出:"世间一切事物中,人是第一个可宝贵的。

在共产党领导下,只要有了人,什么人间奇迹也可以造出来。"① 人是世界上最强大的力量,人口的多少是衡量一个国家、一个民族是否强大的重要标志。中国拥有14亿多勤劳勇敢的人民,是世界上第一人口大国,且具有强大的凝聚力和向心力,面对风险和压力,能够万众一心,向着同一个目标,汇聚起排山倒海的磅礴力量,"穷山距海,不能限也,志之所向,无坚不入",推动党和国家事业前进。

市场是现代经济发展最稀缺的资源和要素,庞大的人口数量、4亿中等收入群体,形成全球超大规模内需市场。门类齐全、上下配套、规模巨大的产业链、供应链,建设无可替代的全国统一大市场,为中国"办好自己的事"提供了坚实的基础,更是未来全球经济发展的"定海神针"。

完善的基础设施和强大的综合国力是"办好自己的事"的物质支撑。

尽管我国还处于社会主义初级阶段,仍然是世界上最大的发展中国家,但经过改革开放以来特别是党的十八大以来的持续快速发展和积累,经济实力、科技实力、综合国力、国防实力和国际地位显著提升,经济体量大且具有强大的韧性和活力,回旋余地广。2021年中国的国内生产总值已经突破114万亿元人民币,达到17.73万亿美元,占世界国民经济总量的18%。中国拥有大学以上文化程度的人口达到2.18亿,工程师队伍庞大。

不仅如此,中国的交通、电力、通信等基础设施大幅度改善,从中国制造到中国创造,中国成为全世界唯一一个拥有联合国产业分类中所列全部工业门类41个工业大类、207个工业中类、666个工业小类的国家,是世界上第一大工业国、第一大货物贸易国。在第四次科技革命的浪潮中,中国抓住了信息化、数字化发展机遇,并在用5G技术、人工智能、量子科技等改造传统产业的同时,大力发展新

---

① 《毛泽东著作专题摘编》(上),中央文献出版社2003年版,第969页。

技术、新材料、新业态。中国雄厚的物质基础、丰富的人力资本，为"办好自己的事"提供了强大的物质条件支撑和底气。

追求卓越的创新文化和自信自强的精神力量是"办好自己的事"的不竭动力。

中华文化源远流长，5000年悠久文明历史始终没有中断，留下了丰富的创新文化，成为推动中华民族发展进步的不竭动力。"苟日新，日日新，又日新"，就是这种创新文化的源流，一直激励着中华民族披荆斩棘、上下求索、奋力开拓、锐意进取。中国共产党传承中华优秀传统文化，汲取世界上各种优秀文化精华，古为今用、洋为中用，不断推进理论和实践创新，敢为天下先，既不走封闭僵化的老路，也不走改旗易帜的邪路，而是顺应时代潮流，准确识变、科学应变、主动求变，永不僵化，走出了一条符合中国国情的前人没有走过的路。

人无精神不立，国无精神不强。"办好自己的事"，既是物质的角力，也是精神的对垒。"人是要有一点精神的"，千百年来，中华民族就以坚定的民族自尊心和自信心，不信邪、不怕压，把命运掌握在自己手中。如果精神缺"钙"，就无法集中精力办好自己的事情；有了自信自强的精神引领，就能焕发昂扬向上的动力和活力、坚定克服各种困难的勇气和斗志，逢山开路，遇水搭桥，迎难而上，担当作为，做好自己的事情。强大的精神力量是"办好自己的事"的引领、动力和支撑，既能充分调动广大人民的积极性、主动性、创造性，又能不断增强广大人民的志气、骨气、底气，更能振奋中国人民的精气神。

凝心聚力的战略定力和真抓实干的干事作风是"办好自己的事"的有效途径。

古人云："欲事立，须是心立。"在实现中华民族伟大复兴的征程中，中国共产党领导中国人民目标明确，战略定力强大，始终不忘自己的初心和使命。既"每临大事有静气"，谋定而后动，又敢于斗争善于斗争，沿着既定的目标，"定心""持心""净心""专心"，心有定力、心增定力、心聚定力；既避免了落入"中等收入陷阱"，又有效防止了西方反华势力发起的"台独""疆独""藏独""港独"的进攻，化解了一轮又一轮的贸易战、科技战、金融战。知行合一、心无旁骛地"办好自己的事"，围绕中心、重心、核心、圆心，聚合人民群众的磅礴之力，"没有一事不用心，没有一人不卖力"，找到最大公约数，画出最大同心圆，激发全体人民的创造力、凝聚力、战斗力，把一个积贫积弱、内忧外患的中国治理得生气勃勃、兴旺发达，取得一个又一个彪炳史册的成就，中华民族迎来了从站起来、富起来到强起来的伟大飞跃。

方向明了，目标定了，民心齐了，众力聚了，关键是围绕中华民族伟大复兴的战略全局和世界百年未有之大变局这"两个大局"真抓实干。实事求是、讲究实际、崇尚实干，当老实人、讲老实话、做老实事，是中华民族的优良传统。一切从实际出发，不唯上、不唯书、只唯实，坚持讲实话、办实事，不回避问题，不隐瞒真相，真抓实干，不急功近利、心浮气躁，不半途而废、虎头蛇尾，不好高骛远、贪大求全。树立立说立行、善作善成的良好形象，把"实"的观点、"实"的方法、"实"的风气、"实"的品格坚持下去、发扬开来，"办好自己的事"，使我们党越来越强大，中国特色社会主义道路越走越宽，中华民族伟大复兴事业越来越兴旺。正如习近平总书记在《关于坚持和发展中国特色社会主义的几个问题》中指出："最重要的，还是要集中精力办好自己的事情，不断壮大我们的综合国力，不断改善我们人民的生活，不断建设对资本主义具有优越性的社会主义，不断为我们赢得主动、赢得优势、赢得未来打下更加坚实的基础。"[①]

（原文发表于《国家治理》周刊2022年第15期。）

[①] 习近平：《关于坚持和发展中国特色社会主义的几个问题》，《求是》2019年第7期。

党的十八大以来我国腐败治理的新特征与新发展

洪向华[*]

[*] 中共中央党校（国家行政学院）督学、教授；中共中央党校（国家行政学院）党建部博士研究生于欢对本文亦有贡献。

腐败治理是治国理政的重要议题，腐败治理的成效如何直接决定着政权的兴衰与国家的命运。党的十八大以来，以习近平同志为核心的党中央始终将反腐败斗争作为一项战略性工作，围绕"为什么必须反腐、怎样推进反腐、谁来领导反腐、依靠谁来反腐"等问题，提出了一系列涉及反腐倡廉工作的新思想、新要求、新战略、新举措，彰显出中国共产党领导腐败治理的显著优势，呈现出许多新特征，取得了许多新发展。

中国共产党有效治理腐败的显著优势

反腐败是一场顺应民心的斗争，党的十八大以来，我国反腐败工作有理论、有行动、有成效，逐步实现以层次、领域、部门为依据分类推进、逐项开展，以精准施策为重要推动解决了一批社会反映强烈的突出问题，走出了一条具有中国特色的反腐败道路，彰显了中国共产党领导下严惩腐败、治理腐败的显著优势。

中国共产党坚强有力的领导。

中国特色社会主义的本质特征是中国共产党的领导，中国特色社会主义制度的最大优势是中国共产党的领导，党的坚强有力领导是新时代赢得反腐败胜利的根本保证。发挥中国共产党在治理腐败过程中总揽全局、协调各方的领导核心作用，有利于抓住腐败治理的"牛鼻子"，坚决纠正不当行为、强化权力运行监督，取得腐败治理成效。

其一，党中央的顶层设计推动形成上下联动的反腐"同心圆"。横向上，各级各类纪律检查机关、行政监察机关、司法审判机关等机构部门在党的坚强领导下落实主体责任、高效开展工作，形成"联动反腐"的"一盘棋""一张网"，确保方针政策的贯彻执行，获取腐败治理的最大成效；纵向上，党领导下的组织体系由中央到地方不同层级构成国家治理系统，自上而下的组织体系联系紧密，能够发挥贯通优势，实现在腐败治理过程中"一竿子插到底"，做到"打虎""拍蝇""猎狐"。

其二，党领导下不断完善的体制机制统合腐败治理的资源与力量。腐败治理是一项系统性工程，党的十八大以来，中国共产党深入推进体制机制改革，着力解决"九龙治水"的内耗局面，建立起党领导下的"合署办公"机制，以此更好地统合腐败治理的资源与力量，推动反腐工作运转顺畅、权威高效。

中国共产党坚持以人民为中心。

中国共产党开展反腐败斗争，始终将民心视为最大的政治，坚持以人民为中心的腐败治理理念，牢固站稳人民立场，持续维护人民利益。在反腐败工作的推进过程中，中国共产党实现以上率下、一以贯之，做到人民群众痛恨什么、厌恶什么就杜绝什么、铲除什么，持续巩固落实中央八项规定、整治"四风"问题，不断将群众路线贯彻到腐败治理的全方位、全过程，为人民"站好岗""放好哨"，使"中国之治"的显著优势在反腐败斗争中得到充分展现。

其一，腐败治理工作紧紧依靠人民群众。腐败治理不是党和政府的"独角戏"，中国共产党始终同人民群众保持血肉联系，善于动员社会力量同腐败现象作斗争，通过开门接访、带案下访、宣讲导访等多种途径厚植反腐群众基础，深挖细查腐败问题，以此激发人民群众参与腐败治理的"集体凝视效应"，消除腐败滋生的社会土壤。

其二，在腐败治理中增强人民群众的获得感。中国共产党开展的腐败治理行动以维护人民利益、增进人民福祉为价值取向，反腐败举措的深入实施回应和满足人民诉求、释放"反腐红利"，实现反腐成果人民共享的"普惠效应"，从而不断增强人民群众对政府工作的满意度、支持度；对社会环境的满足感、获得感，有利于提高腐败治理的"续航能力"。

中国共产党勇于自我监督、自我完善。

勇于自我革命是中国共产党带领人民战胜艰难险阻、取得伟大成就的最大优势，腐败治理依靠从严管党治党、开展自我革命，取得了良好的工作成效。党领导下的反腐败斗争，坚决纠治加重基层负担、漠视人民利益的官僚主义、形式主义、个人主义、享乐主义，严厉查处忽视客观实际、无视群众需要的玩忽职守、推诿扯皮，勇于刀刃向内、刮骨疗毒，勇于坚持真理、修正错误，有利于做到自我纠偏，实现反腐防腐。

其一，在自查自省中增强自我监督。中国共产党在治理腐败问题上拥有强烈的自我革命意识，能够通过自查自省实现自我监督，着力构建起具有中国特色的监督体系和机制。党内方面，构建起"六大主体"监督体系；国家层面，推动监察体制改革，利用"合署办公"实现"四个全覆盖"。在此基础上，不断推动党内监督与国家机关监督的贯通、衔接与协调，保证了对权力监督和腐败治理的无死角、全覆盖。

其二，在创新发展中实现自我完善。中国共产党将腐败治理与全面深化改革协同推进，通过反腐败推动各领域、各环节改革的深化，同时又通过改革构建科学合理的腐败治理机制，着力在创新发展中完善体制机制，不断铲除腐败滋生的土壤，推动中国特色反腐倡廉制度体系的成熟定性，最大限度地防范、治理腐败问题。

党的十八大以来我国腐败治理的新特征

腐败是党长期执政的最大威胁，反腐败是一场输不起也决不能输的重大政治斗争。党的十八大以来，党领导下的反腐败工作牢牢把握稳中求进的总基调，对腐败行为真追责、敢追责、严追责，持之以恒正风肃纪，呈现出许多腐败治理的新特征。

把权力关进制度的笼子。

党的十八大以来，中央扎紧"制度笼子"，先后制定、修订了一系列关于腐败治理、从严治党的法律法规，从制度上强化了对权力的监督与制约，有力推动了我国预防腐败、查处腐败、减少腐败的工作进程。

其一，党内法规建设逐渐完善。党的十八大以来，党内反腐倡廉法规制度体系建设以党章为核心、以若干法规为支撑，通过规章制度确定反腐败的要求和目标，为腐败治理提供了理论规范和行动指南。党章是腐败治理党内法规建设总的遵循，党的十九大通过的党章写入"全面从严治党"，进一步充实了纪律检查、党内监督的职责规范，同时将党的"六大纪律"、监督执纪的"四种形态"等内容写入党章，有力推动了党内监督体系的完善。此外，2016年审议通过修订后的党内监督条例；2015年、2018年两次修订纪律处分条例；2018年印发纪律检查机关监督执纪工作规则等，围绕制度、思想、理论构建体系，围绕责任、权力、担当设计制度，不断提高腐败治理的政治性、针对性、时代性，为反腐败工作提供有力保障。

其二，国家法律法规建设逐步健全。面对腐败治理的新任务、新形势，党的十八大以来，中国共产党坚持依法治国、实施"制度反腐"，重视发挥法律法规在反腐败中的保障和协同作用，审议通过的宪法修正案、监察法等条文规定健全了中国特色法规制度体系，基本形成了以宪法为基本依据，以党中央、国务院、全国人大、中央纪委以及监察部制定法律法规为基本内容的"制度反腐"原则和方针，为权力监督、腐败治理指明了方向。

坚持不敢腐、不能腐、不想腐一体推进。

持续推动腐败治理进程，坚持"三不"一体推进是党的十八大以来全面从严治党的重要工作，中国共产党将严惩腐败、严格要求、严肃教育贯穿衔接，不断完善配合、增强联动，构筑不敢腐、不能腐、不想腐的"堤坝"，做到系统整治、标本兼治，全面提高腐败治理效能。

其一，做到以案促改。腐败案件往往暴露出谋取私利与滥用职权、利益输送与利益交换、"围猎"与"被围猎"相交织等问题,以案促改能够做到针对问题进行专题部署,倒逼责任落实,推进腐败治理工作的组织与协调,不断强化管党、治党工作,以此充分发挥办案查案的综合成效,达到"查处一案、警示一片、治理一域"的良好效果。

其二,坚持惩前毖后、治病救人。党领导下的腐败治理,既体现出严格执法、不徇私情,又体现出人文关怀、组织关爱,实现了"纪法情理"的融会贯通。在实际工作中能够用好"四种形态",做到"三个区分开来",坚持实事求是、宽严相济,综合发挥出教育警醒、政治震慑、诫勉挽救的功效,真正做到对干部负责、对党负责、对国家负责。

其三,开展纪法、廉洁与警示教育。我们党强调要将思想道德建设置于十分突出的位置,发挥好教育教化作用,把纪法廉洁、警示教育融入日常监督管理的各个环节,实现"三位一体"的常态化教育,同时扎实推进"三严三实""两学一做"专题教育的开展,以此构筑拒腐防腐的思想防线,增强不想腐的主体自觉。

落实无禁区、全覆盖、零容忍深入开展。

党的十八大以来,"无禁区、全覆盖、零容忍"概括了我们党治腐反腐的原则与标准,纵向上打破反腐上限,横向上深入各个领域,做到有腐必反、有贪必肃,坚决祛除党的肌体上的"毒瘤",体现出腐败治理的坚强决心和鲜明态度。

其一,保持反腐高压态势。党的十八大以来,我们党始终高悬反腐利剑,不因位高权重而止步,不因特殊节点而放松,坚持除恶务尽,做到不搞例外、没有特殊,既不"养虎为患",也不"纵蝇作恶",用实际行动证明了过去的"功劳簿"做不了现在的"挡箭牌",党内没有"丹书铁券""铁帽子王",在动真碰硬的高压态势中彰显了反腐治腐的决心和恒心,不断消除党内的政治隐患。

其二，系统发力遏制腐败势头。腐败治理在党的领导下全面发力，实现领域、地域全覆盖。一方面，在政治安全、经济发展、文化传播等各领域开展反腐行动，实现党的干部无论从事何种工作都要接受党纪国法的约束；另一方面，统筹国内"一盘棋"与国外"一张网"，大力推进国内外追逃追赃工作，开展"天网""猎狐"专项行动，以此挤压腐败存在的空间，实现腐败治理成效的延伸与拓展。

其三，锻造过硬的纪检监察队伍。强化纪检监察工作是腐败治理的重要抓手，党的十八大以来，纪检监察机关坚守初心使命，深学笃悟习近平新时代中国特色社会主义思想，不断锤炼惩治腐败的意志和本领、思想与素质，坚持以党性立身做事，用秉公执法、刚正不阿的零容忍态度推进党和国家腐败治理落细、落小、落实。

整治群众身边的腐败问题。

习近平总书记在十九届中央纪委三次全会上指出，要向群众身边不正之风和腐败问题亮剑，维护群众切身利益。党的十八大以来，我们党将整治群众身边的腐败问题作为腐败治理的一项重要任务，因地制宜、精准施策，沉到一线解决侵害群众切身利益的突出问题，把全面从严治党贯通到社会的"最后一公里"。

其一，开展扶贫领域腐败专项整治。扶贫资金、扶贫项目是困难群众的"救命稻草"，容不得动手脚、玩猫腻。党的十八大以来，我们党高度关注扶贫领域，将从严管党治党贯穿于扶贫工作的全过程，精准施治扶贫过程中出现的截留挪用、贪污侵占、虚报冒领等违纪违法行为，深入推动扶贫领域的腐败治理，确保扶贫举措精准落地。

其二，推进民生领域腐败治理。中国共产党能够聚焦群众反映集中的难点、痛点、焦点，着力解决教育医疗、食品安全、环境保护等方面存在的吃拿卡要、盘剥克扣、行贿受贿等腐败问题，不断压实责任、加大力度，深挖啃食人民群众利益的"微腐败"行为，做到打防并举、标本兼治，以此密切党同人民群众之间的联系，切实让人民群众感受到腐败治理的变化和成效。

其三，彻查涉黑腐败与黑恶势力"保护伞"。党的十八大以来，各级纪检监察机关加大惩治涉黑腐败与黑恶势力"保护伞"的力度，严肃查处"村霸"、黄赌毒、宗族势力背后的腐败行为，对于涉黑涉腐案件，能够通过同步立案、同步调查，实现扫"黑"、打"伞"同频共振，从而带动政治生态持续好转，实现乾坤朗朗、海晏河清。

聚焦政治问题和经济问题交织的腐败案件，防止党内形成利益集团。

相较于单一的政治腐败与经济腐败，二者相交织的腐败问题对我国经济社会发展具有更强的威胁性。党的十八大以来，中国共产党聚焦政治问题和经济问题交织的腐败案件，着力防止党内形成利益集团，做到惩治腐败决心不减、态度不变、尺度不松。

其一，强化监督领导干部这一"关键少数"。若想进一步规范党员干部政治、经济活动，加快"阳光用权"机制建设，必然要聚焦于监督领导干部这一"关键少数"，着力推动腐败问题的预防、监督与惩治。党的十八大以来，通过对"关键少数"的严管重治，取得了腐败治理的显著成效，不断将全面从严治党推向纵深发展。

其二，严防官商勾结腐败。政治问题和经济问题交织的腐败现象往往产生官商勾结、权钱交易等案件，成为党内重大政治隐患，为系统整治这一痼疾，以习近平同志为核心的党中央提出建立"亲""清"新型政商关系，以此深化了腐败治理要义，指引党员干部同企业、商人真诚、坦荡、纯洁交往，营造出风清气正的社会发展环境。

其三，防止干部家属利用关系谋取私利。党的十八大以来，不断强化监督党员领导干部的子女、配偶及亲属，紧盯其朋友圈、工作圈、生活圈的政治、经济动态，防止干部家属利用关系谋取私利，持续整治"灯下黑"，阻断权力与利益的交换通道，以此减少腐败现象的发生。

党的十八大以来我国腐败治理取得的新发展

党的十八大以来,我们党惩治腐败的力度前所未有,以壮士断腕的决心、抓铁有痕的举措推进反腐败斗争,不断将腐败治理提升到更高水平,取得了全国人民所肯定的新发展、新成就。

反腐败斗争取得压倒性胜利并全面巩固。

党的十八大以来,新时代的腐败治理坚持以习近平总书记关于反腐败和全面从严治党的重要论述为指导,狠刹"四风",曝光惩处力度不减,全面从严治党取得了新的战略性成果。

其一,从数量上看,面对腐败治理的复杂性、严峻性、长期性特征,党的十八大以来,我们党强调"稳""进"并举,反腐力度空前,做到了强高压、重遏制、长震慑。据庆祝中国共产党成立100周年活动新闻中心举办的第二场新闻发布会上公布数据,2012年12月至2021年5月,纪检监察机关共立案审查调查省部级以上干部392人、厅局级干部2.2万人、县处级干部17余万人、乡科级干部61.6万人,查处有严重"四风"问题的案件62.65万起。同时,在政策感召和反腐高压下形成了"主动投案潮",仅2020年就有1.6万人主动投案,6.6万人主动交代问题,反腐败斗争取得了压倒性胜利并全面巩固。

其二,从格局上看,中国共产党握指成拳、惩治腐败,形成了党统一领导的多部门协同工作体制和格局,着力深化监察体制改革,组建了腐败治理的专门力量,不断落实全党反腐败的主体责任,凝聚腐败治理的绝对力量,实现反腐败斗争的压倒性胜利。

其三,从方针上看,党的十八大以来,党领导下的腐败治理深刻洞察管党治党规律与反腐败斗争形势,坚持不敢腐、不能腐、不想腐一体推进;落实无禁区、全覆盖、零容忍深入开展,扎牢制度笼子、监督权力运行,形成了反腐败斗争压倒性态势,使得广大党员领导干部做到明规矩、知敬畏、守底线,从而巩固了党治国理政的政治基础。

消除了党、国家、军队内部存在的严重隐患。

党的十八大以来,党中央将全面从严治党纳入"四个全面"战略布局,以卓越的勇气和定力探索出腐败治理的成功路径,刹住了歪风邪气,解决了顽瘴痼疾,消除了党、国家、军队内部存在的严重隐患,党和政府公信力不断提升,党心、军心、民心再次提振,实现了各领域、各方面的新发展。

其一,党的治理效能持续提升。党的十八大以来,党内压实腐败治理主体责任,推进反腐败工作统筹衔接,构建上下联动的腐败治理网络,同时,强化对"关键少数"的监督,做到既抓领导班子,又抓年轻干部,促使他们严负其责、严于律己、严管所辖,在"多管齐下"中提升党的治理效能,确保党和国家事业薪火相传、接续发展。

其二,"三新一高"重大战略顺利开展。党风廉政建设与反腐败斗争的强力推进,为当前把握新发展阶段、贯彻新发展理念、构建新发展格局、推动高质量发展提供了政治保障,能够聚焦政治、经济、文化、科技、民生等重点领域,坚决纠治其中违背"三新一高"的腐败问题和隐患,确保中央的决策部署贯彻执行,实现中国特色社会主义现代化建设高效推进。

其三,人民军队更加忠诚纯洁。党的十八大以来,党领导军队反腐彰显了自我革命的鲜明底色,不仅做到肃清腐败流毒,更做到稳住军心、重塑军魂,证明了中国共产党对军队绝对领导的可靠性,有利于在新时代锻造出一支听党指挥、能打胜仗、作风优良的精兵劲旅。

党风政风社会风气为之一新。

党的十八大以来,党领导下的腐败治理探索形成了自我革命的合理路径,持续纠"四风"、树新风,努力减少腐败存量、遏制腐败增量,使得各类纪律和规矩得到普遍遵守,党风政风社会风气为之一新。

其一,营造出了风清气正的政治生态。政治生态是党风、政风、社会风气的综合体现,通过铲除腐败这一"污染源",消除腐败分子的恶劣影响,实现政治生态的修复、政治文化的培育、政治生活的清朗,不断聚集清风正气,构建起良好发展环境,为做到干部清正、政府清廉、政治清明打下了坚实基础,同时也为经济社会持续健康发展提供了政治保障。

其二,营造出了和谐公平的社会环境。党的十八大以来,中国共产党领导的腐败治理紧紧围绕人民群众深恶痛绝的腐败问题,做到坚决纠治公款"消费"、公款"补贴",深入整治享乐之风、奢靡之风,大力惩治利益交换、利益勾兑等,着力在全社会伸张正义、涵养正气,营造出和谐公平的社会环境,在此条件下,正能量的持续充沛,有利于带动党和人民以更加昂扬的姿态投身于实现"两个一百年"奋斗目标的伟大实践中。

(原文发表于《国家治理》周刊2022年第14期。)

反腐败刑事治理 10 年回顾与未来展望

冯卫国[*]

---

[*] 西北政法大学刑事法学院院长、刑事法律科学研究中心教授。

腐败与反腐败的较量，直接关系到政治稳定、经济发展和社会和谐。党的十八大以来，党和国家在反腐败问题上表现出前所未有的决心和魄力，并作出了艰苦卓绝的努力，腐败蔓延上升的势头基本上得以遏制。刑事治理作为腐败治理体系中不可或缺的部分，在反腐斗争中发挥了重大作用，同时，在新时代背景下，如何进一步完善反腐刑事法治，实现更有效的反腐败刑事治理，是值得关注和探讨的问题。

刑事治理在反腐体系中的角色与定位

腐败行为的高级形式就是腐败犯罪，而刑事治理是抗制腐败犯罪的基本手段。刑事治理通过国家强力部门启动刑事追诉程序，对行为人施加刑事制裁，进而实现刑事法律在惩治和预防腐败方面的效能。刑事治理在腐败治理体系中无疑扮演着极为重要的角色，同其他腐败治理手段相比，有着难以比拟的优势：一是遏阻作用明显，刑事制裁的基本形式是刑罚，而刑罚可以剥夺犯罪人的财产、自由甚至生命，因而对腐败分子具有最为强大的威慑力；二是行动效率较高，借助国家强大的动员能力，能在全国范围内迅速集中有限的司法资源，对一定时期内比较猖獗的腐败犯罪集中展开打击行动，从而在短期内取得比较明显的控制效果。党的十九大报告提出的反腐败"坚持重遏制、强高压、长震慑"的要求，在很大程度上依赖于刑事治理的作用发挥。

然而，刑事治理也存在天然的局限：一是治理效果有限。刑事治理主要是一种事后控制，一旦进入刑事追诉环节，意味着腐败行为的危害结果业已形成，而有些后果是无法挽回的。二是运行成本较高。刑事治理的反腐效果取决于执法、司法资源的投入程度，而包括调查（侦查）、起诉、审判、执行在内的刑事法律运作的各个环节，都需要大量的人财物的投入。三是存在负面作用。腐败的本质是公权滥用，刑事治理则是基于公共权力的治理手段，如果法律规制不到位，反腐权力运行过程本身有可能滋生新的腐败,如刑讯逼供、裁判不公、徇私枉法等。正如德国学者耶林所言:"刑罚如两刃之剑,用之不得其当,则国家与个人两受其害。"①

刑事治理的特性与腐败成因的复杂性决定了必须理性、综合性地进行刑事治理。

鉴于刑事治理优越性与局限性并存的"两面性"特质,必须理性地加以对待,以兴利除弊,更好地发挥腐败治理中的刑事效能。一方面,反腐斗争的长期性、艰巨性,要求我们必须一以贯之地重视和发挥刑罚的惩治功能,不能因为反腐状况有所好转而对腐败分子手下留情、从宽发落。另一方面,必须改变过分倚重刑事治理的反腐思路。回顾中国古代、近代数千年的反腐历史,基本上走的是一条重典治吏、峻法肃贪的路子,但严刑峻法并没有带来清正廉明,官场腐败屡禁不止,并且愈治愈多。正如明太祖朱元璋慨叹的那样:"吾欲除贪赃官吏,奈何朝杀而暮犯!"在新中国的反腐历程中,也曾一度存在过度依赖重刑严惩的倾向。但事实证明,刑罚并不是对付腐败的万能良药,个别地方曾经出现的所谓"前腐后继"现象,说明刑罚包括死刑的震慑作用并非威力无边。片面强调严厉打击、而忽视从腐败的源头上进行综合治理、系统治理,势必出现打不胜打、刑罚量与犯罪量同步增长的不正常局面。

腐败成因的复杂性,决定了反腐工作是一个艰巨的系统工程,必须采取综合性的控制对策,即在有机整合各种反腐资源的基础上,把道德自律、制度约束和刑事惩治等诸方面有效结合起来。《联合国反腐败公约》的序言即鼓励各国"为有效地预防和打击腐败采取综合性的、多学科的办法"②。党的十八大以来,在对腐败现象的成因与规律

---

① 林山田:《刑罚学》,台湾商务印书馆股份有限公司1983年版,第127页。
② 赵秉志等:《〈联合国反腐败公约〉暨相关重要文献资料》,中国人民公安大学出版社2004年版,第3页。

科学认识的基础上,我国反腐对策更趋理性和成熟,反腐工作被纳入国家治理和社会治理的大格局中加以统筹安排,坚持不敢腐、不能腐、不想腐一体推进,打防并举、标本兼治、以制度建设为核心的综合反腐方略得以确立和推行,一个全方位、多层次、立体化的中国特色腐败治理体系正逐步形成。在此过程中,刑事治理在腐败治理体系中的定位更加精准、合理,其作用也得到强化和优化。

概言之,刑事治理是腐败治理的最后一道防线,是廉政法治实施的最有力的保障;刑事治理最严厉的强制性特点,也决定其具有"最后手段性",在腐败治理中,刑事手段既不能缺位,也不能越位。在具体个案中,不应轻易启动刑事制裁手段,只有在教育、监督、党纪政纪处分等无法奏效的情形下,方可进行刑事追诉;同时,对于危害程度达到犯罪标准的严重腐败行为,决不能避重就轻,降格处理,以教育措施或党纪政纪处分代替司法惩处,从而损害法治权威。

刑事治理在腐败治理实践中的地位和作用既相对稳定,也有适度地动态调整与演变的一面,正所谓"法与时转则治,治与世宜则有功"。在党的十八大后的一段时间,面对极其严峻的腐败犯罪局面,中央提出反腐败"坚持标本兼治,当前要以'治标'为主,为'治本'赢得时间"。由此,刑事法律作为"治标利器",先发制人,重拳出击,"老虎苍蝇一起打",一大批腐败分子落入法网,彰显了党和政府强力反腐的态度和决心,也增强了人民群众对反腐的信心。在反腐斗争取得阶段性成果、局势有所好转之后,中央及时作出调整,在坚持"严打"方针不动摇,始终对腐败犯罪保持"零容忍"的高压态势前提下,将工作重心由"治标"逐步转向"治本",着力推进反腐败的制度建设,从组织建设、道德建设、文化建设、经济建设、社会建设等各方面,全面推进对腐败现象的源头治理、综合治理、系统治理,实现了反腐工作的转型升级、提质增效,从而开创了反腐斗争的新局面,为腐败的更全面、更有效治理奠定了基础。

近十年反腐刑事法治的进展

党的十八大以来，我国反腐刑事法治取得了长足进展，在反腐权责配置、刑事立法、刑事司法等方面，都有诸多制度创新，进一步完善了反腐败的刑事治理体系。

重构反腐权责。

2018年3月，随着新的宪法修正案及监察法通过，中国特色国家监察体制正式确立，这是我国权力监督制度与反腐败法治的重大创新。监察机关被定位于政治机关属性，履行监督、调查、处置等职责，监察范围涵盖了所有公职人员的职务违法和职务犯罪。监察权虽不属于刑事司法权的范畴，但由于检察机关原有的职务犯罪侦查权被整体剥离（只保留了14个罪名的自侦权），腐败犯罪案件的侦办权转归监察机关行使，这一改革实际上对刑事司法权力的配置产生了重大影响。从近5年的运行情况看，监察机关行使腐败犯罪调查权，使得案件的办理效能有显著提升，集中统一、权威高效的反腐败与权力监督体系初步形成，改革的预期目标基本得以实现。

织密刑事法网。

在全面推进依法治国的背景下，法治反腐成为反腐工作的主基调。十八届三中全会提出健全反腐倡廉法律制度体系，十八届四中全会进一步要求完善惩治贪污贿赂犯罪法律制度。刑事立法及时回应实践需求，刑法、刑事诉讼法等相继加以修订，从实体到程序，对惩治腐败犯罪的相关内容进行了修改和补充，使得反腐刑事法网更加严密。

在实体方面，2015年出台的《刑法修正案（九）》对腐败犯罪的处罚规定有以下几点主要变化：一是完善了贪污受贿犯罪的定罪量刑标准，将原来"计赃论罪"的模式改为"数额+情节"的模式，更能体现罪刑相适应原则，更有利于贯彻宽严相济刑事政策。二是对严重贪污受贿犯罪被判死缓的罪犯增设终身监禁措施，旨在发挥死刑替代措施的功能，减少死刑立即执行的适用，同时起到对腐败分子的震慑作用，这是我国刑罚制度的一大创新。三是加大了对行贿犯罪的处罚力度，严格了从宽处罚的条件。四是设立"对有影响力的人行贿罪"这一新罪名，将向离职的国家工作人员、现任或离职的国家工作人员的近亲属等关系密切人行贿的行为，纳入刑事处罚范围。

在程序方面，继 2012 年修订的刑诉法设置对于贪污贿赂犯罪被追诉人逃匿、死亡案件的违法所得没收程序之后，2018 年再次修订的刑诉法增设刑事缺席审判程序，规定对潜逃境外的贪污贿赂犯罪案件可以缺席审判，从而突破了长期以来我国刑诉法坚持的刑事公诉案件只能在席审判的原则。这些特别程序的设立，意味着刑事立法在其一般性规则之外，确立了针对特定犯罪的一些例外规则，对犯罪行为的处置更为严格，对被追诉人的权利施加更多的限制，体现了对贪污贿赂等严重犯罪从严惩治的立法意图。

除了刑事立法上的特别规定外，司法实践中还通过司法解释、司法惯例等途径，确立了对腐败犯罪的一些特别措施，以堵塞制度漏洞，防止司法腐败。例如，对一定级别的被追诉官员实行异地审判、异地关押，以杜绝关系网对案件的公正处理带来干扰；针对一度被公众所诟病的"职务犯罪轻刑化"现象，审判机关从严把握缓刑的适用条件；最高司法机关还多次出台相关司法解释，规范"减假暂"等刑罚变更措施的适用，避免落马官员谋求在监所内的特殊待遇，甚至于利用关系违规办理"减假暂"，实现"合法越狱"。此外，2015 年和 2019 年我国先后进行的两次特赦当中，贪污受贿犯罪都被排除在外，表明了对贪腐犯罪从严治理的政策导向。

强化国际合作。

在全球化背景下，我国腐败犯罪出现一些新的动向，突出表现之一就是一定时期比较猖獗的"贪官外逃"现象。为此，加强国际刑事司法合作成为新时期反腐败工作的必由之路。党的十八大以来，党和政府高度重视国际刑事司法合作与涉外腐败案件的查处工作，中央反腐败协调小组内部专门设立了国际追逃追赃工作办公室，统一领导和部署境外追逃追赃工作。在中国政府推动下，2014年召开的APEC北京会议通过《北京反腐败宣言》，制定了《APEC预防贿赂和反贿赂法律执行准则》，成立了亚太经合组织反腐败执法合作网络；2016年召开的G20杭州峰会，发布了《二十国集团反腐败追逃追赃高级原则》。截至2020年10月，我国已缔结59项引渡条约，61项刑事司法协助条约，其中，党的十八大以来，与包括比利时、塞浦路斯、希腊等欧盟国家在内的25国缔结了引渡条约。①2018年，我国首部《国际刑事司法协助法》颁布施行，这有助于进一步推动刑事司法领域的国际合作，促进国际追逃追赃工作，完善跨境腐败治理。

近年来，境外追逃追赃的工作力度不断加大。自2014年起，中央反腐败协调小组每年部署开展针对外逃腐败分子的"天网行动"，公安部同步启动"猎狐行动"，整合警务、纪检监察、司法、外交、金融等力量，综合运用引渡、遣返、异地追诉、劝返等多种手段，集中力量缉捕外逃人员，追缴转移境外的涉案资产。近年来境外追逃追赃工作取得了辉煌战果。2014年至2021年6月，我国已从120个国家和地区追回外逃人员9165人，追回赃款217.39亿元，"百名红通人员"中有60名归案。②值得一提的是，涉案金额高达4.85亿美元的中国银行广东开平支行案，在案发20年后，3名主犯均已被遣返回国，显示了国家坚韧不拔、持续不懈地追逃追赃的决心和毅力，极大地震慑了外逃腐败分子，也成为反腐败国际合作中具有典范意义的成功个案。

走向更有效的反腐败刑事治理

作为一种与公共权力相伴而生的人类社会现象，彻底消除腐败是

---

① 参见张蔚然：《中国已对外缔结59项引渡条约》，中新社2020年10月26日。
② 参见陈磊：《织紧织密反腐败涉外"法"网》，《法治日报》2022年3月9日。

不现实的，但完全可以通过严密合理的防治措施加以有效控制。因此，反腐败是国家治理的永恒主题，腐败刑事治理任重道远，须久久为功，与时俱进。尽管近10年的反腐败刑事治理成效显著，但仍存在一定的短板和不足，须冷静面对，并不断加以改进。应从以下几个方面，进一步激发和释放刑事治理在腐败治理中的效能。

提升刑事治理的法治化水平。

法治是新时代治国理政的基本方式，反腐败工作必须依靠法律，遵循法律。习近平总书记曾多次强调，"要善于用法治思维和法治方式反对腐败，推进反腐败工作规范化、法治化"。近年来，我国反腐败刑事法治稳步推进，但反腐实践中仍然存在一些背离法治的问题，主要包括：一些职务犯罪案件中，被追诉人的权利得不到充分保障，违法取证、刑讯逼供、超期羁押等现象仍时有发生，律师辩护缺位或缺乏有效辩护的现象比较普遍；在职务犯罪办理中，监察机关与检察机关衔接不畅、配合制约不够的问题在一定范围内存在；一些职务犯罪案件的审理过分受舆论影响和干预，证明标准降低，导致裁判结果有失公正。努力纠正上述问题，进一步提升反腐败刑事治理的法治化水平，这是新时代反腐工作的当务之急。

法治思维和法治方式在反腐败刑事实践的运用，首要一点在于坚守底线正义。底线正义体现着刑事领域的底线思维，即作为现代刑事法治基石的一些核心理念和原则，如罪刑法定、无罪推定等原则，在任何时候都不能放弃和背离；对于被追诉人的某些基本权利，如辩护权、获得帮助权等，任何时候不可加以剥夺，对于刑讯逼供等违法办案行为，绝对不能容忍。

需要指出，为了提升打击犯罪的效能，有关法律中设置了一些针对职务犯罪等的特别程序，对法律的一般原则有所突破，但这些例外规则在限制被追诉人权利的同时，也规定了一定的权利救济路径，应当予以落实。如在刑事缺席审判程序中，对被告人的辩护权、上诉权等都有特别规定,还赋予被告人近亲属的独立上诉权,以弥补被告人缺席庭审而权利无法充分行使的问题。当前实践中面临的一个困惑,即监察法对监察调查阶段的律师介入未做明确规定,但从现代法治原则看,辩护权和法律帮助权是体现底线正义的被追诉人基本权利,不应以法律未作明确规定而否认其享有这一权利。只有合理平衡惩治犯罪与人权保障两大价值目标,严把事实关、证据关、程序关,确保案件的公正处理,才能实现良好的政治效果、法律效果和社会效果,实现反腐败刑事治理的最优效能。

优化惩治腐败犯罪的刑法结构。

相对大多数国家而言,我国现行刑法对腐败犯罪普遍设置了更重的法定刑,贪污罪和受贿罪还设置了死刑。针对腐败犯罪的重刑结构总体上符合我国国情。鉴于腐败犯罪的严重危害以及反腐形势的严峻性,立法上的重刑设置表明国家严惩腐败的立场和态度,背后也有"重典治吏"的文化基因与民意基础。当前,我国的反腐形势虽有根本性好转,但反腐成果的巩固、制度建设的落地生根还有待时日,因此,腐败犯罪的重刑结构仍有必要维持一定时间。但从长远看,随着反腐败斗争取得全面胜利,党风廉政建设步入更高境界,以及国民观念和心态日趋理性成熟,进一步优化腐败犯罪的刑法结构应适时进入立法议程。

改革的方向应是建立"严而不厉"的刑法结构。一方面,适度降低法定最高刑,特别是创造条件逐步废除死刑。对非暴力犯罪不适用死刑,这是有关国际刑事司法准则的要求。贪污贿赂犯罪的死刑设置,也不利于国际刑事司法合作的开展。党的十八届三中全会提出"逐步减少适用死刑罪名",我国通过2011年和2015年两次刑法修订,已经废除了22个死刑罪名,主要涉及经济犯罪等非暴力犯罪。从司法层面看,近10年来"少杀慎杀"的死刑政策得到了较好的贯彻,对非暴力犯罪不适用死刑立即执行,事实上成为司法常态。为了更好地治理腐败犯罪，取消其死刑适用将是大势所趋。另一方面，我国现有的一些腐败犯罪的构成条件，有"数额较大""情节严重"或"造成严重后果"的限定，入罪门槛过高，导致法网疏漏，不利于刑法惩治作用的发挥。有必要在未来的刑法修订中重新设计定罪标准，合理降低入罪条件，体现刑事立法对腐败犯罪的"零容忍"态度。如果在腐败行为的情节、后果并不严重时刑法可以进行干预，用轻刑甚至刑法第37条规定的非刑罚处理措施就能起到较好的惩戒作用。当然，要协调好党纪政纪处理与刑事追究的关系，使之各得其所，相得益彰，从而实现反腐效益的最大化。

提高腐败案件的办理效能。

意大利古典刑法学家贝卡利亚曾言："对于犯罪最强有力的约束力量，不是刑罚的严酷性，而是刑罚的必定性。"[①] 提高腐败刑事治理的效能，关键在于提高发现和惩处腐败犯罪的概率，增大腐败行为的风险成本，使之无利可图，得不偿失，从而打消潜在腐败分子的侥幸心理，抑制其铤而走险的意念。如果腐败行为大量发生，但存在较高的"犯罪黑数"，相当多的腐败分子逍遥法外，那么，即使少数落入法网者被科以重刑，也难以收到有效预防犯罪的刑罚目的。腐败犯罪尤其是贿赂犯罪，存在隐蔽性强、查处取证难等特点，而且犯罪手段不断花样翻新，日趋复杂狡诈。监察、司法等反腐机构及人员须及时跟进，深入调查研究，了解腐败犯罪的最新变化和动向，善于总结办案规律，有效应对各种新情况、新问题，保证腐败案件能够及时发现、迅速侦办、公正裁判。

针对以往反腐实践中存在对行贿行为宽大无边，甚至网开一面的情况，党的十九大提出"坚持受贿行贿一起查"，重视对行贿犯罪的查处，有利于从源头上减少贿赂犯罪，斩断伸向公权力的围猎之手。

---

① [意]贝卡里亚：《论犯罪与刑罚》，黄风译，北京大学出版社2008年版，第62页。

另外，随着反腐斗争持续深入推进，贪污贿赂等贪利性腐败、乱作为形式的腐败呈现下降势头，但滥用职权、玩忽职守等"不落腰包的腐败"、不作为形式的腐败仍然层出不穷，需要给予更多的关注。腐败在本质上就是权力滥用。"乱作为是腐败，不作为也是腐败。在一定程度上，不作为可能是更大的腐败。"① 加大对非贪利性的渎职犯罪的查处力度，也应成为新时期反腐工作的重点目标之一。

纪检监察等反腐机构应开阔思路，改变传统的由受理举报到立案查处的被动办案模式，寻求更为积极主动的途径和方式，健全腐败信息的收集网络。在信息时代，反腐机构要特别重视信息获取、信息利用、信息保护、信息管控等信息治理能力的建设。例如，要善于通过网络、社交媒体等渠道，关注社会热点问题，捕抓隐藏其中的腐败信息；针对群众反映强烈的突出问题，通过深入实地、明察暗访，及时发现腐败问题的线索等。应当突出重点，对某些腐败高发部门及易发环节实施重点监督，发掘腐败案件线索。例如，行政审批、政府采购、工程建设、资源开发、金融信贷、学校招生、医药采购等领域，都是容易滋生腐败的领域，应予重点关注，及时发现和查处可能存在的腐败问题。

推动反腐工作的社会参与。

腐败行为固有的隐蔽性特征，使得腐败案件的线索搜集难度大，单靠反腐机构的力量显然力不从心，因而社会力量的参与和支持必不可少。在有关的国际性或区域性反腐败文件中，都明确倡导公众对于反腐工作的参与，鼓励公民对腐败现象进行举报，建立多元畅通的腐败信息获取机制。

举报是反腐机构获取腐败信息的便捷途径，也是公众直接参与反腐败的主要通道。但我国现行的举报人保护制度不尽完善，相关规范

---

① 郑永年：《大趋势：中国下一步》，东方出版社2019年版，第125页。

性文件法律层级与效力较低,保护措施的设计不够周密,举报人遭受打击报复的事件屡屡发生。建议尽快出台《举报人保护法》,细化针对举报人的信息保密、人身安全保护以及奖励与补偿等措施。在网络时代背景下,尤其是随着自媒体的兴起,"网络反腐"在反腐斗争中曾起到了积极作用,但也存在恶意中伤、造谣诽谤等乱象,应当对"网络反腐"进行必要的规制和引导。相关立法应明确对善意举报人举报不实的责任豁免制度,同时,加大对恶意举报行为的追责力度,设立对不实举报被害人的"正名"制度。此外,应充分利用现代科技手段,继续拓展举报的途径和方式,使之更具便捷性、保密性和有效性,如网络密码举报等行之有效的做法,可通过立法确认而加以推广。

拓宽反腐败刑事治理的途径。

刑事治理固然以犯罪的追诉和惩治为核心内容,但不应当局限于此。在腐败刑事案件的办理中,办案机关应当在保证办案质量前提下,适当拓展职能,发挥专业优势,参与腐败的综合治理、源头治理。例如:向发生腐败案件的有关单位提出有针对性的监察建议、司法建议,督促其建章立制、完善管理、加强防范;开展预防腐败的宣传教育;对反腐工作的措施与效果进行评估,促进相关对策的完善等。近年来兴起的刑事合规制度的探索,就是体现源头治理的一种积极刑事治理措施,办案机构通过监督和指导涉案企业制定并实施有效的合规计划,促进企业内部治理的完善,避免"办结一个案子、搞垮一个企业"的负面效应,为治理企业腐败开辟了新路径。

(原文发表于《国家治理》周刊2022年第14期。)

新时代基层治理创新经验与难点突破

赵秀玲*

* 中国社会科学院政治学研究所创新工程首席专家、二级研究员。

"推进国家治理体系和治理能力现代化"是党和国家全面深化改革的总目标。基层治理是国家治理的基础与前提，没有基层治理现代化，国家治理现代化就无从谈起。党的十八大以来，习近平总书记高度重视加强基层治理，发表一系列重要论述，党和国家先后出台一系列政策法规，为破解基层治理难题和实现新的跨越式发展提供了理论遵循和制度保障。

习近平总书记关于加强基层治理的重要论述

基层和基层治理具有根基作用。

习近平总书记指出，基层就是基础，是"纽带"和"桥梁"，也是"细胞"。"基层是党的执政之基、力量之源。"① 概括起来，习近平总书记主要从以下方面论述基层的重要性。

第一，强调县级和县委书记的承上启下作用。2015年6月，习近平总书记在会见全国优秀县委书记时指出，在我们党的组织结构和国家政权结构中，县一级处在承上启下的关键环节，是发展经济、保障民生、维护稳定的重要基础，也是干部干事创业、锻炼成长的基本功训练基地。县委是我们党执政兴国的"一线指挥部"，县委书记就是"一线总指挥"，是我们党在县域治国理政的重要骨干力量。在中国古代，有"郡县治，天下安"的说法。习近平总书记重视县级与县委书记，并给予形象化、具体化、细致化阐述，在多个场合对县委书记提出殷切期望。

第二，强调乡村的基础地位。与城市基层比，乡村基层治理现代化更难，加强基层治理也更为重要和急迫。2014年3月，习近平总书记在河南省兰考县与乡村干部座谈时表示，乡村处在贯彻执行党的路线方针政策的末端，是我们党执政大厦的地基，在座各位可以说是这

---

① 《习近平谈治国理政》(第二卷)，外文出版社2017年版，第173页。

个地基中的钢筋,位子不高但责任很大。2015 年 7 月,习近平总书记在吉林农村考察时指出,任何时候都不能忽视农业、忘记农民、淡漠农村。

第三,强调城乡社区治理的重心地位。2014 年 3 月,习近平总书记在参加十二届全国人大二次会议上海代表团审议时表示,社会治理的重心必须落到城乡社区,社区服务和管理能力强了,社会治理的基础就实了。2020 年 8 月,习近平总书记主持召开经济社会领域专家座谈会时指出,要加强和创新基层社会治理,使每个社会细胞都健康活跃,将矛盾纠纷化解在基层,将和谐稳定创建在基层。

基层党组织建设是基层治理的坚强保证。

2021 年 6 月,习近平总书记在青海考察时指出,社区治理得好不好,关键在基层党组织、在广大党员。2020 年 7 月,习近平总书记在吉林考察时强调,要加强党的领导,推动党组织向最基层延伸,健全基层党组织工作体系,为城乡社区治理提供坚强保证。习近平总书记一直重视基层党组织建设,在重大时刻和有关报告中反复强调这一点。例如,2020 年 9 月,习近平总书记在基层代表座谈会上指出,加强基层党组织和基层政权建设。基础不牢,地动山摇。只有把基层党组织建设强、把基层政权巩固好,中国特色社会主义的根基才能稳固。2020 年 6 月 29 日,习近平总书记在十九届中央政治局第二十一次集体学习时强调,基层党组织是贯彻落实党中央决策部署的"最后一公里",不能出现"断头路",要坚持大抓基层的鲜明导向,持续整顿软弱涣散基层党组织,有效实现党的组织和党的工作全覆盖,抓紧补齐基层党组织领导基层治理的各种短板,把各领域基层党组织建设成为实现党的领导的坚强战斗堡垒。

以人民为中心推进基层治理体系和治理能力现代化。

习近平总书记高度重视基层治理现代化,2021 年 2 月他在贵州省贵阳市观山湖区金元社区考察调研时指出,基层强则国家强,基层安则天下安，必须抓好基层治理现代化这项基础性工作。为此，他从人民对幸福美好生活的向往、社会治理共同体建设、全过程人民民主、锻造新型治理主体等角度阐述基层治理现代化内涵、重心。例如，习近平总书记提出将人民民主贯穿于基层治理的全过程，2019年11月2日他在上海市长宁区虹桥街道古北市民中心考察时强调，人民民主是一种全过程的民主，所有的重大立法决策都是依照程序、经过民主酝酿，通过科学决策、民主决策产生的。习近平总书记强调以人民为中心，开展广泛的基层协商。2014年9月21日他在庆祝中国人民政治协商会议成立65周年大会上强调："人民群众是社会主义协商民主的重点。涉及人民群众利益的大量决策和工作，主要发生在基层。要按照协商于民、协商为民的要求，大力发展基层协商民主，重点在基层群众中开展协商。""要完善基层组织联系群众制度，加强议事协商，做好上情下达、下情上传工作，保证人民依法管理好自己的事务。"[①] 此外，习近平总书记还指出，基层治理的科学化、专业化、智能化水平非常重要，2016年10月他就加强和创新社会治理作出重要指示，要更加注重联动融合、开放共治，更加注重民主法治、科技创新，提高社会治理社会化、法治化、智能化、专业化水平。这是基于现代化高度提出的高标准和新要求。

鼓励基层大胆创新、大胆探索。

"坚持开拓创新"是中国共产党百年奋斗的重要经验。"坚持加强顶层设计与摸着石头过河相结合"，"把加强顶层设计和坚持问计于民统一起来"，是我们党治国理政的重要方法论。因此，习近平总书记鼓励基层治理探索创新。2019年10月31日，习近平总书记在党的十九届四中全会第二次全体会议上指出，要鼓励基层大胆创新、大胆探索，及时对基层创造的行之有效的治理理念、治理方式、治理手段

---

① 习近平：《在庆祝中国人民政治协商会议成立65周年大会上的讲话》，人民出版社2014年版，第20页。

进行总结和提炼，不断推动各方面制度完善和发展。2015 年 10 月 13 日，习近平总书记主持召开中央全面深化改革领导小组第十七次会议时强调，全面深化改革任务越重，越要重视基层探索实践。要把鼓励基层改革创新、大胆探索作为抓改革落地的重要方法。显然，没有基层的个性化创造，推进基层治理现代化快速发展是不可能的。在强调基层治理经验普及时，习近平总书记反对形式主义做法，重视有富有特色的个性化创造。如 2015 年 1 月，他在云南考察时指出，新农村建设一定要走符合农村实际的路子，遵循乡村自身发展规律，充分体现农村特点，注意乡土味道，保留乡村风貌，留得住青山绿水，记得住乡愁。

习近平总书记关于基层治理的论述具有实践性、理论性、超前性特点，对于推进基层治理现代化意义重大。这是新时代加强基层治理探索、创新、发展的理论遵循。

新时代基层治理的探索创新经验

党的十八大以来，我国各地基层治理在探索创新上迈出坚实步伐，形成了不少宝贵经验。

党建引领基层治理创新。

党的十八大以来，我国基层治理的探索创新首先体现在党建引领上，"党建 +"成为基层治理创新的重要引擎。党建引领基层治理创新，具体表现在三个方面。

其一，选派机关干部到农村基层担任第一书记，强化农村基层党组织建设。新中国成立后，我国有过机关干部大规模下乡帮扶的先例，但真正与广大乡村广大干部群众同呼共吸、形成制度机制，是在党的十八大后大规模开展的脱贫攻坚战。据 2021 年 4 月国新办发表的《人类减贫的中国实践》白皮书，截至 2020 年年底，全国累计选派 25.5 万个驻村工作队、300 多万名第一书记和驻村干部，帮助农民脱贫攻坚。2021年以来,全国又有18.6万名驻村第一书记、56.3万名工作队员全部选派到位。大批有知识、有能力、有志向的干部下沉一线,这对村级干部队伍建设是有力补充。

其二,基层党建方式创新。党的十八大之后,我们不仅加大社会组织、非公企业等领域的党建力度,而且将党组织建设融入社会各行业、单元、角落。党组织的设置出现了多种形式创新,如楼宇党建、楼组党建、项目化党建、支部联建等。有的突破地域性党组织局限,创设功能化党小组和项目化党小组。如广东省清远市将农村基层党建延伸到村民小组,强化党组织的精细化服务。

其三,实行"区域化大党建",探索跨区域"联合党建"。党的十八大以来,城市基层党建突破传统"单位党建"和"社区党建"思路,在城乡广泛开展"区域化大党建",即以街道党工委为核心、社区党组织为基础,联合驻地机构、企业等党组织形成整体"大党建"组织体系。区域化党建的创新之处在于,它能更有效整合区域内各种组织资源,应对当地面临的公共服务、矛盾化解等难题,最终实现共建共治共享。近年来,有地区在"跨区域联合党建"方面又有新探索,如上海市金山区与浙江省嘉兴市的"毗邻党建"很有代表性。其具体做法是:打破区域壁垒、突破行政区划,在不属于同一行政关系的毗邻地区,凝聚各级各类党组织、党员以及群众合力,围绕基层党建、社会治理、产业发展、人才共建等广泛开展战略合作,为区域协同发展探出一条新路。党建创新不是孤立进行,而是往往与基层治理相结合。党建引领是基层治理创新的重要引擎,基层治理创新又提升了党组织的凝聚力和战斗力。

形成多元共治的制度机制。

党的十八大以来,党和国家提出了全面深化改革的总目标,强调"注重改革的系统性、整体性、协同性"。真正意义的多元参与、协同治理、探索创新要以现代意识为前提,以平等、对话、共享、共赢、共治、共生等理念为支撑，以全面、动态、绿色、发展、创造性思维为根本，才能产生更大效力作用。事实上，不少地方在多元参与、协同推进基层治理方面作出探索，这既包括参与主体的多元共治，还包括治理方式的系统协同。以2014年年初国家民政部批准设立的"全国社区治理和服务创新实验区"为例，在31个创新实验区中，半数以上是以探索"协同共治"为目标。例如，北京市朝阳区开展党政群共商共治工程，广泛吸纳社会单位、两代表一委员、居民代表等社会主体参与社会治理，实现政府从"行政管理"到"协商共治"的转变。湖北省武汉市武昌区实行"五社联动"，让社区、社会组织、社工、社会资源及社区自治组织发生联动，实现民主化、科学化、精细化、专业化的治理目的。广东惠州博罗县实行"六治"，包括政治、自治、法治、德治、智治、美治，从更高层次进行协同治理。这是以"党的领导、政府负责、社会协同、群众参与"为总纲，又根据自身实际进行的创造性探索创新发展。

基层治理的智能化水平不断提升。

衡量基层治理现代化的一个重要指标是治理的智能化水平。《中共中央 国务院关于加强基层治理体系和治理能力现代化建设的意见》提出要实施"互联网＋基层治理"行动。应该说，凡在全国获得巨大发展的基层治理，都离不开智能化建设。党的十八大以来，山东、广东、浙江、四川、贵州等多个省份在基层治理数字化方面都有创新，将大数据、互联网、人工智能等新技术广泛运用于基层选举、监督、协商、决策、经济、教育、民生等各领域，取得了突出成效。近几年，基层治理智能化逐渐向系统性、协同性和集成性发展，加速基层治理的数字化智能化转型。2020年，杭州市发布《社区智治在线纲要》，启动"社区智治在线"平台，它整合多个平台的海量数据，建立与杭州"城市大脑""基层治理四平台"等数字化平台信息之间的快速流转。以"社区智治在线"在下城区试点上线为例，居民只需关注"智慧下城"微信公众号,就可享受各种便利服务。

基层治理人才的培育和提升。

近年来,我国基层治理现代化能力大幅提高,既包括物的现代化,也包括人的现代化。主要表现为基层通过各种途径方法,全面提高广大基层干群的综合能力水平,为城乡基层治理现代化储备了重要的人才基础。以村干部为例,截至目前,全国已进行了5—7轮村委会换届选举,村干部的综合素质已有很大提升。另外,许多地方在选举后还对村干部开展各种形式的培训,以提高其能力水平。例如,山西2020年举行的"农村干部学历提升工程"项目,已有17616人通过。四川省巴中市2017年创新实施"巴山优才计划",2019年又印发《"巴山优才千人培育工程"实施办法》,以及《关于开展村干部学历提升教育的通知》,全面促进干部人才队伍建设。巴中市南江县还依托行政干部学校、巴中村政学院等,培训专业人才6000多人、村级后备干部400多人。贵州省黔南州新一届村(社区)"两委"班子换届后,坚持问题导向,采取"五个一批"(业务培训、挂职锻炼、委托培养、学历提升、典型选树)方式,集中5年时间,推动所有村级干部每年参加1次全员轮训。这样,村级党组织书记到东部发达地区挂职锻炼率为5%以上,跨县跟岗锻炼率达20%以上,到县机关跟班学习率达70%以上,委托培养率达70%以上,村级常务干部大专以上学历提高到72%以上,创建"名支书"工作室12个,全面促进了村干部队伍整体素质的提升。

我国基层治理现代化取得的成果,是在党和国家及各级政府推动下完成的,也离不开基层干部群众的奋斗。其中最宝贵的经验是上下同心、打通"中梗阻"、实现创造性转化和创新性发展。事实上,基层智慧特别是群众智慧是基层治理最大和最有潜力的资源,许多制度创新经验都源于此。

基层治理现代化面临难题

历史地客观地看，我国基层治理成就有目共睹。然而，从新时代特别是国家治理现代化宏伟目标看，当前基层治理中也存在一些明显的问题。

基层特别是乡村治理人才匮乏。我国基层人才队伍不断得到充实发展，但是基层特别是广大乡村人才缺乏问题普遍存在。一方面，农民工大量外流到城里打工，抽空了乡村人才。另一方面，城市基层工作者多是退休或非专业人员，人才队伍老龄化、非专业化、简单应付的现象突出。这与基层治理现代化的高标准与严要求相去甚远，也是目前的最大短板。以2022年上海疫情防控为例，由于缺乏专业人才，没有更多社会工作者特别是志愿者参与，导致社区基层治理缺位与空转，产生一定程度的混乱。另外，基层特别是乡村年轻干部缺乏，导致内生力不足。近些年，党和国家加大对农村的支持力度，下派干部到村帮扶成为国家行动。这从另一侧面表明了乡村本土干部缺乏的现实。调研发现，乡村干部外流现象严重，年轻乡村干部成为奇缺资源，不少大学生毕业后不愿回乡就业，乡村干部数量与质量堪忧。加之基层干部老龄化导致缺乏现代管理能力，直接影响基层治理现代化进程。

不少基层处于单一封闭甚至相互隔绝的局面。当前，不少基层治理还缺乏整体感、系统化、协同性、共同体意识，离现代化要求有较大距离。其一，各自为政导致基层治理呈孤岛状。如山东潍坊寿光市的东斟灌村是有名的乡村治理典型示范村，但邻居西斟灌村则很普通，二者显然没形成互帮互助、优势互补、共同发展的局面。这种情况在乡镇、社区之间也较为普遍，必然影响共同发展。其二，治理单一化，没有形成科学的立体化思维。不少基层针对某一问题设立不同的组织，各组织也是各守其职，但沟通性、联动性、互动性不强，导致九龙治水，治理效率不高甚至相互掣肘。其三，"被治理"导致官僚主义和形式主义。基层治理现代化在大方向上是不断向前推进，但不少地方有"被治理"的情况。一些地方基层治理完全由领导个人说了算，广大干部群众的参与度不高，容易将领导干部的局限变成基层治理的局限。比如，有的优秀年轻干部本可大有作为，但其直接领导思维僵化，只派他们做填表格等事务性工作，很难发挥主体性与创造性。还有一些地方基层干部缺乏执行力，对上级指示精神或不执行、或有选择地执行、或应付了事，造成治理的虚化与空转。

数字治理在基层特别是农村较难发挥优势作用。近年来，党和国家强调科技特别是互联网智能治理的优势地位，包括乡村在内的全国上下开启了数字治理新探索，但数字化治理仍存在诸多困境和瓶颈问题。首先，没有建起互联网智能平台，存在信息孤岛现象。城市社区互联网虽有较大发展，但上下左右贯通的信息平台尚未建立，信息区隔与垄断现象严重，难以形成共享机制。乡村信息化建设近年来在广东、浙江、四川等地有所推进，不过，全面完整和细致有效的信息平台建设在基层还是个短板，更不要说形成现代化的治理理念、方法与路径，这极大制约了乡村治理现代化的水平。其次，基层信息化建设主要停留在技术层面，有生活化和娱乐化倾向。目前，乡村治理信息运用还处于较低层次，没有发挥明显效能。比如，信息化在基层特别是乡村，主要用于统计、填表、报表、公示等，微信群也多用于简单的信息传递。以手机运用和微信上网为例，大部分村民不是用于科技农业、民主协商、预报危情，而是浏览信息、看热闹、玩游戏，没有真正进入网络智能治理。最后，基层治理没有形成互联网思维，制约治理现代化发展。大数据对于基层治理具有革命意义，智能管理、区域链、微信群可极大提高治理效能，这是传统治理无法比拟的。然而，当前的基层治理还没形成互联网与智能化思维，许多地方还比较保守，仍停留在传统思维。

突破基层治理现代化的瓶颈的对策建议

实现我国基层治理现代化，需突破当前面临的难点和瓶颈问题。因此，找到适合中国基层治理的有效方式，就变得非常重要和急迫。

从中国式现代化角度进行基层治理。西方现代化曾是长期以来人们努力追求的目标，但其弊端也日益显现。今天我们要进行的基层治理现代化，应是中国式的现代化。这就要确立中国式现代化的发展理念和模式。以乡村治理为例，中国乡村广大复杂，它建基于数千年的农业文明基础上，不能简单用西方社区和城镇化理论进行治理。因此，习近平总书记指出，要让城镇居民"望得见山、看得见水、记得住乡愁"，乡村振兴要符合乡村自身规律，基层的事要最大限度开展基层民主协商。这些都是基于中国实际提出的新理念、新思路，也成为未来以中国式现代化理念进行基层治理的根本理论遵循。

大力实行基层特别是乡村人才振兴。在长期脱贫攻坚战中，我们选派了大量机关干部进驻村帮扶，但这毕竟不是长久之计，也难从根本上解决广大乡村面临的"人才荒"。不少地方虽然在村干部人才培养方面作出探索，但在全国还不具有普遍性。未来，人才振兴应成为乡村振兴的重中之重，并纳入基层政府的治理规划，作为政绩考评的重要指标。第一，建立返乡农民工人才信息储备库。以往一些农民工回乡创业，成为乡村治理人才的重要来源，但没有形成规模。近两年新冠肺炎疫情造成大量在城农民工返乡，这对乡村治理既是严峻挑战，也是一个重要契机。因为这些回流农民工中，有的掌握企业生产管理的技术，还有的经过在外多年磨炼，有较开阔的视野和一定的人脉，这是乡村治理的宝贵资源。据统计，到 2021 年年底，四川返乡农民工达 95.1 万人。到 2022 年 3 月底，全国返乡人数达 1120 万，其中返乡农民工占 70%。因此，各地特别是基层政府应制定相关政策，对农民工进行科学分类、重点培养使用，充分调动其积极性与创造性，使其成为乡村治理现代化的主力军和生力军。第二，制定有利于基层特别是乡村吸引人才的制度。例如为回乡工作和创业的优秀年轻干部提供有吸引力的工资待遇和晋升机会，建立基层志愿者长效培养机制，为献身基层的干部提供子女教育支持，等等。只有全社会形成尊重基层工作者的整体氛围，才能形成优秀人才向基层涌流的局面。第三，建立基层治理现代化人才培养培训长效机制。如何结合基层特别是乡村实际，创造性探索一套务实管用的内部人才成长之路，就变得特别重要。如四川省的村级后备干部人才培养制度、浙江省的村干部导师传帮带制度。还有的乡村建起基层社区培训学院、农村微党校、科技小组等，成为人才成长和发展的孵化器。乡村治理现代化人才队伍建设，一定要克服等、靠、要心理，增强主体性、主动性、创造性，探索出有助于自身发展的独特模式。

加快提高基层治理的智能化和智慧水平。面对基层智能化治理的滞后状态，应加大信息化在基层特别是广大农村的投入力度，补齐目前存在的短板。同时，要大力推广普及基层数字治理的典型经验，快速提高落后地区的能力水平。例如，近年来，成都市围绕信息基础设施建设，进行经济社会数字化转型，打造最强大脑，作了大量探索创新。同时，在数字基层治理中应强化"智慧"内涵。当前，基层治理加快数字化智能化已成共识，但许多地方对"智能"的理解往往停留在单纯的"技术"与"能力"上。其实，智能化治理虽离不开"技术"，更离不开"智慧"，这就需要注入文化因素和人文精神，因为智能有时易忽略"人"的伦理，走向技术至上，不利于人的全面发展。在此，成都市的公园社区建设值得借鉴，它注重生态、经济、美学、人文、生活、社会等多元价值的持续增殖，也强调智慧治理的人文精神与美学内蕴。基层治理现代化关键是"人的现代化"，领导干部只有全身心投入，才能突破技术限制，与人民群众身心相通。正如习近平总书记强调的，领导干部"不仅要'身入基层'，更要'心到'基层"，还要学会与群众打交道，避免基层治理中的失语状态。

（本文拟发表于《国家治理》周刊2022年第19期。）

胸怀天下:中国和平发展道路的价值旨归

保建云[*]

---

[*] 中国人民大学国际关系学院教授、中国人民大学国际关系学院国际政治经济学研究中心主任。

坚持胸怀天下，不仅是中国共产党百年来始终不渝的伟大情怀，也是中国共产党历经百年奋斗取得的重要历史经验之一，更是中国共产党开启实现第二个百年奋斗目标新征程的重要精神坐标。党的十九届六中全会审议通过的《决议》指出："坚持胸怀天下。大道之行，天下为公。党始终以世界眼光关注人类前途命运，从人类发展大潮流、世界变化大格局、中国发展大历史正确认识和处理同外部世界的关系，坚持开放、不搞封闭，坚持互利共赢、不搞零和博弈，坚持主持公道、伸张正义，站在历史正确的一边，站在人类进步的一边。"任何一个政党、任何一个民族、任何一个国家，如果失去了胸怀天下的情怀和担当，就会失去为人类社会发展和国际事业进步作贡献的动力，也不可能成为具有世界影响力的伟大政党、伟大民族和强大国家。当前，世界正经历百年未有之大变局，各国之间的政治、经济、社会、文化与技术联系愈发密切而复杂。如何正确认识和处理与外部世界的关系，不仅关系第二个百年奋斗目标的顺利实现，也关系推动构建人类命运共同体长远目标的最终实现。要坚持胸怀天下，必须有天下情怀和天下抱负，同时需要具备服务天下的担当和治理天下的能力，最终目标是维护天下秩序，推动世界和平发展，为世界发展提供中国方案、贡献中国智慧。

百年奋斗、百年经验与世界发展的中国贡献

　　探索被压迫民族的民族解放之路，为世界被压迫民族实现民族解放创造了成功范例。1840年鸦片战争之后，中华民族经历了很长一段时间的深重灾难，外部殖民势力的入侵不仅阻碍和破坏了中华文化的历史演进和传承，还严重打击践踏了民族尊严和民族自信心。中国共产党带领中国人民经过艰难斗争，最终成功取得中华民族解放事业的伟大胜利，这对世界上其他被压迫民族争取民族独立意义非凡，主要有三个方面：一是树立了被压迫民族最终摆脱外来侵略的信心。近现代以来,西方主要资本主义国家和殖民势力都曾不同程度入侵过中国,但最终都被中国共产党人以及中国人民赶出中国。这表明,相对弱小的被压迫民族是可以战胜强大外部压迫力量,实现民族独立的。二是提供了被压迫民族摆脱外来侵略的成功路径。中华民族曾经蒙受长期外来压迫和民族屈辱,1921年中国共产党成立后,经过28年不懈奋斗,彻底消除了外来殖民势力,建立了独立自主的中华人民共和国,为世界被压迫民族谋求解放树立了光辉榜样和成功范例。三是积累了成功而丰富的斗争经验以及值得借鉴和反思的历史教训。中华民族的解放,是成千上万中国共产党人和革命先烈付出无数牺牲、经过顽强奋斗换来的,在这一过程中,既不乏克敌制胜的成功经验,也有失误乃至血淋淋的惨痛教训,这些经验教训是全世界各国人民警醒战争之残酷、珍视和平之可贵的宝贵财富。

探索世界被殖民国家的革命之路,为广大发展中国家建立独立国家提供了可行路径。在中国共产党的坚强领导下,近现代以来压在中国人民头上的三座大山被推翻,一个独立的社会主义大国屹立在世界东方,这对世界上被殖民国家意义重大,体现在三个方面:一是创造了"农村包围城市、武装夺取政权"的革命道路。在以夺取城市为目标的武装起义相继失败、党在城市的工作举步维艰的背景下,中国共产党带领中国人民创造性地在敌人统治力量的薄弱环节——农村建立革命根据地,联合广大工农群众,通过浴血奋战,最终推翻本国反动势力和外来殖民势力,使中国真正成为独立自主的国家。二是支持、帮助和援助亚非拉被殖民国家摆脱殖民统治和被奴役的命运,最终获得国家独立。新中国成立后,中国共产党和中国人民为受外来殖民势力侵略的国家提供了力所能及的帮助,推动形成第二次世界大战后民族解放和国家独立的浪潮。三是彻底打破外来殖民统治和帝国主义霸权不可战胜的神话,为全世界被侵略的民族和国家争取独立树立了信心。新中国成立前后,中国共产党带领中国人民与内部敌人、外部干预强权、帝国主义霸权进行了各种形式的较量、博弈及殊死搏斗，最终打败了各种敌人和敌对势力，赢得了国家独立和民族解放战争的胜利。

探索社会主义国家建设之路，形成了中国特色社会主义制度及国家建设经验。新中国成立之初，百废待兴，探索出适合中国国情的社会主义制度及社会主义国家建设的可行战略、政策和路径尤为重要。中国特色社会主义道路、制度的探索建设对世界的意义有三个方面：一是在生产力相对落后的东方大国，对相对落后的生产力和生产关系进行社会主义改造并取得了成功，为战后新独立的发展中国家巩固政权、建立基本经济制度提供了中国经验。二是中国在社会主义改造和社会主义制度建设基础上，逐渐建立起比较完整的工业体系，一步步从落后的东方农业大国发展成为社会主义工业大国，探索出农业国家向工业大国转型的成功模式。三是中国在推进社会主义建设的过程中，突破了各种僵化思想、理论教条及体制机制的约束，战胜了各种曲折和困难，取得了一系列制度建设和工业化发展的新成就，从中积累的各种经验教训值得世界各国共享借鉴。

探索国家改革开放和经济体制创新与转型之路，形成具有中国特色的改革开放和创新路径。1978年党的十一届三中全会召开以后，中国开启并持续推进改革开放事业，经过多年发展，中国不仅成为社会主义国家改革开放进程的引领者，也成为广大发展中国家经济转型和创新发展的引领者，更成为推动世界经济发展的新兴创新大国。中国的改革开放事业对世界经济发展的贡献表现为三个方面：一是通过持续改革推动传统计划经济体制向中国特色社会主义市场经济体制转型，使生产关系适应生产力发展要求。中国推动经济体制转型的成功模式及创新实践，为其他社会主义国家和广大发展中国家推动经济体制改革、社会转型与创新发展提供了可资借鉴的有益经验。二是通过扩大开放融入世界经济体系，促进世界经济体系的开放与创新，成为全球化开放及市场化改革的倡导者、推动者和引领者。三是通过持续改革开放，中国发展成为全球第二大经济体、世界第一货物贸易大国和世界第一制造业大国，也成为全球最大的新兴市场，不断扩大的中国市场为各国拓展商机提供了重要平台，不断发展的中国制造也为维护全球产业链稳定性、供应链安全性、价值链增值性和创新链持续性提供了重要动力。

探索新时代中国特色社会主义市场经济高质量发展的有效路径，推动构建开放型世界经济。党的十八大以来，中国通过"一带一路"倡议、筹建亚洲基础设施投资银行（AIIB）、推动签署区域全面经济伙伴关系协定（RCEP）等措施，积极拥抱全球化，促进世界经济开放和创新。当前，各国和地区经济发展不平衡加剧、利益矛盾更趋错综复杂，民粹主义、单边主义和贸易保护主义在美国及少数西方国家并没有消退，在某些情景下还存在进一步极端化的可能。因此，中国仍然需要继续探索经济高质量发展之路，反对各种形式的保护主义、单边主义和民粹主义，推动构建开放型世界经济。中国的主要贡献表现在三个方面：一是作为全球化、多边主义和开放主义的主要捍卫者和自由贸易大国，反对各种形式的贸易保护主义及新贸易保护主义，促进全球贸易和投资自由化便利化。二是通过推动签署和实施区域全面经济伙伴关系协定、申请加入全面与进步跨太平洋伙伴关系协定（CPTPP）、推动世界贸易组织（WTO）改革，促进更高水平和更高质量的世界开放与国际合作。三是在新发展格局背景下畅通国内大循环、贯通国内国际双循环，推动新的国际经济体系的构建和持续开放，进而达到推动建设开放型世界经济之目标。

简言之，中国共产党和中国人民经过百年奋斗，取得了伟大的历史成就，对世界政治经济发展作出了难以替代的中国贡献。中国共产党带领中国人民历经百年奋斗对世界发展作出的重要贡献，可看作是具有5000多年文明史的中华民族在新时期对世界发展作出的新贡献。

百年贡献突出表现为：为世界被压迫民族争取解放提供了中国信心，为殖民和半殖民地建立独立国家提供了中国范例，为社会主义国家或者大多数发展中国家建立完善国家制度提供了可资借鉴的中国道路和中国模式，为世界经济转型和发展提供了中国经验，为推动自由贸易和市场化发展提供了中国力量和中国智慧。

百年变局、中国和平发展与国际治理的中国贡献

当今世界正处于百年未有之大变局，中国作为新兴大国成功和平发展则是其中的重要标志性事件之一。所谓百年变局，主要是指国际政治经济格局的百年量级变迁和调整，集中表现为以中国为代表的非西方新兴大国的政治、经济、技术、教育和文化在全球的地位和影响力持续上升，以美国为代表的西方国家的全球地位和影响力持续下降，国际社会中的生产力和生产关系的结构及体系出现大幅度调整乃至重组。可以说，百年未有之大变局下，西方国家主导建立的国际治理机制及体系面临严峻挑战。中国作为新兴大国，不仅是国际治理的重要参与者，也应成为国际治理方案的提供者，承担起推动国际治理变革及现代化的历史任务。需要明确的一点是，本文提到的国际治理（International Governance）也可理解为全球治理（Global Governance），是指对国际公共事务进行公共管理，涉及国际公共事务的管理主体、管理客体、管理手段、管理方案和管理合作等多方面内容。国际公共事务（International Public Affairs）则是国际社会共同面临和需要共同处理的政治、经济、技术、文化等关系到各国共同利益及相关国家利益的社会事务。维护世界和平，防范和管理国际冲突乃至战争是国际治理的重要内容。中国在国际治理中主要扮演了以下几个角色。

中国是应对百年变局风险冲突，维护世界和平秩序的关键大国。当代国际治理体系是以美国为代表的西方国家在第二次世界大战后建立起来的，广大发展中国家特别是非西方的中小国家在其中缺乏应有的话语权，强权政治和霸权大国仍然是威胁世界和平及国际秩序的主要因素。百年未有之大变局背景下，国际政治经济格局加速演变，以美国为代表的西方国家在国际社会中的既得政治经济利益受到威胁，必然会导致霸权国家及利益集团的不满和抵制，诱发各种矛盾和冲突，威胁世界和平和国际秩序稳定。中国作为维护广大发展中国家利益和世界和平稳定的主要力量，必然要承担起应有的责任、作出相应的大国贡献。

中国是国际公共事务治理的主要利益攸关者和关键参与者。当前，国际社会面临诸多公共治理问题，包括国际疫情防控合作、国际气候和环境治理、国际公共产品供给、国际金融监管和风险治理、国际冲突防范化解等，这些事务都攸关中国和中国人民的切身利益，中国的参与不可或缺。一是国际重大公共事务的治理关系着中国的切身利益，任何试图损害中国人民切身利益的国际治理行动和方案都必然会遭到中国的抵制。二是任何重大国际公共治理决策，没有中国的参与和支持，都不可能达到预期目标，最为典型的便是国际气候环境与碳交易治理，离开中国的参与和引领，仅仅依靠少数西方国家是不可能完成治理任务的。三是中国已经在商品供应、货物贸易、金融监管等领域承担着不可或缺的大国责任。

中国是国际自由贸易的倡导者、全球产业链供应链安全性稳定性的维护者。2018年以来，全球贸易摩擦和冲突不断，贸易保护主义、单边主义和民粹主义成为阻碍全球自由贸易的主要障碍。中国在遏制贸易保护主义、倡导国际自由贸易方面发挥了中流砥柱的作用，已经成为维护国际自由贸易的重要大国。2020年开始，在新冠肺炎疫情的冲击下，世界经济进入低速增长乃至衰退阶段，2021年下半年全球航运价格上升，美国一些港口则出现了拥堵和商品压港现象，全球性的芯片供应短缺乃至供应链危机不断加剧。中国作为最早受到新冠肺炎疫情冲击的国家，不仅成功遏制住了疫情扩散蔓延趋势，取得了重大抗疫成果，而且在提供国际抗疫物资、稳定全球产业链和供应链、维护世界市场秩序等方面扮演了重要角色。

中国是国际货币及金融市场秩序的维护者、全球债务及金融危机治理的负责任的大国。布雷顿森林体系崩溃后，新建立的牙买加体系仍然以美元为主导，国际货币及金融体系波动性和风险性更为显著，区域性和全球性的国际债务与金融危机时有发生，特别是2008年国际金融危机，对世界经济产生了长期的冲击性影响。随着美国联邦政府债务负担的持续恶化及美联储货币政策的调整，全球性通货膨胀、货币及债务危机发生的概率持续上升，国际货币及金融市场的动荡和风险持续积累。如何有效防范和治理全球债务及金融危机是当前国际社会共同面临的紧迫课题。近些年来，人民币国际化程度不断提高，已经逐渐成为稳定国际货币金融体系的关键性锚货币，在国际贸易结算、国际支付、国际投融资领域扮演着不可或缺的角色，为中国参与国际货币及金融治理注入了强大动力。

中国是数字技术和数字治理的主要参与者。进入数字经济时代，大数据、云计算、人工智能、区块链等现代信息技术成为极为重要的生产要素，数字技术和数字治理也成为国际治理的重要领域。中国作为数据资源大国，同时也是数字技术开发应用的主要国家，在推动国际数字技术开发与全球数字治理合作方面扮演着重要角色：一是中国作为世界第一人口大国和第二大经济体，具备成为超级数字资源大国的天然禀赋优势，能够为国际社会的数据资源开发利用提供充沛的数据资源基础；二是中国作为超级计算、5G通信、人工智能等技术开发大国，在推动全球数字技术发展中发挥着重要作用，以华为公司为代表的中国数字技术跨国公司已经成为全球数字技术开发的主要力量；三是中国政府大力推进数字基础设施建设，已经建成全球最大的5G通信技术网络，在量子通信和量子计算技术开发领域处于全球领先地位;四是中国已经成为全球数字技术应用大国,正大力推进主权数字货币——数字人民币的发行和流通,数字支付市场规模在全球数字支付市场体系中不容小觑。

简言之,中国作为百年未有之大变局背景下快速发展的新兴大国,不仅是世界和平秩序的坚定捍卫者和全球产业链供应链安全性稳定性的主要维护者,而且是国际货币体系改革和国际金融治理的重要参与者,以及推动全球数字技术开发与全球数字治理的重要贡献者。

胸怀天下、天下为公与中国的和平发展道路

无论是在新民主主义革命时期与社会主义革命和建设时期,还是在改革开放和社会主义现代化建设新时期,抑或是在中国特色社会主义新时代,胸怀天下、天下为公是中国共产党始终不渝的伟大情怀。在这一情怀的指引下,新中国成立以来,我们始终坚持走和平发展道路,为世界和平作出中国贡献。走和平发展道路,既是自身发展的需要,也是维护世界和平发展的需要。

中国的发展需要和平的国际环境。中国只有通过维护世界和平才能够发展自己。和平稳定的国际环境对中国的发展主要有六方面影响:一是为中国进出口贸易的发展创造稳定的世界市场条件,推动中国更好融入世界市场体系,促进中国外向型经济发展,维护中国在全球商品贸易体系中的贸易大国地位;二是保障中国从国际市场获得稳定的市场供应,包括原材料、能源和关键零部件等,确保海外市场供应及大宗商品价格的稳定性,同时降低经济活动的成本和风险,夯实经济高质量发展的资源配置基础;三是消除国际合作特别是跨国投资合作的障碍,维护全球产业链的完整性、全球供应链的安全性、全球价值链的增值性和全球创新链的关联性,保障中国在全球制造业体系中的大国地位;四是稳定国际货币体系和全球金融市场,降低各种类型的国际货币、金融及债务危机及风险发生的可能性,为各国贸易的

互相往来、资金的跨国流动以及国际收支的调整营造良好的市场环境;五是稳定中国发展的外部安全环境,任何国家的发展都不可能在动荡的国际局势下进行,国际社会中的任何政治动荡、军事冲突、暴力恐怖活动、外交关系恶化都会对其他国家政治经济发展产生冲击和消极影响效应;六是促进中国人民与世界各国人民的人文交流,友好的民间交流是国家之间友好交往和合作的基础,动荡的国际环境必然会阻碍各国人民之间的友好交往。

中国具有维护世界和平的能力。冷战结束后美国成为世界头号超级大国,但世界并没有迎来和平稳定,美国及其盟友发动两次海湾战争、阿富汗战争、利比亚战争、叙利亚战争,多次介入或操纵中东欧、中亚以及西亚、北非一些国家的"颜色革命",国际矛盾和冲突持续不断。中国作为爱好和平的新兴大国,便致力于发展自己、壮大自身国力,如今已经具备维护世界和平的能力,能够承担起维护国际秩序的大国责任:一是中国政府具有强大的组织动员能力和执行力,不仅能维护好本国内部发展环境,还能广泛参与维护世界和平的各种行动,支持世界各国人民特别是广大发展中国家维护自身主权、安全、发展利益的正义斗争;二是中国军队具有维护本国主权、保护本国领土安全、保护本国公民海外安全的强大能力,对霸权国家和强权政治势力具有威慑作用,是维护世界和平的重要军事力量;三是中国具有强大的工业实力和雄厚的制造业基础,能够为世界和平发展提供充足的公共产品,维护世界市场秩序及市场体系的稳定性,最为典型的便是2020年新冠肺炎疫情全球蔓延以来,中国竭尽所能保障全球供应,将抗疫物资输送至世界各地;四是中国具有雄厚的金融实力和高效稳健的宏观货币政策调控能力,可以有效防范世界市场波动及贸易保护主义诱发的各种贸易摩擦、冲突,已经成为稳定国际货币及金融市场的重要力量。

永不称霸和反对霸权主义是中国走和平发展道路的道义基础。霸权主义和强权政治仍然是当代世界和平与发展的主要威胁因素,也是世界上各种矛盾、冲突和动荡产生的主要根源。中华民族素来爱好和平,特别是在经历了一百多年的外敌欺凌和霸权蹂躏后,更加懂得称霸不仅会给世界带来灾难也会损害本国人民的根本利益,更加明白和平的国际环境才有利于中国发展。永不称霸、反对霸权主义和强权政治既是中国共产党和中国人民的重要共识,也是中国走和平发展道路、推动并维护世界和平的道义基础和美好愿景。当然,爱好和平、反对霸权并不意味着中国畏惧强权,中国共产党和中国人民具有天然的反对霸权主义和强权政治、维护国际和平秩序的历史传统和能力,突出表现为在列强入侵、山河破碎、内忧外患的困境中,中国共产党带领中国人民浴血奋战、顽强抵抗,从根本上扭转了近代以来中国积贫积弱的命运,建立了独立自主的新中国。

胸怀天下、天下为公,与世界人民及世界进步力量团结合作是中国走和平发展道路的必然选择。国际和平发展环境的构建和维护,需要世界各国人民和世界进步力量的共同努力。百年未有之大变局下,国际格局处于不断的调整和演化之中,各种矛盾、冲突乃至战争时有发生,除了霸权主义和强权政治,各种反人类和反社会的极端主义、分裂主义和恐怖主义也威胁着世界和平。仅仅依靠一国或者少数国家的力量,不可能完全战胜霸权主义、强权政治、极端主义、分裂主义、恐怖主义等国际反和平势力,只有各国人民及进步力量在世界范围内形成大团结和大合作,才能构筑起维护世界和平的强大力量并最终战胜逆历史潮流而动的各种反和平势力。

推动构建人类命运共同体与和平发展道路相辅相成

世界各国人民共同生活在地球上,命运与共,是彼此间不可分割的命运共同体。推动构建人类命运共同体离不开和平的环境,动荡的、战乱的环境必然导致人类社会内部分裂乃至敌对。和平发展道路与推动构建人类命运共同体相辅相成，二者间的逻辑关系主要表现为：其一，相互认同和共同利益是构建人类命运共同体的认知前提和利益基础，和平稳定的国际环境有利于拓展人类的共同利益，促使各国达成利益共识，而冲突、动荡和战乱则会导致国家间的零和博弈，不利于共同利益的形成和认知共识的达成；其二，构建人类命运共同体是要使人类结成团结一致的共同体，携手应对人类社会发展面临的各种风险和挑战，更有效地处理人类社会公共事务，只有在和平条件下，各国才可能团结协作，共同应对人类社会面临的挑战，协商处理全球公共事务，冲突和战争不仅会破坏各国之间的团结，还会弱化人类应对公共危机的能力；其三，人类命运共同体的构建是一个长期的历史过程，需要长期稳定的和平环境，任何非和平时期都可能迟滞、阻碍乃至中断这一进程，一些开历史倒车、试图阻碍人类文明进步的既得利益集团甚至会利用非和平的社会环境及非和平手段阻碍人类命运共同体的构建和发展；其四，构建人类命运共同体的一个重要目标就是为人类社会发展创造一个和平稳定的政治经济环境，中国作为人类命运共同体理念的主要倡导者和推动者，走和平发展之路不仅是必然选择，也是大国责任和大国担当的体现；其五，促进人类社会可持续发展和全球治理体系现代化是推动构建人类命运共同体的题中应有之义，矛盾、冲突、动荡和战乱不仅会破坏人类可持续发展的社会基础和资源禀赋基础，更不利于全球治理机制的构建和治理体系现代化的推进，换言之，中国的和平发展之路不仅是人类社会可持续发展的需要，也是推动全球治理体系变革及现代化的需要。

坚持胸怀天下、坚持和平发展之路，不仅是中国共产党百年奋斗的重要历史经验，也是中国未来发展的战略选择。特别是在全球化不断推进，政治经济一体化程度不断提高，数字技术加速发展，人类通过数字技术和数字网络连接成为利益攸关和命运与共的利益共同体的背景下，中国更加需要秉承不称霸、反对霸权主义和强权政治的庄严承诺，坚持团结世界各国人民走和平发展之路，共同推动构建人类命运共同体。

［本文受教育部哲学社会科学研究重大课题攻关项目"亚太自贸区建设与中国国际战略研究"（项目编号：15JZD037）、中国人民大学"统筹推进世界一流大学和一流学科建设"重大规划项目"国际关系与政治学博弈论及大数据方法研究"（项目编号：16XNLG11）资助。原文发表于《国家治理》周刊2022年第7期。］

构建人类命运共同体的中国方案

刘世强*

---

* 西南财经大学马克思主义学院教授、四川省中国特色社会主义理论体系研究中心研究员。

当前，世界百年未有之大变局加速演进，国际社会进入动荡变革期。新冠肺炎疫情持续扩散蔓延，传统安全与非传统安全问题相互交织、彼此联动，各种"黑天鹅""灰犀牛"事件层出不穷、影响深远，人类面临合作还是对抗、开放还是封闭、进步还是倒退的重大历史抉择。党的十八大以来，面对"世界怎么了、我们怎么办"这一时代之问，以习近平同志为核心的党中央统筹中华民族伟大复兴战略全局和世界百年未有之大变局，全方位推进中国特色大国外交，致力于建设持久和平、普遍安全、共同繁荣、开放包容、清洁美丽的世界，为构建人类命运共同体提供了中国方案，展现出一个负责任大国的国际担当和人类关怀。

坚持尊重协商，建设持久和平的世界

今天的世界并不太平，霸权主义和强权政治不断以新的面目在世界上横行，成为国际动荡冲突的重要根源。一些国家在唯我独尊思维的作祟下肆意干涉他国内政，无端批评攻击别国政治制度，在世界上强行推广其发展模式，甚至通过对外发动战争和策动"颜色革命"以实现政权更迭，给不少发展中国家带来了无尽的灾难；一些国家以零和博弈思维大搞集团对抗，为遏制他国的正常发展极力打造地缘争夺的"小圈子"，不惜通过制造人为脱钩推动世界走向分裂和对抗；一些国家企图以"基于规则的国际秩序"代替以联合国为核心的国际秩序，对公认的国际关系准则采取合则用、不合则弃的机会主义态度，将自己的政治意志和规则标准强加于人。如果任由这些沉渣不断泛起，正常的国际秩序将无法得以维系，人类社会将退回到弱肉强食、人人自危的丛林状态。

中国坚决反对霸权主义和强权政治，坚定不移推动构建相互尊重、平等协商的新型伙伴关系。一是坚持主权平等原则，国家不分大小、强弱、贫富，主权和尊严必须得到尊重，任何国家都有选择自己政治制度和发展道路的权利,反对将自己的意志强加于人,反对出于一己之利或一己之见,采用非法手段颠覆别国合法政权。二是坚持厉行国际法治,主张国际社会应该按照各国达成的规则和共识来推进治理,共同维护以联合国为核心的国际秩序和以国际法为基础的国际体系,不能在国际规则的适用上拉偏架、搞双重标准,更不能以个别国家的"家法帮规"代替公认的国际法则。三是坚持推进国际关系民主化,主张国际事务不能由少数国家包办垄断,而要由国际社会成员通过平等协商寻求问题解决之道。正如习近平总书记所言:"世界的命运必须由各国人民共同掌握,世界上的事情应该由各国政府和人民共同商量来办。"[①] 这些理念和倡议有助于维护以联合国宪章为核心的国际准则,推动国际关系不断走向多边化、法治化、民主化,营造公道正义的国际政治秩序。

坚持共建共享,建设普遍安全的世界

　　近代以来,人类社会之所以对抗不休、冲突不止,根源在于部分国家始终遵循零和博弈思维参与国际博弈,将自己的安全建立在他人不安全的基础之上,结盟对抗、争夺霸权、划分势力范围成为国家间互动的基本方式,人类由此步入冲突和战争的深渊。冷战结束后,美国成为世界唯一超级大国,实力地位令其他国家难以望其项背。然而,美国仍然在世界上不停地制造敌人、寻找威胁,并以此为动力持续增加国防投入,强化其在军事上的绝对优势地位,这种追求自身绝对安全的行为势必损害他国的安全利益,对方为求自保不得不进行对等反应,从而导致国家之间的安全困境不断升级。事实上,在经济全球化导致世界相互依存不断加深的今天,任何国家都不存在绝对安全,各国在安全上相互关联、彼此影响。没有一个国家能凭一己之力

[①] 习近平:《弘扬和平共处五项原则　建设合作共赢美好世界——在和平共处五项原则发表60周年纪念大会上的讲话》,人民出版社2014年版,第11页。

谋求自身绝对安全，也没有一个国家可以从别国的动荡中收获稳定。弱肉强食是丛林法则，不是国与国相处之道。穷兵黩武是霸道做法，只能搬起石头砸自己的脚。习近平总书记强调："世上没有绝对安全的世外桃源，一国的安全不能建立在别国的动荡之上，他国的威胁也可能成为本国的挑战。邻国出了问题，不能光想着扎好自家篱笆，而应该去帮一把。"[1]

正因为如此，中国一贯主张摒弃一切形式的冷战思维，倡导共同、综合、合作和可持续的安全观。所谓共同安全，就是不能以牺牲他人的安全来实现自己的安全，而是要通过兼顾自身安全与他人安全来实现人类的整体安全。所谓综合安全，就是要充分认识到安全问题的多元性、跨国性和联动性，统筹应对各种传统安全和非传统安全，防止顾此失彼、左支右绌。所谓合作安全，就是要以合作取代对抗，特别是要通过构建共同认可的国际安全机制，同时加强不同安全机制之间的协调来应对各种安全问题、化解各类安全冲突。所谓可持续安全，就是不仅要着眼于解决眼下的安全问题，更要立足于国际社会的长久和平，确保各行为主体能够保持一个持续性的不受安全威胁的状态。在新安全观的指引下，中国积极参与联合国维和行动，坚定支持阿富汗政治和解进程，积极斡旋南苏丹国内冲突，参加叙利亚问题国际协调，为达成伊核协议和缓和朝核危机作出重要贡献，以实际行动诠释了中国作为世界和平建设者的国际角色。

坚持同舟共济，建设共同繁荣的世界

当前，世界经济面临的核心问题在于增长动能不足和利益分配失衡。就前者而言，新冠肺炎疫情导致人类不得不面对第二次世界大战结束以来最为严重的经济衰退，并伴随着需求萎缩、投资低迷、风险

---

[1]《习近平谈治国理政》(第二卷)，外文出版社2017年版，第541—542页。

集聚等综合病症。目前，新冠肺炎疫情仍处在大流行状态，各国复工复产、经贸往来和人员交流受到疫情反复的影响。更为重要的是，个别国家出于内部政治的狭隘考量和打击对手的战略目的极力推动经济和科技脱钩，扰乱正常的国际经济分工，全球的产业链、供应链出现重大断裂，进一步影响到世界经济的复苏和可持续增长。

就利益分配而言，世界经济增长的成果并没有在国家之间和社会群体之间相对公正的分配，全球数以千万的人口因疫情失去工作，返回贫困状态，面临生命健康、能力增长、发展机会等方面的问题，而全球富人的财富积累速度却没有受到明显影响，甚至不少富豪的身价不降反升。发展的长期失衡势必带来政治不满和社会动荡，反过来将进一步影响世界经济的发展。

针对世界经济发展的深刻问题，中国呼吁加强国际宏观政策协调，维护以世界贸易组织为基石的多边贸易体制，维护全球产业链、供应链的畅通循环，坚定不移推动构建开放型世界经济，依靠新一轮科技革命和产业变革实现世界经济增长的动能转换和效率变革，推动世界经济早日走出危机阴影。在此基础上，中国高度重视世界经济的均衡发展问题，呼吁以公平正义为理念引领全球经济治理体系改革，使之有利于各国和各社会阶层的共同发展。习近平总书记强调："世界上所有国家、所有民族都应该享有平等的发展机会和权利。"[①] 这一主张有助于世界经济重回强劲、均衡和包容性增长的轨道，矫正国际经济旧秩序在成果分配上的内在弊端，开创国际社会合作共赢的全新局面。

坚持和合共生，建设开放包容的世界

冷战结束以来，伴随着美国全球领导地位的确立，西方国家在文

---

① 习近平：《加强政党合作　共谋人民幸福——在中国共产党与世界政党领导人峰会上的主旨讲话》，人民出版社2021年版，第4—5页。

化领域的霸权也得到空前巩固。西方的电视广播、流行音乐和娱乐节目在全球市场中占据绝对主导地位,西方的语言文化、行为风格和生活方式被全世界竞相模仿,这些被著名学者约瑟夫·奈称之为相对于经济、科技和军事而言的"软实力",成为后冷战时代西方国家维持国际主导权的重要基石。出于对自身文化优越性的笃定和傲慢,西方国家将基于特殊历史经验形成的文化形态认定为普世性的文明范式。有学者认为:"西方主流观点认为只存在唯一一种实现现代性的方式,那就是走西方式道路,包括接受西方制度、价值观、习俗和信仰……落后国家只有按照先进国家发展道路走,才能逐步赶上。"正因为如此,我们看到西方国家不仅对非西方国家展现出高高在上、唯我独尊的姿态,而且还不遗余力地将这种"唯一性"文化模式推广至全球,从而加剧了不同文明之间的隔阂、误解和冲突。

与西方的价值理念不同,中国始终以平等、开放和包容的姿态看待丰富多元的世界。首先,尊重世界文明的多样性。习近平总书记指出:"世界上有200多个国家和地区、2500多个民族、多种宗教。不同历史和国情,不同民族和习俗,孕育了不同文明,使世界更加丰富多彩。"① 可见,各国文明的差异既客观存在,更是促进世界文明丰富发展的重要动力,不能将人类文明分为三六九等,更不能将自身的历史文化和社会制度强加于人。其次,促进不同文明的交流互鉴。每一种文明都有其独特魅力和价值所在,如果固守既有的认知、拒绝相互之间的交流就可能守旧僵化,因难以适应时代发展而走向没落。中华文明之所以能够源远流长、生生不息,就在于我们在承认世界文明多样性的同时,注重吸收外来文明的有益成果,在与本土经验的结合中实现了自身文明的创新性发展。

当今世界,影响人类存续发展的重大问题比以往任何时候都要更

---

① 《习近平谈治国理政》(第二卷),外文出版社2017年版,第543—544页。

加复杂，国际社会需要找到具有最低一致性和最大公约数的价值共识，并以此为指引通过不同文明间的真诚合作来寻求问题解决之道。"各国历史、文化、制度、发展水平不尽相同，但各国人民都追求和平、发展、公平、正义、民主、自由的全人类共同价值。"[①] 习近平总书记提出的全人类共同价值就是人类进行普遍交往的价值共识，为解决日益增多的全球性问题提供了重要理念基础。总之，面对世界范围内激烈的文化交锋以及由此带来的国际纷争，中国主张以文明对话超越文明傲慢，以文明共存取代文明对抗，以文明互鉴化解文明冲突，推动不同文明相互理解、相互尊重、相互信任，共同建设多元包容的国际文化秩序。

坚持环境友好，建设清洁美丽的世界

人与自然的共存共生构成了人类社会进步和可持续发展的重要动力。自近代以来，人类的工业化使得自然资源最大限度地为经济和社会发展服务，创造了前所未有的社会财富。然而，过度地开发打破了地球生态系统的原有循环和平衡，加剧了人与自然的紧张关系。过度地乱砍滥伐使得森林被毁、良田丧失，引发了洪涝、干旱、荒漠化等自然灾害。大量且持续的温室气体排放导致了全球气候变暖，由此引发冰川融化、海平面上升等次生问题。对野生动物的捕杀和袭扰不仅使得珍稀动物濒临灭绝，也使得自然界中的病毒以动物为媒介传导至人类世界，增加了重大传染性疾病出现和传播的概率。凡此种种都是人类对大自然无节制的索取掠夺，反过来对人类生产生活形成的巨大反噬。正如恩格斯所告诫的一样："我们不要过分陶醉于我们人类对自然界的胜利。对于每一次这样的胜利，自然界都对我们进行报复。每一次胜利，起初确实取得了我们预期的结果，但是在往后和再

[①] 习近平：《加强政党合作 共谋人民幸福——在中国共产党与世界政党领导人峰会上的主旨讲话》，人民出版社2021年版，第4页。

往后却发生完全不同的、出乎预料的影响，常常把最初的结果又消除了。"①

基于对人类历史和自身现实的深刻反思，中国高度重视人与自然的和谐共生。特别是党的十八大以来，中国将生态文明建设作为统筹推进"五位一体"总体布局的重要内容，明确提出以绿色发展为重要内涵的新发展理念，将美丽中国确立为建设社会主义现代化强国的重要目标，提出了一系列治理污染、修复生态、发展绿色产业、倡导低碳生活的战略性举措，推动我国生态环境保护发生历史性、转折性、全局性变化。在这一过程中，中国充分认识到国际气候合作的重要性和迫切性。在第70届联合国大会一般性辩论上，习近平主席指出："建设生态文明关乎人类未来。国际社会应该携手同行，共谋全球生态文明建设之路，牢固树立尊重自然、顺应自然、保护自然的意识，坚持走绿色、低碳、循环、可持续发展之路。"②在2021年4月举行的领导人气候峰会上，习近平主席进一步指出："面对全球环境治理前所未有的困难，国际社会要以前所未有的雄心和行动，勇于担当，勠力同心，共同构建人与自然生命共同体。"③在实践层面，中国政府积极推进联合国2030年可持续发展议程，共同推动《巴黎气候协定》的达成，明确提出中国实现碳达峰和碳中和的时间表，将绿色发展作为推进"一带一路"建设的重点工程，为推进全球生态文明建设作出了重要贡献。

总结

构建人类命运共同体是习近平总书记立足时代潮头、洞悉发展大势，为实现人类共存共荣而提出的重大战略构想，是新时代推进中国

---

① 《马克思恩格斯全集》（第二十六卷），人民出版社2014年版，第769页。
② 《习近平在联合国成立70周年系列峰会上的讲话》，人民出版社2015年版，第18页。
③ 《习近平在"领导人气候峰会"上的讲话》，新华网2021年4月22日。

特色大国外交的目标方向，也是解决人类面临的共同挑战的价值指引。面对百年未有之大变局释放出的不稳定性和不确定性，中国将一如既往地发出声音、提出方案、贡献智慧，推动国际秩序朝着更加公正、合理的方向发展。正如习近平总书记在庆祝中国共产党成立100周年大会上的重要讲话中所强调的，在新的征程上我们将高举和平、发展、合作、共赢旗帜，坚持走和平发展道路，继续同一切爱好和平的国家和人民一道，推动历史车轮向着光明的目标前进！

（原文发表于《国家治理》周刊2022年第4期。）

第四部分

谱写全面建设强国崭新篇章

建设社会主义现代化强国的深刻意涵

罗哲[*]

---

[*] 四川大学公共管理学院教授、博导。

党的十九大报告指出:"从十九大到二十大,是'两个一百年'奋斗目标的历史交汇期。我们既要全面建成小康社会、实现第一个百年奋斗目标,又要乘势而上开启全面建设社会主义现代化国家新征程,向第二个百年奋斗目标进军。"① 而党的十九届五中全会提出了到 2035 年基本实现社会主义现代化的远景目标,进一步明确和回答了社会主义现代化是什么和怎么做的关键问题。开启全面建设社会主义现代化国家新征程,对于实现中华民族伟大复兴的中国梦具有重要意义。

建设社会主义现代化强国的历史逻辑

现代化是一种客观的历史进程,反映了人类社会向更高文明层次发生的转变。不同的国家选择了不同的现代化道路,其对现代化的认识也存在差异。自新中国成立以来,我国就开启了建设社会主义现代化国家的奋斗历程。纵观中国社会主义现代化强国建设的过程理路,可见其深刻的历史意蕴。

新中国成立初期,社会主义现代化主要表现为以工业现代化为基础的"四个现代化"。党的八大二次会议《关于中央委员会的工作报告的决议》指出,要尽快把我国建成为一个具有现代工业、现代农业和现代科学文化的伟大社会主义国家,初步提出了"三个现代化"的要求。在此基础上,毛泽东同志对中国探索社会主义建设道路的经验教训进行了总结,增加了"国防现代化"的要求。总体来看,立足于国内主要矛盾,工业现代化在这一时期成为社会主义现代化建设的首要任务,其他领域的现代化建设均从属和服务于该任务,主要目标是建设一个现代化的社会主义工业强国。

改革开放后,社会主义现代化主要表现为解放和发展社会生产

---

① 习近平:《决胜全面建成小康社会 夺取新时代中国特色社会主义伟大胜利——在中国共产党第十九次全国代表大会上的报告》,人民出版社 2017 年版,第 28 页。

力,全面建设小康社会。党的十一届三中全会重新确立了以经济建设为中心的工作方针,开启了社会主义现代化建设的新时期。1987年,党的十三大确立了党在社会主义初级阶段的基本路线,并提出"把我国建设成为富强、民主、文明的社会主义现代化国家"这一目标。2007年,党的十七大增加了全面建设小康社会的新要求,主要包括促进经济协调发展、扩大社会主义民主、增强文化建设、加快发展社会事业和建设生态文明等内容。总体而言,这一时期对社会主义现代化的认识建立在对社会主义初级阶段基本国情的把握上,并将"富民"与"强国"紧密结合。

党的十八大以来,社会主义现代化主要表现为全面建成小康社会和建设社会主义现代化强国。2012年,党的十八大报告明确指出:"建设中国特色社会主义,总依据是社会主义初级阶段,总布局是五位一体,总任务是实现社会主义现代化和中华民族伟大复兴。"党的十九届五中全会提出了到2035年基本实现社会主义现代化远景目标,为开启全面建设社会主义现代化国家绘制了宏伟蓝图。这一时期,社会主义现代化与实现中华民族伟大复兴的中国梦密切相关,其实现路径包括"五位一体"总体布局和"四个全面"战略布局。

建设社会主义现代化强国的理论之维

基于对社会现代化现象的观察与反思,不少学者总结归纳出现代化的基本规律和特征,从而形成了多种流派的现代化理论。中国的社会主义现代化建设主要受马克思主义的影响,并在实践中将其逐步与具体国情相结合,推动了马克思主义中国化,形成了中国特色社会主义理论体系。这些理论思想建立在深刻剖析社会发展规律的基础上,成为了中国建设社会主义现代化强国的理论依据和指导思想。

首先,马克思和恩格斯的现代化思想为建设社会主义现代化强国提供了方向指引。马克思和恩格斯通过对人类社会发展现象的深入观察与剖析,总结出人类社会发展的基本规律。人类社会总是存在生产力与生产关系、经济基础与上层建筑两对基本矛盾,社会进步要求正确处理这些矛盾。随着人类社会由低级向高级层次演化,共产主义社会必将替代资本主义社会。马克思和恩格斯认为,生产力的发展是现代化的决定性力量,大工业生产、现代科技的运用、社会的高度分化与有机整合、市场的全球化等构成了现代化的重要特征。因此,解放和发展生产力成为实现现代化的首要任务,持续不断的社会变革是现代化过程中必然存在的现象。根据上述思想,可以总结出现代化强国建设的主要要求:促进生产力变革,运用新的生产方式;摆脱强权干预,建立现代民族国家;利用市场规律,推动社会分工与协作;提高人的素质,广泛运用新的科学技术;开展国际交流合作,积极参与世界市场。

其次,列宁和毛泽东同志的现代化思想为建设社会主义现代化强国提供了参考借鉴。作为两大社会主义国家的开国领袖,列宁和毛泽东同志均面临如何在一个经济文化落后的国家开展社会主义建设的问题,二人在实践探索中逐步形成了各自的现代化思想。列宁认为,发展先进生产力是社会主义现代化的前提和基础,必须加快先进科学技术和生产方式的运用,努力提高劳动生产率。同时,应吸收借鉴资本主义有益成分,适当利用商品货币关系。毛泽东同志认为,社会主义现代化建设需调动一切因素,正确认识和处理国内主要矛盾,协调农业、轻工业和重工业的关系,学习国外的先进科技与管理经验。根据二人的主要观点,能够得出社会主义现代化强国建设的重要经验:坚持一切从实际出发,建设速度和规模要与生产力相适应;坚持走工业化道路,建立独立完整的工业体系;发展商品生产,利用市场价值规律;重视科学技术现代化,推动科技进步与运用;重视文化教育现代化,提高人口素质。

再次,中国特色社会主义理论体系为建设社会主义现代化强国提供了实践范式。在吸收借鉴改革开放前社会主义建设经验教训的基础上,中国共产党人探索出符合中国国情的现代化道路,形成了中国特色社会主义理论体系,实现了马克思主义中国化的第二次飞跃。该理论体系科学揭示出社会主义本质和建设中国特色社会主义的总任务,明确了建设中国特色社会主义的总依据和总布局。

最后,习近平新时代中国特色社会主义思想作为马克思主义中国化的最新成果,是中国式现代化道路的新指南,成为新时代全党的重要指导思想。总体来看,建设社会主义现代化强国应当做到"十个明确"和"十四个坚持",并在第一个百年奋斗目标的基础上,分两步完成最终的建设任务。这就要求坚持和发展中国特色社会主义,以改革开放为突破口,以人民群众为依靠,系统推进各领域的现代化建设,不断增强我国的综合国力,积极参与构建人类命运共同体,促进经济社会发展与人的全面发展的统一。

建设社会主义现代化强国的现实要求

中国的社会主义现代化道路既不同于美西方国家的资本主义道路,也不同于苏联和部分东欧国家的高度集权化道路,而是具有中国特色的、符合中国国情的道路。中国特色社会主义是将马克思主义基本原理同中国具体实际相结合的产物,中国特色社会主义道路是建设社会主义现代化强国的必由之路。为贯彻落实党的十九大和十九届三中、四中、五中、六中全会精神,应在全面建设社会主义现代化强国的实践中坚持如下要求。

第一,建设社会主义现代化强国必须坚持党的领导。中国共产党是中国特色社会主义事业的领导核心,中国特色社会主义最本质的特征是中国共产党领导,中国特色社会主义制度的最大优势是中国共产党领导。党的性质和宗旨决定了其在社会主义现代化强国建设中的核心地位,新时代全面建设社会主义现代化强国的伟大征程离不开党的领导。为此，应当切实加强党对一切工作的领导，为社会主义现代化强国建设注入强大动力。一方面，要坚决维护党中央权威和集中统一领导，充分发挥党中央总揽全局、协调各方的作用，加强建设社会主义现代化强国的顶层设计与规划部署，做到提前部署、科学规划，确保各项工作协同推进。另一方面，要继续坚持全面从严治党，持续优化和巩固党的领导，推进党的先进性与纯洁性建设，加强建设社会主义现代化强国的任务分工与责任考核，做到分工明确、权责明晰，确保各项工作严格落实。

第二，建设社会主义现代化强国必须坚持以人民为中心。人民群众是历史的创造者，更是中国特色社会主义事业的建设者。中国共产党人的初心和使命，就是为中国人民谋幸福，为中华民族谋复兴。因此必须坚持立党为公、执政为民，将人民对美好生活的向往作为建设社会主义现代化强国的奋斗目标，确保发展为了人民、发展依靠人民、发展成果由人民共享。在全面建成小康社会的基础上，构建缓解相对贫困的长效机制，重视老人、残疾人、妇女儿童等特殊群体的权益保护，切实增进社会福利。强化就业优先政策，通过劳动力市场供需调控实现高质量就业匹配，实现经济增长与就业容量扩张协调发展。全面贯彻党的教育方针，坚持立德树人总任务，深化教育体系和人才发展体制机制改革，建设高水平教育强国和人才强国。坚持人民至上、生命至上，深化公共卫生体系改革，构建现代化的应急管理体制机制。

第三，建设社会主义现代化强国必须贯彻新发展理念。创新、协调、绿色、开放、共享的新发展理念是符合新时代中国国情的科学理念。当前，我国已经转向高质量发展阶段，正努力建设创新成为第一动力、协调成为内生特点、绿色成为普遍形态、开放成为必由之路、共享成为根本目的的发展之路。建设社会主义现代化强国必然要求将新发展理念贯穿政治、经济、社会、文化和生态文明等各个领域，实现更高质量的经济与社会发展。在创新方面，应当坚持创新驱动发展战略，充分激发社会创新活力，增强科技创新能力。在协调方面，应当坚持系统观念，加快推进区域协调发展，增强改革协同性。在绿色方面，应当坚持绿色发展，统筹推进污染防治与生态保护，促进人与自然和谐共生。在开放方面，应当继续坚持对外开放，积极推动经济全球化，建设多层次开放型经济。在共享方面，应当坚持社会公平正义，持续完善收入分配结构，实现发展成果由全民共享。

综上所述，建设社会主义现代化强国应当遵循其历史逻辑与理论指引，准确把握现实要求，稳步推进各领域相关工作的开展。一方面，充分尊重现代化建设规律，既要突出重点任务，又要协同推进各项工程的建设；另一方面，科学认识当前形势与基本国情，既要利用发展机遇，又要积极应对与防范各种风险。

（原文发表于《人民论坛》2021年第8月下期。）

奋力谱写全面建设社会主义现代化国家崭新篇章

邓纯东*

---

* 全国政协委员,中国社会科学院马克思主义研究院原党委书记、院长、教授。

2022年7月26日至27日，省部级主要领导干部"学习习近平总书记重要讲话精神，迎接党的二十大"专题研讨班在北京举行，习近平总书记发表重要讲话强调，要奋力谱写全面建设社会主义现代化国家崭新篇章。认真学习、深入理解习近平总书记重要讲话精神，对于广大党员干部更好理解习近平新时代中国特色社会主义思想，以实际行动迎接党的二十大胜利召开，具有十分重大的意义。

高举中国特色社会主义伟大旗帜

习近平总书记在省部级主要领导干部"学习习近平总书记重要讲话精神，迎接党的二十大"专题研讨班上强调，在全面建设社会主义现代化国家、向第二个百年奋斗目标进军的新征程上，全党必须高举中国特色社会主义伟大旗帜，坚持以马克思主义中国化时代化最新成果为指导，坚定中国特色社会主义道路自信、理论自信、制度自信、文化自信，坚定不移推进中华民族伟大复兴历史进程。旗帜是引领，旗帜决定方向。党的百年奋斗历程表明，在不同历史时期举什么旗，关系党的路线、方针、政策，关系党的前进方向和党的事业兴衰成败。高举中国特色社会主义伟大旗帜，是近代以来中华民族求解放、谋复兴的苦难辉煌历程证明的结论，是新中国成立70多年来党领导人民艰辛探索在中国这样人口众多的大国如何建设社会主义得出的结论，是全面建设社会主义现代化国家、实现中华民族伟大复兴中国梦的必然要求。

进一步明确中国式现代化的性质、特征。在当代世界，已经实现现代化的国家已有一批，还有不少发展中国家争先恐后地踏上了追求自身现代化的道路。应该看到，现代化是强国富民的必经之路，但通向现代化的道路不止一条。不同的国家进入现代化的时间不同、国情条件不同、道路选择不同、实现结果不同，这些因素造就了不同的现代化模式。正如习近平总书记在省部级主要领导干部"学习习近平总书记重要讲话精神,迎接党的二十大"专题研讨班上指出的,在新中国成立特别是改革开放以来的长期探索和实践基础上,经过党的十八大以来在理论和实践上的创新突破,我们成功推进和拓展了中国式现代化。世界上既不存在定于一尊的现代化模式,也不存在放之四海而皆准的现代化标准。我们推进的现代化,是中国共产党领导的社会主义现代化,必须坚持以中国式现代化推进中华民族伟大复兴,既不走封闭僵化的老路,也不走改旗易帜的邪路,坚持把国家和民族发展放在自己力量的基点上、把中国发展进步的命运牢牢掌握在自己手中。

不断深化对中国特色社会主义的认识。中国特色社会主义,不是简单延续我国历史文化的母版,不是简单套用马克思主义经典作家设想的模板,不是其他国家社会主义实践的再版,也不是国外现代化发展的翻版。习近平总书记指出,我们党始终强调,中国特色社会主义,既坚持了科学社会主义基本原则,又根据时代条件赋予其鲜明的中国特色。这就是说,中国特色社会主义是社会主义,不是别的什么主义。[①] 因此,高举中国特色社会主义伟大旗帜,必须要不断深化对中国特色社会主义的认识,要坚定中国特色社会主义道路自信、理论自信、制度自信、文化自信,坚持把国家和民族发展放在自己力量的基点上、把中国发展进步的命运牢牢掌握在自己手中。

坚持以马克思主义中国化时代化最新成果为指导。习近平总书记在省部级主要领导干部"学习习近平总书记重要讲话精神,迎接党的二十大"专题研讨班上强调,拥有马克思主义科学理论指导是我们党鲜明的政治品格和强大的政治优势。实践告诉我们,中国共产党为什么能,中国特色社会主义为什么好,归根到底是马克思主义行。党的十八大以来,国内外形势新变化和实践新发展,迫切需要我们深入回答一系列重大理论和实践问题。我们坚持把马克思主义基本原理

---

① 参见《习近平总书记系列重要讲话读本(2016年版)》,学习出版社、人民出版社2016年版,第28页。

同中国具体实际相结合、同中华优秀传统文化相结合,创立了习近平新时代中国特色社会主义思想,实现了马克思主义中国化新的飞跃。习近平新时代中国特色社会主义思想,立足新时代伟大实践,推进新时代理论创新,实现了马克思主义中国化新的飞跃,是继续把中国特色社会主义事业推向前进的科学指南。在全面建设社会主义现代化国家新征程上,我们必须认真学习、准确把握习近平新时代中国特色社会主义思想,特别要把握好贯穿其中的世界观和方法论,坚持好、运用好贯穿其中的立场观点方法,在新时代伟大实践中不断开辟马克思主义中国化时代化新境界,为奋力谱写全面建设社会主义现代化国家崭新篇章创造坚实的理论基础、思想前提。

牢牢把握新时代新征程党的中心任务

经过全党全国各族人民持续奋斗,我们实现了第一个百年奋斗目标,在中华大地上全面建成了小康社会。在此基础上,我们开启全面建设社会主义现代化国家新征程。即将召开的党的二十大,是在进入全面建设社会主义现代化国家新征程的关键时刻召开的一次十分重要的大会,将科学谋划未来5年乃至更长时期党和国家事业发展的目标任务和大政方针。习近平总书记在省部级主要领导干部"学习习近平总书记重要讲话精神,迎接党的二十大"专题研讨班上强调,我们要牢牢把握新时代新征程党的中心任务,提出新的思路、新的战略、新的举措,继续统筹推进"五位一体"总体布局、协调推进"四个全面"战略布局,踔厉奋发、勇毅前行、团结奋斗,奋力谱写全面建设社会主义现代化国家崭新篇章。

不断深化对中国特色社会主义规律的认识,科学把握和解决当前我国社会主要矛盾。党的十九大报告指出:"中国特色社会主义进入新时代,我国社会主要矛盾已经转化为人民日益增长的美好生活需要和不平衡不充分的发展之间的矛盾。"我们要在继续推动发展的基础上，着力解决好发展不平衡不充分问题，大力提升发展质量和效益，更好满足人民在经济、政治、文化、社会、生态等方面日益增长的需要，更好推动人的全面发展和社会全面进步。习近平总书记在省部级主要领导干部"学习习近平总书记重要讲话精神，迎接党的二十大"专题研讨班上指出，党的十九大对全面建成社会主义现代化强国作出了战略部署，总的战略安排是分两步走：从2020年到2035年基本实现社会主义现代化；从2035年到本世纪中叶把我国建成富强民主文明和谐美丽的社会主义现代化强国。党的二十大要对全面建成社会主义现代化强国两步走战略安排进行宏观展望，重点部署未来5年的战略任务和重大举措。未来5年是全面建设社会主义现代化国家开局起步的关键时期，搞好这5年的发展对于实现第二个百年奋斗目标至关重要。要紧紧抓住解决不平衡不充分的发展问题，着力在补短板、强弱项、固底板、扬优势上下功夫，研究提出解决问题的新思路、新举措。

坚持党的十八大以来推进中国特色社会主义事业的理念、方针、思路、经验。从党的十八大开始，中国特色社会主义进入新时代。10年来，我们坚持马克思列宁主义、毛泽东思想、邓小平理论、"三个代表"重要思想、科学发展观，全面贯彻习近平新时代中国特色社会主义思想，全面贯彻党的基本路线、基本方略，采取一系列战略性举措，推进一系列变革性实践，实现一系列突破性进展，取得一系列标志性成果，攻克了许多长期没有解决的难题，办成了许多事关长远的大事要事，经受住了来自政治、经济、意识形态、自然界等方面的风险挑战考验，党和国家事业取得历史性成就、发生历史性变革。新时代10年的伟大变革，在党史、新中国史、改革开放史、社会主义发展史、中华民族发展史上具有里程碑意义。把握新时代新征程党的中心任务，必须认真研究总结、吸取和运用新时代10年的宝贵实践经验，为奋力谱写全面建设社会主义现代化国家崭新篇章提供借鉴。

坚持全心全意为人民服务的根本宗旨

习近平总书记在省部级主要领导干部"学习习近平总书记重要讲话精神,迎接党的二十大"专题研讨班上强调,前进道路上,全党要坚持全心全意为人民服务的根本宗旨,树牢群众观点,贯彻群众路线,尊重人民首创精神,坚持一切为了人民、一切依靠人民,从群众中来、到群众中去,始终保持同人民群众的血肉联系,始终接受人民批评和监督,始终同人民同呼吸、共命运、心连心。自中国共产党成立之日起,就将"人民"镌刻在红色旗帜上。中国共产党人始终站在人民群众的立场谋求民族独立和人民解放,实现国家富强和人民幸福,时刻秉持全心全意为人民服务的根本宗旨,找准"在我党的一切实际工作中,凡属正确的领导,必须是从群众中来,到群众中去"的政治坐标。在新的时代条件、新的社会环境下,在建设中国特色社会主义伟大事业的实践中,如何坚持全心全意为人民服务的根本宗旨,如何弘扬党密切联系群众的优良传统,习近平总书记作出了一系列重要论述,提出了一系列重要观点,我们必须认真学习、深入理解、努力实践。

以最广大人民根本利益作为一切工作的根本出发点和落脚点。习近平总书记指出:"人民对美好生活的向往,就是我们的奋斗目标。"① 这不仅是中国共产党人"立党为公,执政为民"执政理念的生动写照,也深刻回答了"为了谁、依靠谁、我是谁"这一历史考题。每个共产党员都要弄明白,党除了人民利益之外没有自己的特殊利益,党的一切工作都是为了实现好、维护好、发展好最广大人民的根本利益。中国共产党除了为人民谋利益、谋幸福,并没有自己的特殊利益、特殊幸福,党的事业就是人民的事业,党的立场就是人民的立场,人民的冷暖苦乐就是党的所思所想,党和人民是一体的、密不可分的。

---

① 《习近平谈治国理政》(第一卷),外文出版社2018年版,第424页。

始终保持同人民群众的血肉联系。中国共产党作为马克思主义政党，是中国最广大人民群众根本利益的忠实代表者。习近平总书记指出："我们党来自于人民，为人民而生，因人民而兴，必须始终与人民心心相印、与人民同甘共苦、与人民团结奋斗。"[①] 历史和实践告诉我们，离开了人民的拥护和支持，党员干部和党组织便难以生存，党的事业便难以发展。必须清醒认识到，轻视群众、脱离群众、高高在上是党员干部和党组织长期面临的危险。因而必须始终保持同人民群众的血肉联系，紧紧依靠人民、不断造福人民、牢牢植根人民。

坚持尊重人民主体地位。坚持人民主体地位，保证人民当家作主，是我们党的一贯主张。长期以来，我们毫不动摇走中国特色社会主义政治发展道路，长期坚持、全面贯彻、不断发展人民代表大会制度、中国共产党领导的多党合作和政治协商制度、民族区域自治制度、基层群众自治制度，保证人民广泛参加国家治理和社会治理，把人民当家作主真正落实到国家政治生活和社会生活之中。习近平总书记强调："我们要坚持国家一切权力属于人民，既保证人民依法实行民主选举，也保证人民依法实行民主决策、民主管理、民主监督，切实防止出现选举时漫天许诺、选举后无人过问的现象。"[②] 因此，要深刻认识、切实推进全过程人民民主，特别要保证在涉及广大人民群众利益问题的决策实施中，努力做到充分吸收人民意见、建议，充分体现人民意愿、利益，保证人民群众对党和国家机关及其工作人员实行切实有效的监督。

尊重人民首创精神。人民群众是社会历史的主体和创造者，是党的力量源泉和胜利之本。中国共产党之所以能够化解一次次危险，战胜一个个困难，在腥风血雨中不断发展壮大，在艰难困苦中取得红色

---

① 《习近平谈治国理政》（第三卷），外文出版社2020年版，第137页。
② 《习近平谈治国理政》（第二卷），外文出版社2017年版，第290页。

政权，根本原因就在于中国共产党始终紧紧依靠人民，深深植根人民，把人民作为党的力量源泉。习近平总书记强调："只要我们始终坚持为了人民、依靠人民，尊重人民群众主体地位和首创精神，把人民群众中蕴藏着的智慧和力量充分激发出来，就一定能够不断创造出更多令人刮目相看的人间奇迹！"①因此，要不断完善各方面政策，充分激发广大人民群众的积极性、主动性、创造性。人民群众的坚定支持、积极参与、生动创造，将是奋力谱写全面建设社会主义现代化国家崭新篇章的力量源泉。

以党的自我革命引领社会革命

把党的建设作为一项伟大工程来推进，是我们党的一大创举，也是我们党领导人民进行伟大社会革命的重要法宝。习近平总书记在省部级主要领导干部"学习习近平总书记重要讲话精神，迎接党的二十大"专题研讨班上强调，全面建设社会主义现代化国家，实现新时代新征程各项目标任务，关键在党。当今世界正经历百年未有之大变局，我国正处于实现中华民族伟大复兴关键时期，我们党正带领人民进行具有许多新的历史特点的伟大斗争，形势环境变化之快、改革发展稳定任务之重、矛盾风险挑战之多、对我们党治国理政考验之大前所未有。因此，我们党必须勇于进行自我革命，确保党永葆旺盛生命力和强大战斗力。

充分认识推进党的建设的极端重要性。马克思主义政党的先进性，是其承担历史使命的客观根据和前提条件。党的十八大以来，面对党长期执政需要重视和警惕的"四大考验""四种危险"，直面"四个不纯"长期存在和管党治党一度宽松软问题，以习近平同志为核心的党中央，以一往无前的勇气和矢志不渝的定力推进全面从严治党，

---

① 习近平：《在全国脱贫攻坚总结表彰大会上的讲话》，人民出版社2021年版，第17页。

持之以恒正风肃纪，一体推进不敢腐、不能腐、不想腐，党同人民群众的血肉联系更加紧密，党内良好政治生态不断形成和发展，为党和国家各项事业发展提供了坚强政治保证。虽然全面从严治党已经取得历史性成就，但还远未到大功告成的时候。新的伟大征程上，必须总结好、运用好党的十八大以来全面从严治党积累的宝贵经验，坚持严的主基调不动摇，坚持发扬钉钉子精神加强作风建设，坚持以零容忍态度惩治腐败，坚持不懈把全面从严治党向纵深推进。

以党的自我革命引领社会革命。实践一再告诫我们，管党治党一刻也不能放松，必须常抓不懈、紧抓不放，决不能有松劲歇脚、疲劳厌战的情绪，必须持之以恒推进全面从严治党，深入推进新时代党的建设新的伟大工程，以伟大自我革命引领伟大社会革命。我们要牢记打铁必须自身硬的道理，以加强党的长期执政能力建设、先进性和纯洁性建设为主线，以党的政治建设为统领，以坚定理想信念宗旨为根基，以调动全党积极性、主动性、创造性为着力点，不断提高党的建设质量。要把党的政治建设摆在首位，深刻领悟"两个确立"的决定性意义，坚定做到"两个维护"，坚决杜绝无视党的政治纪律、政治规矩的"七个有之"现象，不断提高党员干部的政治觉悟和政治能力；要坚定理想信念，培育和坚定党员干部对马克思主义和共产主义的信仰、对中国特色社会主义的信念、对实现中华民族伟大复兴中国梦的信心，使其始终保持顽强意志，坚定必胜信念，做到在复杂形势面前不迷航、在艰巨斗争面前不退缩，勇敢战胜各种重大困难和严峻挑战。

总之，要通过全面落实新时代党的建设新的伟大工程各项任务，不断增强党的先进性和纯洁性，确保党不变质、不变色、不变味，确保党在新时代坚持和发展中国特色社会主义的历史进程中始终成为坚强领导核心，以党的自身建设的成功确保全面建设社会主义现代化国家的成功。

坚定斗争意志，增强斗争本领

不怕牺牲、英勇斗争，已经融入中国共产党人的血脉中。历史告诉我们，世界上没有哪个党像我们这样遭遇过如此多的艰难险阻、经历过如此多的生死考验、付出过如此多的惨烈牺牲，也没有哪个党像我们这样取得过如此辉煌的伟大成就。可以说，我们党一路走来，是在斗争中求得生存、获得发展、赢得胜利的。党的十八大以来的10年，我们遭遇的风险挑战风高浪急，有时甚至是惊涛骇浪，各种风险挑战接踵而至，其复杂性严峻性前所未有。我们坚定信心、迎难而上，一仗接着一仗打。我们取得的一切成就，都是党团结带领全国人民奋斗出来的。

习近平总书记在省部级主要领导干部"学习习近平总书记重要讲话精神，迎接党的二十大"专题研讨班上强调，谋划和推进党和国家各项工作，必须深入分析国际国内大势，科学把握我们面临的战略机遇和风险挑战。当前，世界百年未有之大变局加速演进，世界之变、时代之变、历史之变的特征更加明显。就国际环境来说，虽然和平与发展是世界各国人民的共同愿望，但霸权主义、单边主义等行为仍然存在。特别是个别国家固守冷战思维和"零和博弈"心态，渲染所谓"中国威胁"，利用各种借口对我国进行遏制打压，甚至粗暴干涉我国内政、侵犯我国主权。我国坚定不移在和平共处五项原则基础上全面发展同各国的友好合作，从不干涉别国内政，从不阻挠别国发展，但也绝不接受任何国家干涉我国的内政，阻挠我国的发展。正如习近平总书记在庆祝中国共产党成立100周年大会上的讲话中指出的："中国人民也绝不允许任何外来势力欺负、压迫、奴役我们，谁妄想这样干，必将在14亿多中国人民用血肉筑成的钢铁长城面前碰得头破血流！"[①] 就国内环境来说，我国发展面临新的战略机遇、新的战略任

---

① 习近平：《在庆祝中国共产党成立100周年大会上的讲话》，人民出版社2021年版，第17页。

务、新的战略阶段、新的战略要求、新的战略环境，需要应对的风险和挑战、需要解决的矛盾和问题比以往更加错综复杂。因此，必须要把握新发展阶段，贯彻新发展理念，构建新发展格局，推动高质量发展。要增强忧患意识，坚持底线思维，坚定斗争意志，增强斗争本领，以正确的战略策略应变局、育新机、开新局，依靠顽强斗争打开事业发展新天地，确保把自己的事情做好。

综上所述，面对来自各方面的困难艰险，面对来自各方面的干扰破坏，面对来自各方面的风险挑战，中国共产党总是表现出英勇无畏、勇往直前的气概。正如党的十九届六中全会通过的《决议》指出的："敢于斗争、敢于胜利，是党和人民不可战胜的强大精神力量。党和人民取得的一切成就，不是天上掉下来的，不是别人恩赐的，而是通过不断斗争取得的。党在内忧外患中诞生、在历经磨难中成长、在攻坚克难中壮大，为了人民、国家、民族，为了理想信念，无论敌人如何强大、道路如何艰险、挑战如何严峻，党总是绝不畏惧、绝不退缩，不怕牺牲、百折不挠。"新的伟大征程上，我们必须树立忧患意识，保持"赶考"的心态，决不能高枕无忧；我们必须坚持底线思维，充分认识可以预见以及不可预见的风险挑战，以最大的努力做好应对最坏情况的准备；我们必须正确理解敢于斗争的含义，树立勇敢面对困难挑战、积极排除干扰破坏的勇气；我们必须增强斗争本领，根据面对困难、风险、挑战的具体情况，采取有的放矢的斗争策略，提高斗争本领。要通过积极勇敢、有理有利有节的斗争，奋力谱写全面建设社会主义现代化国家崭新篇章。

（原文发表于《人民论坛》2022 年第 8 月上期。）

社会主义现代化强国评价指标体系初探

李军鹏*

---

* 中共中央党校（国家行政学院）公共管理教研部公共行政教研室主任、教授。

社会主义现代化强国的内涵与特征

全面建成社会主义现代化强国，是我们的第二个百年奋斗目标。根据党的十九大对新时代中国特色社会主义发展的战略安排，在2035年基本实现现代化后，再通过15年的努力，到本世纪中叶，把我国建设成为富强民主文明和谐美丽的社会主义现代化强国。党的十九届六中全会审议通过的《决议》提出："从二〇三五年到本世纪中叶把我国建成社会主义现代化强国。到那时，我国物质文明、政治文明、精神文明、社会文明、生态文明将全面提升，实现国家治理体系和治理能力现代化，成为综合国力和国际影响力领先的国家，全体人民共同富裕基本实现，我国人民将享有更加幸福安康的生活，中华民族将以更加昂扬的姿态屹立于世界民族之林。"

根据党的十九大和十九届六中全会对社会主义现代化强国的描述，社会主义现代化强国是全面文明、现代善治、世界一流、共同富裕、高度幸福的中国特色社会主义强国。社会主义现代化强国具有五个方面的典型特征。

一是全面文明。社会主义现代化强国是物质文明、政治文明、精神文明、社会文明、生态文明全面提升的强国。物质文明是指国强民富，全面实现了经济现代化，全面建成了现代化经济体系，生产力高度发达，产品质量全球领先，全员劳动生产率达到发达经济体水平，形成发达经济体的产业结构与就业结构，科技创新能力居于全球前列，营商环境世界一流，这是社会主义现代化强国的重要基础和内核。政治文明是指全面实现社会主义民主、法治与自由，将党的领导、人民当家作主与依法治国有机统一，全过程人民民主全面实现，民主选举机制与协商决策机制全面完善，形成了中国特色的政治文明新形态，这是社会主义现代化强国的政治保证。精神文明是指全面建成文化强国，国民道德修养、文化素质、精神面貌高度文明，实现了中华文明的创造性转化与创新性发展，这是社会主义现代化强国的灵魂。社会文明是指全面实现社会公平正义，形成了权利公平、分配公平、社会公平的规则体系和权利结构，高水平高质量高标准的社会保障体系与现代公共服务体系全面完善，社会高度安全和谐，这是社会主义现代化强国的基础工程。生态文明是指全面建成美丽中国，基本实现碳中和，人与自然和谐共生的局面基本形成，这是社会主义现代化强国的生态保障。

二是现代善治。社会主义现代化强国是全面实现国家治理体系和治理能力现代化的强国。党的十九届四中全会审议通过的《中共中央关于坚持和完善中国特色社会主义制度 推进国家治理体系和治理能力现代化若干重大问题的决定》提出："到新中国成立一百年时，全面实现国家治理体系和治理能力现代化，使中国特色社会主义制度更加巩固、优越性充分展现。"这就意味着，中国特色社会主义制度体系全面完善、全面成熟与定型，形成了系统完备、科学规范、运行高效的现代治理制度体系，满足人民美好生活新期待必备的制度全面完善；国家治理主体现代化、国家治理功能现代化、国家治理结构现代化、国家治理方式现代化全面实现；社会主义制度比资本主义制度更能促进人的全面发展、国家富强、人民富裕、民主自由、生态美丽和安全和谐的优势为世界人民所深刻认识，社会主义制度的优越性全面体现。

三是世界一流。社会主义现代化强国是综合国力和国际影响力领先的强国。综合国力的决定性因素是经济实力与科技实力，经济实力主要表现为国内生产总值总量、人均国民总收入水平、产业链完整度与水平等；科技实力主要表现为创新能力、人才总量与从事研发的科技人员总量、国防科技实力等。国际影响力主要表现为经济贸易影响力、服务贸易总量与文化贸易总量、安全影响力、外交与国际组织影响力、传播影响力等内容。综合国力和国际影响力领先的主要标志是人均国民总收入达到发达经济体水平、创新型国家建设居于全球前列、成为全球服务贸易强国。从划分现代化程度的主要指标——人均国民总收入看，2020年高收入国家人均国民总收入为44413美元（现价美元），其中主要发达经济体人均国民总收入区间为38950美元（英国）至84310美元（瑞士）。[①] 我国要在本世纪中叶成为现代化强国，人均国民总收入到2050年左右应达到4.4万美元（2020年美元标准）的发达经济体水平。

四是共同富裕。社会主义现代化强国是全体人民共同富裕基本实现的强国。共同富裕是社会主义现代化强国区别于资本主义发达国家的根本标志，也是社会主义现代化强国的本质特征。共同富裕是整个社会进入富裕社会、人人都达到富裕水平、物质富裕和精神富裕共同发展、富裕水平级差处于合理水平。整个社会进入富裕社会意味着人均国内生产总值从高收入水平逐步发展为发达国家水平，一个国家整体上进入到发达国家行列。人人都富裕意味着每个人的人均可支配收入达到高收入水平以上，社会上每个人都是富人，人与人之间的差别不再是富人与穷人的差别，而是富人与更富的人的差别，是富裕程度的差别；整个社会不仅消灭了绝对贫困，而且消灭了相对贫困，每个人都能获得个人发展所需要的生活资料、发展资料和享受资料。物质富裕和精神富裕共同发展意味着每个人都能满足美好生活需要，物质享受和精神满足同步发展。富裕水平级差合理意味着基尼系数处于0.25—0.3的合理水平，人类发展指数处于超高人类发展水平。特别是人类发展指数，主要由人均预期寿命、平均受教育年限来衡量，这是一个国家医疗保健现代化程度、公共教育现代化水平的集中体现。从人类发展指数来看，发达经济体2019年的人类发展指数普遍达到0.9以上的超高人类发展水平，[②] 我国到21世纪中叶成为社会主义现代化

---

① 参见国家统计局：《国际统计年鉴-2021》，中国统计出版社2022年版，第25—28页。
② 参见国家统计局：《国际统计年鉴-2021》，中国统计出版社2022年版，第344—345页。

强国，人类发展指数要达到 0.9 以上。

五是高度幸福。社会主义现代化强国是人民享有更加幸福安康生活的强国。幸福指数是衡量人民幸福安康生活的重要指标。现代化强国意味着幸福指数达到发达国家水平。这就要求建立高水平高标准高质量的公共服务体系与社会保障制度体系，构建以人民为中心的全生命周期的美好生活供给体系，从幼有善育、学有优教、劳有厚得、病有良医、老有颐养、住有宜居、弱有众扶、公共文体、城乡一体等方面提供现代化、优质化的公共服务。

社会主义现代化强国的评价维度与评价指标

从现代化水平看，社会主义现代化强国处于发达经济体水平，并且具有资本主义现代化强国所不具备的共同富裕特征。从现代化内容来看，社会主义现代化强国具有高度发达的物质文明、政治文明、精神文明、社会文明和生态文明，全面实现了国家治理体系与治理能力现代化，综合国力和国际影响力居于世界一流水平，人类发展指数和幸福指数处于发达经济体水平，全体人民共同富裕基本实现。为更好地推动全面建成社会主义现代化强国，我们必须从全面文明、现代善治、世界一流、共同富裕、高度幸福五个维度的发达现代化水平着眼，构建社会主义现代化强国的评价指标体系。

一是"全面文明"的评价维度与评价指标。主要从物质文明、政治文明、精神文明、社会文明、生态文明五个方面构建发达现代化水平的文明评价指标。

物质文明发达程度是一个国家富强的集中体现，一个物质文明高度发达的国家必然是一个国强民富的经济强国。物质文明评价指标主要包括：科技强国与创新能力指标、质量强国与制造强国指标、全员劳动生产率、人才强国指标、航天强国指标、数字强国指标、营商环境排名指标、产业链高端化与完整度指标、产业结构高级化指标、市场主体数量指标（市场主体占常住人口比重指标）、新注册企业密度指标（每1万个15—64岁劳动人口中新注册企业数量）、自主知识产权专利费收入指标、全球科学中心与创新中心数量指标等。

政治文明发达程度是一个国家民主自由水平的集中体现，一个政治文明高度发达的国家必然是一个民主政治高度发达、全过程人民民主全面实现的法治强国。政治文明评价指标主要包括：政务环境评价指标、法治建设评价指标、基层直选评价指标、每万人社会组织数量指标、民主参与决策协商覆盖面指标等。

精神文明发达程度是一个国家文明水平的集中体现，一个精神文明高度发达的国家必然是一个文化高度繁荣、国民素质与修养高度文明的文化强国。精神文明评价指标主要包括：覆盖城乡的六级公共文化服务体系完善度、公共文化设施完善程度指标、健身步道长度、体育健身设施与场馆开放度、年产电影与电视剧集数总量、文化国际化合作指标、国家文化软实力指标等。

社会文明发达程度是一个国家和谐水平的集中体现，一个社会文明高度发达的国家必然是一个社会和谐、人民安居乐业的安全强国。社会文明评价指标主要包括：中等收入群体数量及比例、橄榄型社会结构指标、社会矛盾纠纷总量指标等。

生态文明发达程度是一个国家美丽水平的集中体现，一个生态文明高度发达的国家必然是一个绿色、环保、可持续发展的美丽强国。生态文明评价指标主要包括：黑臭水体比例、全年PM2.5平均浓度、空气质量优良天数比例、森林覆盖率、旅游公共服务体系完善度、3A以上景区数量、花园街道与花园乡村数量、污水处理率与污泥处理率、垃圾无害化处理率、自来水与天然气普及率、优质生态产品供给均等化指标等。

二是"现代善治"的评价维度与评价指标。主要从国家治理体系与治理能力现代化维度构建发达现代化水平的善治评价指标体系。

习近平总书记曾用 8 个"能否"概括:"评价一个国家政治制度是不是民主的、有效的,主要看国家领导层能否依法有序更替,全体人民能否依法管理国家事务和社会事务、管理经济和文化事业,人民群众能否畅通表达利益要求,社会各方面能否有效参与国家政治生活,国家决策能否实现科学化、民主化,各方面人才能否通过公平竞争进入国家领导和管理体系,执政党能否依照宪法法律规定实现对国家事务的领导,权力运用能否得到有效制约和监督。"[1]

发达现代化水平的善治评价指标主要有:人民当家作主制度体系的完善程度、协商民主广泛多层制度化发展水平、政党协商程序与频次、人大选举和票决前的协商机制完善程度、立法听证制度完善程度、政府协商机制与政府重大决策前社会各界充分协商的决策程序完善程度、重大事项决策公众参与制度完善程度、人民团体协商程序与频次、政务公开与党务公开程度、居委会直接选举数量与范围、官员财产公开制度与范围、政治清廉指数等。

三是"世界一流"的评价维度与评价指标。主要从综合国力和国际影响力两个维度构建发达现代化水平的世界一流评价指标体系。

综合国力的指标包括:国民总收入、人均国民总收入、产业链完整程度(处于中高端且全链完整)创新能力、人才竞争力、网络强国指标、数字政府智能制造数字社会水平、从事研发的科技人员数量占人口的比重等。

国际影响力的指标主要包括:进出口总量特别是高技术产品进出口总量、双边自由贸易与多边自由贸易协定数量、军事合作与国际国防联合安全体系完整度、外交人员与使领馆数量、参与国际组织领导层人数与员工数、国内新闻素材与意见观点被国外媒体采纳与传播数量、贸易强国指标、服务贸易外资准入负面清单数量、国际一流大学

---

[1]《习近平谈治国理政》(第二卷),外文出版社 2017 年版,第 287 页。

市场准入度、境外理工农医大学及职业学院独立办学数量、国际学校数量、国外政策受我国政策影响程度等。

四是"共同富裕"的评价维度与评价指标。主要从全体人民共同富裕的维度构建发达现代化水平的公平分配评价指标体系。

共同富裕的评价指标主要有：人均可支配收入指标、人力资本指标、生产资料社会占有的公平分配指标、生产资料拥有大众化普及化指标、公共服务体系完善程度指标、公共服务支出占GDP比重、人类发展水平指标、基尼系数指标、中等收入阶层人数与比重指标、城乡收入差距与地区收入差距指标、出生时预期寿命指标、平均受教育年限指标等。

五是"高度幸福"的评价维度与评价指标。主要从幼有善育、学有优教、劳有厚得、病有良医、老有颐养、住有宜居、弱有众扶、城乡一体等方面来构建发达现代化水平的高度幸福评估指标体系。

幼有善育指标主要有公办中心幼儿园覆盖率、公办幼儿园在园儿童占比、乡村普惠性幼儿园覆盖率、集中供养孤儿基本生活最低养育标准等。

学有优教指标主要有学前3年到高中段的15年教育普及率、高中阶段教育覆盖率、高等教育毛入学率、骨干教师城乡轮岗比例、入选国际高水平大学数量、世界一流大学数量、入选中国高水平大学与特色高水平高职学校数量、教育现代化县（市、区）比例、义务教育县级校际差异系数、公共教育支出占GDP比重达到发达国家水平的程度等。

劳有厚得指标主要有劳动报酬占GDP的比重指标、最低工资标准指标、居民财产性收入占居民可支配收入的比重等。

病有良医指标主要有三级甲等医院普及率、高质量公立医院发展水平、县域医共体建设水平、每千人执业（助理）医师数量、国家卫生城市（县域）覆盖率、城乡全民医疗报销比例、城乡居民基本医保保障水平、国际化医疗中心数量、医疗卫生服务现代化水平、公共医疗卫生支出占 GDP 比重等。

老有颐养指标主要有基本养老保险全覆盖、基本养老金的全国统筹水平、老龄长期护理体系完善度、每万名老年人拥有持证养老护理员数量、养老机构护理型床位占比、具备综合功能的养老服务机构覆盖率、县级公益性安葬（放）设施覆盖率、企业职工基本养老金水平、公共养老金支出占 GDP 比重达到发达国家水平等。

住有宜居指标主要有城镇住房保障受益覆盖率、房租年均涨幅、公租房与保障性租赁住房总量等。

弱有众扶指标主要有最低生活保障标准、相对贫困救助标准、低收入群体收入增长率、农村脱贫人口返贫率、慈善捐赠总额等。

城乡一体指标主要有常住人口基本公共服务均等化水平、城乡居民收入倍差、最低生活保障标准城乡同标、乡村高中阶段教育毛入学率、城乡居民社会养老保险参保率、农村老年人基本养老金水平、乡村卫生室中级以上职称医师比重、城乡同质饮水、乡村断面水质达标率、乡村林草覆盖率、乡村垃圾与污水处理率、乡村达标厕所比例、行政村交通通畅率、乡镇集中供热面积等。

（原文发表于《国家治理》周刊 2022 年第 11—12 期。）

党的十八大以来海洋强国建设的重要举措与显著成效

杜俊华[*]

---

[*] 重庆大学马克思主义学院教授。重庆大学马克思主义硕士研究生李江博对本文亦有贡献。

党的十八大以来，习近平总书记高度重视海洋强国建设，多次发表重要讲话论述了建设海洋强国的战略目标、发展路径、实践意义等内容。在党的引导下，我国坚持陆海统筹，加快推进海洋强国建设战略步伐，海洋地位稳步上升，海洋事业迎来了历史上最好的发展时期。

建设海洋强国的必要性

国内海洋事业发展的机遇与挑战。

近年来，我国关于海洋事业的各项制度逐步完善，全民族对海洋事业的关注度显著提高，建设海洋强国迎来了战略机遇期。第一，陆域压力减少。中国陆域面积广阔，邻国众多，边界问题复杂。自20世纪90年代以来，中国致力于解决边界划分问题，已陆续与周边12个国家签署了边界协议，大陆边疆局势稳定。稳定的陆地环境为建设海洋强国提供了安全的内部环境和更多的战略资源。第二，我国海洋资源蕴藏丰富。我国海岸线绵长，海域国土面积广阔，海洋矿物资源、海水化学资源、海洋生物资源和海洋动力资源蕴藏丰富。第三，中国沿海地区经济基础好。从设立深圳、珠海、汕头和厦门四个沿海地区为经济特区，再到设立长江三角洲、珠江三角洲、环渤海经济圈，以及开放上海浦东新区等一系列沿海城市，从点到线到面的发展方式促进沿海地区经济迅速腾飞。中国沿海地区的开放和兴起为海洋强国建设提供了良好示范。

当前建设海洋强国也面临一系列挑战。第一，海洋困境日益增多。随着海洋事业的发展，各种非传统安全问题阻碍着海洋强国的建设步伐，例如只抓经济不抓生态的观念根深蒂固，海洋资源被过度开发利用，海洋生态环境遭到破坏，海洋灾难造成生命财产的损失；海上治安问题突出，偷渡、海盗等现象时有发生。第二，海洋科技水平有待提高。相比于西方国家，我国海洋事业起步较晚，海洋科技水平提升空间较大。在海洋事业发展前期，政府将更多的人力、物力、财力投入到内陆建设与发展中，海洋科研事业、海洋科技人才等方面投入不足。第三，海洋经济尚不发达。从我国经济发展的总体趋势来看，海洋经济在国民经济中占比较低。且我国在发展海洋事业时，粗放式经济造成部分海洋资源枯竭，海洋生态遭到严重破坏。

国际海洋形势带来的机遇与挑战。

在世界潮流的发展进程中，各国之间的合作意识不断加强，但同时因资源竞争、海洋利益等问题，摩擦与冲突并存，世界海洋局势日趋紧张。

国际海洋形势带来的机遇有两个方面：首先，海洋地位逐渐上升。作为资源"聚宝盆"，海洋为全人类提供新的物质；海洋运输、海洋产业等形成的海洋经济极大地促进了世界经济的发展；海军力量的增长使各国军事实力不断提升，国家安全进一步得到保障。其次，海洋合作意识不断增强。和平与发展仍是时代的主题，为更好地开发和利用海洋资源，海洋合作共识逐渐达成。在经济全球化大背景下，各国之间的政治交流、经贸合作、军事合作、生态合作不断加强，传统海洋观逐渐被摒弃。这为中国建设海洋强国、掌握发展主动权带来了良好机遇。

当前国际海洋形势带来的挑战主要有三方面：第一，海洋权益受到威胁。我国的海域自北向南依次是渤海、黄海、东海、南海，海域面积辽阔，海洋资源丰富。这就导致我国与其他国家的海洋争端层出不穷，例如与菲律宾的南海仲裁案，与日本的钓鱼岛事件等，一些国家或披着法律的外衣，或以历史为借口，不断侵犯着我国海洋权益，致使我国海洋局势紧张。第二，海洋资源争夺激烈。海洋资源作为全人类共同的资源，《联合国海洋公约法》制定了专门的开采制度。但以美国为首的西方海洋大国利用技术优势，加速对矿产资源、油气资源、渔业资源的开采，世界海洋局势进入紧张的状态。第三，海上交通争夺激烈。进入新世纪以来，海上交通占据着重要地位，特别是具有重要战略地位的海上运输航线，对各国经济和军事都有着重要影响。据估测，包括直布罗陀海峡在内的七大海洋通道将会陷入世界级争夺当中。① 海上交通的激烈争夺对我国建设海洋强国既是机遇也是挑战。

党的十八大以来建设海洋强国的重要举措

立足全局，不断加强顶层设计。

党和国家从建设海洋强国的全局出发，相继出台了一系列政策制度，使海洋强国战略更加系统化、法制化、科学化。国务院于 2012 年印发《全国海洋经济发展"十二五"规划》，2017 年印发《全国海洋经济发展"十三五"规划》，2021 年发布批复，原则同意《"十四五"海洋经济发展规划》，对海洋经济发展进行总体规划；为促进海洋科技创新发展，先后颁布《全国海洋人才发展中长期规划纲要（2010—2020年）》《海水淡化科技发展"十二五"专项规划》等；为改善海洋生态环境，2015 年颁布《国家海洋局海洋生态文明建设实施方案》（2015—2020年），2016 年修订通过《中华人民共和国海洋环境保护法》等。一系列相关政策的落实，为建设海洋强国提供了重要的理论依据和战略指导，有利于全面应对海洋强国建设中出现的危机与挑战。

以海富国，推动海洋经济高质量发展。

当前我国改革进入深水区，海洋经济作为我国经济新的增长点，一方面缓解了陆地经济的压力；另一方面促进了传统产业升级和新兴产业产生。党的十八大以来，我国大力支持海洋新兴产业的发展，不断增强海洋资源开发能力，努力建设世界一流港口，海洋经济既促

---

① 习近平：《干在实处　走在前列——推进浙江新发展的思考和实践》，中共中央党校出版社 2006 年版，第 54 页。

进了中国经济的发展,也推动着中国经济由高速发展向高质量发展转变。

大力发展海洋经济。首先重视新兴海洋产业的发展。相比于传统海洋业,新兴海洋产业具有技术水平高、对环境友好的特点,有利于中国经济高质量发展。我国不断提高海洋科研能力,为发展海洋新兴产业注入活力。其次以海洋旅游业带动海洋经济的发展。沿海地区对外开放程度高,大力宣传当地的风土人情和文化特色,吸引国内国外游客,促进当地消费增长。以海南为例,依据自身区位优势和自由贸易港政策红利,海南省从提升度假产品质量、推进近海休闲旅游、发展远海观光旅游、发展邮轮游艇旅游四方面提升海洋旅游产业。

推动海洋经济高质量发展。随着我国对海洋资源进行大规模的开采,海洋资源枯竭、海洋资源浪费等问题逐渐显现。为解决这些问题,我国转变海洋资源开发方式,推动海洋经济向更环保、更经济、更高质量转变。以渔业资源为例,作为我国传统海洋产业,沿海地区许多居民以捕鱼为生,但由于过度捕捞,近海地区鱼类数量逐渐减少,渔业资源枯竭。为此习近平总书记提出了"压缩近海捕捞、发展远洋捕捞、主攻海水养殖"的方针,同时向生产链和销售链延伸,注重产品加工,拓宽销售渠道,从而提高渔业资源开发率与利用率。

建设世界一流港口。2019年交通运输部联合其他九个部门出台了《关于建设世界一流港口的指导意见》,在该意见的指导下,我国不断加大对港口的投资力度,着力打造设施一流、服务一流、管理一流、技术一流的世界一流港口;将海洋科技融入港口发展中,推进港口现代化建设;以港口为运输中心,集结海运、河运、铁路、公路、管道等其他运输方式,发挥综合枢纽的作用,为发展海洋经济作出重要贡献。

以海强国,加强海军建设和科研创新。

建设现代化海军。习近平总书记指出,建设现代化一流海军必须深入贯彻新时代党的强军思想,坚持政治建军、改革强军、科技兴军、依法治军。① 首先,坚持政治建军,用科学理论武装海军战士的头脑,深入贯彻习近平新时代中国特色社会主义思想,特别是习近平强军思想,打造素质过硬的海上劲旅。其次,改革强军,将战斗力与信息化相融合。战斗力是军队建设的根本标准,提高海军战斗力是建设海洋强国的重要保障。随着世界形势和科学技术的发展,现代海军要以打赢信息化海战为目标,不断提升综合作战能力。再次,科技兴军,我国不断提高海洋科技自主研发能力,提升海军作战力量。2019年我国自主研制的第一艘国产航母"山东舰"交付下水,2020年我国055型驱逐舰入列,标志着我国海军综合实力显著提高。最后,依法治军,建立一套成熟规范的海军治理法规体系,确保海军听党指挥,作风优良,稳步实现建设海洋强国的战略目标。

注重科技创新。第一,打造海洋战略科研平台。为突破国民经济和社会发展领域中的科学技术瓶颈,我国在2015年开始实施国家重点研发计划;在山东设立国家实验室,在沿海各地设立重点实验室。第二,重视科研人才的培养。不断整合海洋专业相关的高校,培养一批海洋科技创新人才;鼓励企业与高校、科研院联合培养科技人才,推动产学研深度融合;形成一整套科学规范的人才选拔、聘用制度,加大科研投入力度,吸引科技人才为建设海洋强国服务。第三,深化对外交流合作,促进国内国际人才交流,吸引优秀人才投入科研事业中。

人海和谐,保护海洋生态环境。

海洋生态文明是生态文明的重要组成部分,要把海洋生态文明建设纳入海洋开发总布局之中。实践证明,重视经济而忽视海洋生态环境的发展模式不可取,坚持创新、协调、绿色、开放、共享的新发

---

① 参见《深入贯彻新时代党的强军思想 把人民海军全面建成世界一流海军》,《人民日报》2018年4月13日。

展理念，促进海洋经济全面绿色转型，才是实现可持续发展的长久之策。

高度重视海洋生态环境。我国海洋环境问题主要包括：近海海域污染严重，海水中石油类化合物、重金属超标严重；海洋产业的发展和海水受到的污染导致海洋生物锐减；海洋工程项目开发、各类污水排水导致海洋生态保护区被破坏。针对海洋生态遭到严重破坏的现象，2014年国家海洋局印发了《关于建立海洋生态环境质量通报制度的意见》《海洋生态损害国家损失赔偿办法》，明确指出应对破坏海洋生态环境的行为实行通报批评和问责。国务院于2016年颁布的《"十三五"国家科技创新规划》《全国科技兴海规划（2016—2020年）》，明确指出要将科技创新和保护海洋生态环境结合起来。这一系列相关文件的实施有效改善了海洋生态环境，也使海洋强国建设步入了新阶段。

参与全球海洋环境治理。世界各国不是被海洋孤立起来，而是被海洋连接了起来。海洋生态环境被破坏没有哪一个国家能独善其身，需要各国携手共同参与全球海洋环境治理。我国以海洋强国战略和"21世纪海上丝绸之路"为引领，积极融入全球海洋环境治理体系中，已初步形成了以国家为主体，企业、社会组织及公众共同参与的全球海洋生态环境治理体系。①

合作共赢，建设21世纪海上丝绸之路。

海洋既能造福于人类，促进全球经济发展、解决人类能源危机、扩展新的发展空间，同时也引发了资源抢夺、海洋争端等一系列问题，加剧了各国之间的摩擦。而产生冲突与摩擦的原因在于各国的"利己主义"观念，为了谋求本国发展不惜牺牲他国利益。基于此，习近平总书记创造性地提出了"海洋命运共同体"和"21世纪海上丝

---

① 参见张丛林、焦佩锋：《中国参与全球海洋生态环境治理的优化路径》，《人民论坛》2021年第19期。

绸之路",谋求合作共赢且互利双赢的发展局面,以此推动海洋强国战略的实施。

推动构建海洋命运共同体。目前国际海洋秩序正面临失衡的危险,为打造互利共赢的局面,习近平总书记提出了海洋命运共同体的理念。海洋命运共同体理念倡导各国之间交流合作、平等协商,以和为贵、包容并蓄,体现了对中华优秀传统文化的继承与发扬,符合世界发展趋势与人类共同价值,对于促进全球海洋事业繁荣发展具有重要意义。

构建21世纪海上丝绸之路。我国不断深化与沿线国家在海洋、科技、环保、港口等方面的务实合作,完善相关合作机制。例如,我国与东盟成员国建立了海洋合作中心、海水养殖技术联合研究与推广中心,制定"南海行为"准则框架,形成海事磋商机制等。同时,我国与沿线国家不断深入人文合作领域,互派留学生、举办海洋艺术节、海洋论坛等大型交流活动,推动各国之间文化交流。另外,中国始终秉持互帮互助、合作共赢的理念,主动向沿线国家提供新冠疫苗援助,分享脱贫经验,并通过建设扶贫项目,帮助沿线国家提高发展水平。

党的十八大以来建设海洋强国的显著成效

海洋经济向高质量发展转变。

通过构建21世纪海上丝绸之路、推动海洋开发方式转变等多种措施,我国不断加强国际交流合作,推动自身海洋经济走向绿色低碳可持续发展道路,我国海洋产业结构改革成效显著,海洋生态经济以点带面、协同发展的局面基本形成,海洋经济呈高质量发展态势。

海洋产业结构优化升级。根据《中国海洋经济统计公报》显示,我国海洋经济的总产值从2012年的50087亿元增长到2020年的80010亿元;2012年海洋第一、第二、第三产业增加值占海洋生产总值的比重分别为 5.3%、45.9% 和 48.8%；2020 年海洋第一、第二、第三产业分别占海洋生产总值的 4.9%、33.4% 和 61.7%。我国在稳固发展海洋第一、第二产业的基础上，大力支持海洋旅游产业等新兴海洋产业的发展，海洋第一、第二产业占比稳步下降，第三产业占比稳步上升，产业结构改革显著。

海洋生态经济建成规模。建设海洋强国必须将经济效益和生态效益相结合，打造碧海银滩，加快建设美丽中国和美丽海洋的步伐，还人们碧水蓝天。首先，我国已建立 24 个国家级海洋生态文明建设示范区，打造了环渤海经济带、长三角和珠三角经济区为代表的现代化海洋产业集群，为其他地区建设海洋生态文明、发展绿色经济起到巨大的示范性作用。其次，在习近平总书记关于海洋生态文明建设的重要论述的指导下，我国在海洋生态环境修复、污染防治等工作中取得突破，海水水质明显提升，劣四类海水水质面积缩小，我国海洋生态环境状况明显好转。

海洋科技创新取得重大成就。

我国高度重视海洋科技创新发展，海洋科研成果不断增加，海洋科研体系不断完善，海洋科技人才数量不断增加，海洋科技创新能力显著提高，在关键技术和核心领域都有重大突破。

自主创新能力不断提升。目前我国海洋领域共有 1 个国家实验室（青岛海洋科学与技术试点国家实验室）、20 多个国家重点实验室、70 余个部属重点实验室，拥有海洋科研机构近 200 个；从事科技活动的人员年增长近 5%；每年完成海洋科研课题近 2 万项；每年海洋科研机构发表科技论文超过 1.7 万篇，出版海洋科技著作 350 多种，拥有发明专利总数超过 2 万件。① 海洋科研体系不断完善，自主创新能力不断提升。

---

① 参见刘明：《进入"十三五"以来我国海洋科技新进展》，《中国海洋报》2019 年 5 月 14 日。

自主研发一批新型海洋仪器设备。在海洋科研体系的支撑下，中国自主研发了一系列海洋探测和海洋资源开发仪器设备，促进了海洋强国战略的实施。在深水钻井方面，2017年中国第二艘深水钻井平台"海洋石油982"、半潜式钻井平台"蓝鲸1号"、首个海上移动式试采平台"海洋石油162"相继试验成功；在海洋科考装备方面，"蛟龙号"载人深潜器不断突破深潜纪录，"海斗一号"刷新了我国无人潜水器最大下潜深度纪录，自主研发的水下滑翔机创下了我国水下滑翔机的最大下潜深度纪录；在海洋工程方面，2017年港珠澳大桥海底隧道建成通车，水陆两栖飞机鲲龙AG600也已成功首飞。另外，在海洋药物研究领域、信息自动化领域、海洋能利用方面都取得了重大成就，标志着我国海洋综合实力的提升，为建设海洋强国提供重要支撑。

海洋军事实力显著提升。

人民海洋建设是建设海洋强国的重要保证，在党的领导下，我国海洋军事实力显著提高，一系列国之重器的研发试用彰显了我国海上力量，更好地维护了我国国土安全和人民安康。

海军装备逐渐丰富。海洋科技的发展也极大地促进了海洋军事的发展。2012年，我国第一艘服役的航空母舰"辽宁号"航母交付海军；2019年，中国首艘自主设计和建造航母"山东舰"在海南三亚举行了交付海军入列仪式；新型海上驱逐舰、护卫舰也相继下水。一系列国之重器的研发与制造，使我国海底、海空、海上的军事装备力量不断增强。另外，我国海军信息化水平也不断提高，海军人员素质不断增强，海上力量日益强大。

政治建设不断加强。在建设海洋强国的道路上，必须听党指挥，坚持党的领导。中国海军是人民的军队，是在中国共产党的领导下发展壮大起来的。在党的指挥与领导下，我国研发了一系列海军装备，海军力量显著增强；极地科考、深海探测等科研活动取得巨大突破；海军逐渐向远洋化、配套化、信息化发展，中国海军现代化建设稳步实施。

海洋命运共同体理念深入人心。

海洋命运共同体是以海为媒介将各国结成命运共同体，共同承担起海洋责任，携手应对威胁与挑战。在中国的倡导和践行下，海洋命运共同体深入人心，21世纪海上丝绸之路取得显著成效。

与沿线国家打造合作共赢新局面。古丝绸之路促进了古代中国与西方文化、经济的交流合作，曾是全球最重要的商贸大动脉。习近平总书记结合当今中国发展需求和世界海洋形势，在2013年提出了"21世纪海上丝绸之路"的伟大构想，对于中国自身而言是深化对外开放的新体现，是我国与世界交流合作的新渠道；对于世界而言，不仅造福于沿线国家和人民，还将推进经济全球化和世界一体化的发展进程。自2013年习近平总书记在访问东盟时正式提出后，逐渐涵盖四大洋，与全球200多个国家、600多个港口建立联系，取得了许多积极成果。在构建21世纪海上丝绸之路的过程中，中国根据沿线国家的发展意愿，不断推进双边和多边经贸合作，探索新的合作发展机制，加强经济、文化、科技等多方面的交流，吸引了更多国家参与其中，为共同建设一个更加美好、健康、和谐、共赢的海洋世界而努力奋斗。

（原文发表于《国家治理》周刊2022年第11—12期。）

新征程上国家战略科技力量的使命和任务

黄晨光，陈套[*]

---

[*] 黄晨光，中国科学院合肥物质科学研究院党委书记、研究员；陈套，中国科学院合肥物质科学研究院党委办公室副主任，远望智库科技创新研究中心研究员。

党的十九届六中全会审议通过的《决议》中强调,"在过去一百年赢得了伟大胜利和荣光的中国共产党和中国人民,必将在新时代新征程上赢得更加伟大的胜利和荣光"。国立科研机构作为党领导下的国家战略科技力量、科技创新国家队,应团结凝聚广大科技工作者,坚定创新自信,保持战略定力,抢抓战略先机,以只争朝夕的使命感、责任感、紧迫感,自觉肩负起时代赋予的重任,履行好高水平科技自立自强的使命担当,面向世界科技前沿、面向经济主战场、面向国家重大需求、面向人民生命健康,加快打造原始创新策源地,加快突破关键核心技术,努力抢占科技制高点,加快实现高水平的科技自立自强和建设世界科技强国,为实现第二个百年奋斗目标作出时代性、历史性贡献。

新征程上国家战略科技力量面临的时代要求

在我国,以中国科学院和中央部委直属的科研机构为代表的国立科研机构约有 400 家,国立科研机构在科技创新领域发挥着骨干和主力军作用,与高校、大型企业等共同构成国家创新体系的主体。当前我国正处在加快实现高水平科技自立自强、建设科技强国的关键时期,国家战略科技力量面临着新的时代要求。

首先,引领科技创新。新一轮科技革命与产业变革方兴未艾,科技革命和产业变革的互动模式也更为复杂。科学技术的抽象性和环境性特性以及知识的隐性与情境性特征,使全球范围以科学技术为基本要素的竞争变得愈加复杂化与非均衡化。重视和把握科技革命带来的范式间赶超机遇,需要发挥"集中力量办大事"的优势,强化国家战略科技力量作用的发挥。

其次,保持战略优势。少数国家技术管制、技术封锁造成的"卡脖子"问题,给我国发展带来了重要影响和严峻挑战。全球疫情防控、极端天气应对、全球环境治理,以及空间探索和开发利用、人类生命健康等，也亟须塑造科技全面支撑的能力，这就要依靠国家战略科技力量，制定长远战略原创奠基，着力突破关键技术，在前沿领域开疆拓土。

最后，推动高质量发展。高质量的经济发展不再是以生产为导向的出口经济模式，而是以消费为导向的内需经济模式。扩大内需必须要有高质量的产品和服务，仅靠技术模仿和跟踪创新必然会被市场淘汰，也会失去创新链和产业链的自主可控性。实践证明，必须坚持走内涵式、创新驱动式的发展道路，依靠原始创新和系统创新、引领性创新，满足和创造国内的消费需求，满足人民对美好生活的向往。

新征程上国家战略科技力量争取更大荣光的战略思考

肩负国家责，牢记国家事，国家战略科技力量在新时代新征程上争取更大荣光，需要在以下方面作出努力。

强初心使命：明确责任担当。

中国共产党成立以来始终把为中国人民谋幸福、为中华民族谋复兴作为初心使命。发挥高水平科技自立自强的战略支撑作用，应强化国家战略科技力量的责任担当，让家国情怀成为中国科学家的厚重底色。

提高政治站位。新时代科技创新已经摆在了国家发展全局的核心位置，是事关国家发展和战略安全的关键变量，不是想做什么就做什么的选择题，而是要坚持国家战略需求导向、目标导向和问题导向的必答题。做好必答题，交出国家和人民满意的答卷，是新时代科技工作者的政治责任和科技担当。这就要求国家战略科技力量和广大科技工作者坚定创新自信，未雨绸缪，察观现实，把握大势，洞悉先机。以国家利益和人民利益至上为选题原则，从国家需求和社会发展的难题中提炼出科学问题，从世界科技前沿的重点领域中发现问题，前瞻性突破一批关键科学技术难题，形成战略领先优势。

勇攀科技高峰。国家战略科技力量应牢固树立强国复兴的科技使命，强化人类科技文明的大国担当，强化前沿重点方向和关键领域的核心竞争力和不可替代性，努力在科技自立自强中发挥骨干引领作用。应在加快建设世界重要人才中心和创新高地中发挥战略支撑作用。坚持人才的创新主体地位，培养建设高质量的科学理论研究队伍，提升战略领域的原始创新能力和关键核心技术攻关能力，让默默无闻的铜铁脊梁、熠熠生辉的大师巨匠成为科技自立自强的鲜明标准。

勇担科技攻关重任。大力提升自主创新能力，尽快突破关键核心技术，这是关系我国发展全局的重大问题。强化"国家队"使命定位，坚持战略需求牵引科研选题，强化"需求导向"的基础研究目标形成机制、战略需求细化机制和研究分解机制，在国家科技创新战略中挑大梁，在科技发展趋势上作引领。在前沿、重点和交叉领域深耕细挖，开展引领性研究，增强原始创新能力和从0到1重大成果产出，加快打造原始创新策源地、加快突破关键核心技术，努力抢占科技制高点。

明方向大势：奠立格局与方式。

加强方向大势研判，把握未来发展趋势，促进创新方式变革，全面塑造引领发展的方式，把建制化优势转化成创新力量，在奠定科技创新格局中发挥骨干引领和主导牵引的作用。

聚焦主责主业。国家战略科技力量要自觉履行高水平科技自立自强的使命担当，坚持面向世界科技前沿、面向经济主战场、面向国家重大需求、面向人民生命健康的战略定位，聚焦国家战略需求和人民对美好生活的向往，多出战略性、关键性重大科技成果，着力解决影响制约国家发展全局和长远利益的重大科技问题，提升我国产业基础能力和产业链现代化水平，努力打造科技创新策源地和世界重要人才中心。

发挥建制化优势。大科学时代,科技发展正在朝着更宏观世界、更微观尺度探索,在更加接近现实、更为复杂多变、更加极端环境的条件和平台下研究,需要科学、技术、工程和跨学科、跨组织、跨领域的大科学团队集智攻关,竞争协同。杰出的科技成就既源自个体内在、先天的禀赋和天道酬勤的积累,更加有赖于组织化建制化系统化优势的发挥。国家战略科技力量要发挥好建制化、体系化科研优势,通过调整优化科研布局和组织体系,探索满足国家战略需求的责任和使命驱动的攻关机制,强化体系化协同,打造建制化科研新范式,以适应和促进科研需求,实现科研组织机构和战略科学家、科技工作者同向发力,不断提升原始创新能力和核心竞争力。

推动互联融通。当前,前沿交叉科学领域呈现出汇聚发展、多点突破的生动景象;颠覆性技术蓬勃发展,正在催生重大产业变革。科学技术在横向上加速突破,在纵向上日趋紧密,更加注重科学、技术和工程、产业之间的融合与融通,促进不同研究之间、不同创新之间、不同发展方式之间的融会融通、相互支撑和相互转换。国家战略科技力量应更加注重科学原创推动科学革命,技术突破形成变革性发展,更加注重在人类的长远发展与根本解放方面开展科学技术研究。主动发挥主导和牵引作用,运用好大科学、密集数据驱动的新科研范式优势,推动多学科会聚、技术融合、产学研协同,形成解决重大科学技术问题的系统方案。

促进全球治理。深度参与全球科技创新治理是我国打造国际经济合作和竞争新优势、建设高水平开放型经济新体制的必然要求,也是我国参与全球经济治理体系改革、推动构建新型国际关系和人类命运共同体的重要抓手。当前,新冠肺炎疫情影响深远,中美博弈烈度不减,全球科技创新治理出现深刻变化,亟须实现体系转型和战略突破。国家战略科技力量应在重大国际合作项目和重大科技计划中发挥主导作用,在全球科技治理中寻求主动,提升参与全球科技创新治理的能力与水平,在为全球提供科技治理的"中国方案"中获得主动权,在全球创新规则和标准制定中贡献"中国智慧"。

重原创核心:突出内涵与特征。

围绕未来科技竞争焦点,强调更原创(未来物质文明的基础),更关键(占据科学研究的上游前端),更本质(践行造福于民的宗旨),以点带面突破,形成新一轮技术和产业变革,从而产生围绕科学技术革命和产业发展的领先优势。

瞄准未来科学领先。基础研究是所有创新的总开关,科学领先才能后继有力。科学发现存在不确定性和风险性,具有周期长和经费投入大的特征,任何国家和机构都不可能在所有领域领先,我们要坚持有所为有所不为,聚焦优先发展领域,前瞻部署,加快重点领域的科学领先。物质世界的每个层次均有各自的特征和规律,一旦认识这些特征和规律,科学与技术将发生革命性变化。应围绕物质结构、意识本质、生命起源、信息、材料和空间科学等基础性领域,部署一批重大创新项目,增强从 0 到 1 的创新能力,产出一批影响未来发展的重大科学成果。

聚焦关键核心技术突破。关键技术"卡脖子"问题暴露出的深层次问题,是底层的科学理论、基础研究羸弱造成的。国家战略科技力量一方面聚焦高端芯片、基础原材料、工业软件等共性技术问题,加快系统性、集成性技术攻关,破解"卡脖子"问题;另一方面,组织资源力量专攻数字信息、生物、能源、材料与制造、深海深空技术等关键领域的基础性问题,站稳竞争根基,同时研究替代性、颠覆性、下一代解决方案,占据未来先机。主导开展问题导向的学科汇聚研究,加强战略目标导向下的科学、技术、工程和成果一体化研究,建设专业化技术转化平台,增强基础研究成果向应用转化的动力和能力。加强战略目标导向的基础研究,加大重大科技基础设施布局建设,发挥重大科技创新平台对交叉创新、战略创新的支撑作用。

致力于增进人民福祉。科技本质上是认识客观规律，创造性运用规律让人类生活更加美好。人民性是中国共产党的本色，中国科技发展的落脚点是更加关注人民福祉与命运。坚持以重大科技创新为引领，加快科技创新成果向现实生产力转化，加快构建产业新体系，实现产业链供应链自主可控，实现从科技强到产业强、经济强、国家强的发展路径。围绕重大疾病防控、人口老龄化和食品药品安全等重大民生问题加强定向研究，强化高质量的科技供给，满足人民高品质生活的消费需求。发挥科技创新在建设高质量公共服务体系中的战略支撑作用，推进医疗、教育等公共服务均等化。

破藩篱障碍：完善体制与机制。

体系是基，精神是魂，体制机制是框架和血脉。强化国家战略科技力量，需要通过深化改革，破除体制机制藩篱，提升国家创新体系整体效能。

主动重塑创新体系。"十四五"时期是强化国家战略科技力量、提升国家创新体系整体效能的关键战略期。加快建设功能明晰、目标明确的关键科技创新主体，发挥国家战略科技力量在原始创新、关键核心技术攻关和产业创新方面的骨干引领作用。强化国家战略科技力量对创新资源和活动的整合和集成，建立目标导向、绩效管理、协同攻关、开放共享的新型运行机制。坚持战略导向和目标牵引，开展目标导向和自由探索相结合的基础研究、重大关键核心技术突破。推动市场需求下的产业技术创新，促进产业共性关键技术研发、科技成果转化及产业化。

先行示范创新机制。聚焦国家战略需求，创新重大项目攻关的体制机制，破"五唯"立"新标"，强化制度约束，资源引导和评价牵引。进一步优化科技管理体制与评价机制，以战略、资源和评价为抓手实现对科技创新的正面牵引。通过在创新体系重塑、创新主体差异定位、个性保障机制建立、科技评估规范完善中先行示范，形成创新引领带动效应。在评价机制方面，强化战略牵引、资源保障、评价调节、精神固本。积极主动在"揭榜挂帅"中率先示范，让能创新的战略科学家和领军人才在关键性科研攻关中领军挂帅，轻装出征，让创新英雄有用武之地。让想干事的有舞台，能干事的有项目，干成事的有奖励。立新标方面，探索建立"三力"评价范式，从创新力（个人能力维度）、影响力（同行和研究领域上下游维度）、贡献力（人才依托组织维度）进行"三维"评价，改变有悖于科技创新价值导向的评价方式。

突出精神力量。要更加重视科技工作者的精神因素和精神状态在推进创新中的重要性，把科学家精神贯穿到科学研究、人才培养和技术创新的全过程，激励广大科技工作者在科研攻关工作中奔着最紧急、最紧迫的问题去。建设使命导向、扎根基础、追求卓越的创新文化，十年磨一剑，一朝露锋芒。摒弃有悖于关键核心技术研发的急功近利、急于求成的做法，让科研人员能长期心无旁骛地从事科学研究与技术开发工作。引导科技工作者牢固树立"功成不必在我，功成必定有我"的境界和担当，自觉把实现个人价值追求融入科学事业发展，让"干惊天动地事，做隐姓埋名人"的奉献精神激发出强大正能量。

走中国道路：保持特色与自信。

党领导下科技创新的中国道路，以党的领导为基本特征，以科学规律和社会规律为遵循，以中华民族伟大复兴为主题，以人民为出发点和落脚点，以立足新发展阶段、贯彻新发展理念、构建新发展格局、推动高质量发展为方向牵引，以社会主义制度为根本优势，以最为广泛的团结协作为基本方式，以精神品格为强劲动力。坚持走中国自主创新道路，形成科技创新的中国方案。

坚持党的领导。党的领导是中国科技创新事业取得历史性成就的根本保证，党对科技事业全面领导是我国科技创新的最大政治优势。这是中国自主科技创新的历史必然，也是面向未来发展的现实必然。

党的领导具有强大的政治优势、组织优势和人才优势,为科技创新谋划战略方向。国家战略科技力量是党领导下的社会事业,党员科技工作者是党领导下的科技攻关的突击队和关键力量,这是中国自主创新的本质特征。国家战略科技力量要把中央关于科技创新工作重大决策部署贯彻落实,构建运行顺畅、充满活力的工作体系。发挥党组织的组织力、凝聚力、战斗力优势,通过定方向、建保障、促发展,把智慧和力量凝聚到落实党中央关于科技自立自强的决策部署上来,凝聚科技创新的创新动力。

发挥制度优势。科技创新既要面向世界科技前沿,开放包容,也要坚持有所为有所不为,在关键领域走自主创新道路。国家战略科技力量应充分发挥社会主义集中力量办大事的优势,以符合大科学时代的组织模式,建立重大科技创新工程和开展重大科研项目攻关,开展重大科学问题研究,突破关键核心技术,在前沿科学和关键技术领域形成领先优势。强化国家意志,注重对科技创新国际局势的战略研究,建构新的全球视野格局,在新的全球竞争场景中不断提升应对挑战的能力,不断强化在复杂多变、严峻的局势中在全球范围集聚创新资源的能力,以我为主开展国际合作,在国际重大科技计划中发挥主导作用。

坚持守正创新。走中国自主创新道路需要前瞻谋划,才能行稳致远。国家战略科技力量应加强研判建设世界科技强国的战略部署和战术选择,做好科技创新的前瞻谋划。围绕我国科技发展面临的困难和挑战、中国特色自主创新道路远景规划和目标任务、建设世界科技强国的路径和力量体系等,开展战略研究和超前谋划,加快实施一批代表国家意志、体现国家水平的重大科技创新任务,形成一批前瞻性、战略性、颠覆性重大科技创新成果,探索大科学时代科研组织模式,不断提高科技创新的质量和效率,为全球科技创新新范式塑造贡献中国智慧。

(原文发表于《国家治理》周刊 2022 年第 8 期。)